은혜 안에서 번성하라

은혜 안에서 번성하라

지은이   조엘 R. 비키 · 브라이언 G. 헤지스
옮긴이   조계광
펴낸이   김종진
초판 발행   2022년 6월 25일
등록번호   제2018-000357호
등록된 곳   서울특별시 강남구 선릉로107길 15, 202호
발행처   개혁된실천사
전화번호   02)6052-9696
이메일   mail@dailylearning.co.kr
웹사이트   www.dailylearning.co.kr

책값은 뒤표지에 있습니다.
ISBN 979-11-89697-35-8 (03230)

Thriving in Grace

은혜 안에서
번성하라

청교도들이 사용한 영적 성장법 12가지

조엘 R. 비키 · 브라이언 G. 헤지스 지음 | 조계광 옮김

개혁된실천사

Thriving in Grace

목차

머리글

안타깝게도 소아과 의사들은 이따금 어린아이에게 "성장 장애 증후군(FTT)" 이라는 진단을 내린다.[1] 성장 장애의 원인은 유전자 이상, 질병, 영양 결핍 등 매우 다양하지만 일단 발육 부진으로 인해 어린아이의 성장 치수가 평균에 미치지 못하는 것으로 드러났을 때는 성장 장애라는 진단이 내려진다.

그와 비슷하게 "영적 성장 장애"가 많은 그리스도인에게서 발견된다. 그런 신자들은 사랑이 풍성하고(살전 3:12), 모든 지각에 뛰어난 평강을 알고(빌 4:7), "말할 수 없는 영광스러운 즐거움으로" 기뻐하기보다(벧전 1:8) 일관되고, 건강한 영적 성장을 이루지 못한 채 퇴보하는 현상을 보인다.

그들은 소망이 없고, 열심도 없다. 그들은 이따금 다른 사람들에게 사랑을 베푸는 것처럼 보이지만 희생을 무릅쓴 베풂이나 섬

---

1 이 머리글의 여러 부분은 Desiring God에서 온라인으로 출간한 Brian G. Hedges, "Eight Roadblocks to Spiritual Health" 에서 가져와 약간의 변경을 가한 것이다. https://www .desiringgod.org/articles/eight-roadblocks-to-spiritual-health, March 5, 2020을 보라.

김의 차원으로까지는 나아가지 않는다. 그들은 하나님의 말씀을 받아들이는 능력을 지니고 있지만 그들에게 영혼의 양식을 먹이려면 수저로 떠먹여 주는 것과 같은 노력이 필요하다. 그들의 믿음은 연약하고, 그들의 소망은 흐릿하다. 시련의 폭풍우가 몰아닥치면 그들의 기쁨은 즉시 가라앉아 사그라진다. 영적 발육 부진에 걸린 사람들이 있다. 어쩌면 그것이 우리 자신인지도 모른다.

그리스도를 믿는 신자인 우리에게는 은혜 안에서 번성하라는 명령이 주어져 있다(벧후 3:18). 우리는 영혼을 감화시키는 필립 블리스(1838-1976)의 노랫말을 빌려 마음 깊숙한 곳에서부터 이렇게 부르짖어야 한다.

저를 더욱 거룩하게 하시고,
영혼 안에서 더욱 감미로움을 누리게 하소서.
고난 속에서 더욱 인내하게 하시고,
죄를 더욱 슬퍼하게 하소서.
구원자를 더욱 의지하게 하시고,
그분의 돌보심을 더욱 의식하게 하소서.
그분을 더욱 기쁨으로 섬기게 하시고,
분명한 목표 하에 기도하게 하소서.[2]

---

2 P. P. Bliss, "My Prayer," No. 594, Stanza 1, *Gospel Hymns Nos. 1 to 6 Complete*(Bryn Mawr, Pa.: John Church Company: 1894).

우리는 조나단 에드워즈가 "신앙적 애정"(religious affections)으로 일컬은 것을 갈망하지만 그 안에서 성장해 나가지 못할 때가 많다. 성장의 욕구는 강한데 실천적인 결과는 거기에 크게 못 미친다. 우리는 신앙의 명맥을 유지하기에 급급할 뿐, 왕성하게 성장하지 못한다.

그러나 그럴 필요가 없다. 신앙의 명맥만 간신히 이어가지 않고, 영적 경험 안에서 왕성하게 성장할 수 있는 길이 있다. 우리는 16세기와 17세기 영국 청교도의 글을 읽는 것이 그런 성장을 촉진할 수 있는 가장 좋은 방법이라고 확신한다.[3]

존 오웬(1616-1683)은 "오직 우리 주 예수 그리스도의 은혜와 그를 아는 지식 안에서 자라가라"(벤후 3:18)라는 베드로의 명령을 주해하면서 "우리의 영적 상태가 쇠퇴하지 않는 것만으로는 충분하지 않다."라고 말하고 나서 "은혜, 곧 거룩함 안에서 성장하고, 자라고, 발전하기 위해 노력하는 것이" 필요하다고 덧붙였다.[4] "은혜 안에서의 성장"은 복음적인 거룩함과 영적 성숙을 묘사하는 아름다운 표현이다.

이 책의 목적은 신자들이 청교도의 글을 읽고 은혜 안에서 성장

---

3 "청교도"라는 용어는 본래는 경멸적인 의미를 지녔지만, 이 책에서는 영국과 뉴잉글랜드에서 개혁과 전통을 따라 사역을 했던 신학자들과 목회자들과 설교자들, 또는 18세기에 활동했던 조나단 에드워즈를 가리키는 의미로 사용되었다. 이 책에서 청교도들의 이름을 처음 언급할 때는 괄호 안에 그들의 생존 시기를 기록해 두었으니 참조하기 바란다.

4 John Owen, *Pneumatologia, or A Discourse Concerning the Holy Spirit*, in *The Works of John Owen*, ed. W. H. Goold (1850-1853; repr., Edinburgh: Banner of Truth, 1966), 3:387.

하도록 돕는 데 있다. 우리는 이 책의 본론에서 청교도들이 활용한 영적 성장의 열두 가지 방법을 탐구할 생각이다. 아무쪼록 그들의 깊은 성찰을 통해 우리 주 예수 그리스도를 추구하고, 그분께 복종하며, 그분과 깊은 교제를 나누려는 노력이 가일층 배가되기를 간절히 바라 마지않는다.

01
청교도는 권위 있는 성경 말씀으로
우리의 삶을 형성하도록 돕는다

"말씀 읽기는 하나님의 명령이며, 그분이 정하신 구원의 수단이다. 그 말씀은 다름 아닌 성경이다. 하나님은 우리에게 성경을 허락하셨고, 그것을 읽도록 정하셨다."-**토머스 보스턴**[1]

존 번연(1628-1688)의 《천로역정》에 등장하는 "크리스천"은 안내를 받아 "해석자의 집"에 있는 한 내실에 들어갔다. 해석자는 그에게 비유적인 의미를 지닌 그림 하나를 보여 주었다. "크리스천은 벽에 걸린 매우 진지한 표정을 한 한 남자의 그림을 보았다. 그 그림의 모습은 이랬다. 한 남자가 눈을 들어 하늘을 올려다보고 있었고, 손에는 책 중에서 가장 훌륭한 책을 들고 있었다. 그의 입술에

---

1   Thomas Boston, *An Illustration of the Doctrines of the Christian Religion*, in *The Whole Works of Thomas Boston, Part 2*, ed. Samuel M'Millan (Aberdeen: George and Robert King, 1848), 2:422.

는 진리의 율법이 적혀 있었고, 그의 등 뒤에는 세상이 있었다. 그 것은 마치 사람들에게 호소하는 듯한 인상을 주었고, 그 머리 위에는 황금 면류관이 씌워져 있었다."[2]

해석자는 초상화의 의미를 설명하고 나서 "내가 당신에게 먼저 이 그림을 보여주는 이유는 당신이 지금 가고 있는 곳을 관장하는 주님이 당신의 여정 중에 길잡이가 되도록 권한을 부여하신 유일한 사람이 바로 그림 속에 있는 저 사람이기 때문입니다."라고 말했다.[3] 그것은 하나님의 부르심을 받아 순례자들의 신실한 길잡이가 되어줄 충실한 말씀 사역자를 묘사한 그림이었다. 우리는 이 초상화에서 청교도 사역자의 가치를 간결하게 묘사한 내용을 발견할 수 있다.

청교도가 제시한 충실한 사역자의 이상적인 모습은 세상을 멀리하고, 오직 천국의 상급만을 바라보는 성경의 사람이었다. 번연은 "그는 손으로는 책 중에서 가장 훌륭한 책을 들고 있었다."라고 말했다. 청교도는 하나님의 말씀을 굳게 붙잡고, 그분의 진리를 전하며 삶의 모든 것을 하나님의 뜻에 복종시키려 노력했다.

해석자는 크리스천에게 책을 들고 있는 사람이 하나님이 권위를 주어 세우신 유일한 안내자라고 말했다. 그가 그런 안내자가 될 수 있는 이유는 그 사람이 뛰어나서가 아니라 그의 손에 들려 있는

---

2   John Bunyan, *The Pilgrim's Progress*, in *The Works of John Bunyan*, ed. George Offor (1854; repr., Edinburgh: Banner of Truth, 1991), 3:98.

3   Bunyan, *The Pilgrim's Progress*, in *Works*, 3:98.

책 때문이었다. 해석자는 크리스천에게 이렇게 당부했다. "길을 가는 도중에 당신을 옳은 길로 인도하는 척하는 사람들을 만나 따라가다가 사망의 길에 들어서지 않으려면 내가 당신에게 보여준 것에 유념하고, 당신이 본 것을 마음속에 잘 간직해야 합니다."[4] 세상에는 성경으로 길을 인도하지 않는 거짓 안내자들이 많다. 거짓 안내자와 참된 안내자를 구별하는 것은 바로 성경이다. 천성을 향해 가는 길을 확실하고 안전하게 인도해 줄 수 있는 안내자의 가장 뚜렷한 특징은 오직 성경만을 가르친다는 것이다.

삶의 모든 것을 인도하는 성경

개신교 종교개혁의 다섯 가지 "오직" 가운데 하나인 "오직 성경으로"라는 원리는 성경만이 기독교 신앙과 삶을 이끄는 무오한 최상의 권위를 지닌다고 주장한다. 종교개혁의 "형식적 원리"로 알려진 이 표어는 성경이 우리가 믿고, 실천하는 모든 것을 판단하는 궁극적인 기준이라는 진리를 간단히 요약한다. 청교도는 종교개혁자들로부터 잘 발달한 "오직 성경으로"의 교리를 물려받았다. 그들은 이 교리를 굳게 옹호하고, 더욱 온전하게 실천에 옮김으로써 이 교리의 취지를 종교개혁자들보다 더욱 철저하게 발전시켰다.

청교도가 성경에 관한 교회의 이해 증진에 가장 크게 기여한 요소는 그 가르침을 일상생활에 적용하는 탁월한 능력이었다. 그들

---

4   Bunyan, *The Pilgrim's Progress*, in *Works*, 3:98.

은 심오한 신학적 지식을 이해하기 쉬운 삶의 지혜로 바꾸었다. 그들은 성경적이고, 경험적이고, 고백적인 개혁파 기독교의 견고한 진리를 교인들의 삶에 적절하게 적용했다. 그들은 성경의 교리가 지닌 온전한 의미를 일상생활의 현실적 상황 속에 풀어 적용하는 능력이 뛰어났다. 그들은 개혁파 신학을 더욱 명료하게 가다듬는 것과 동시에 성경을 하나님이 만드신 세상에서 이루어지는 삶의 모든 측면에 적용하려고 노력했다.

이런 성경적 성찰과 적용의 결과로 기독교적 세계관이 형성되었다. "세계관"이라는 용어는 18세기에 독일에서 처음 생겼지만, 청교도들은 이미 분명한 세계관을 가지고 있었다. 그들은 성경이라는 렌즈를 통해 주변 세상과 자기 자신을 바라보았다. 그들은 성경을 삶에 적용했을 뿐 아니라 자신들의 삶을 성경에 적용해 그 절대적인 권위에 기꺼이 복종했다. 그들은 하나님의 세계를 그분의 말씀에 온전히 복종시켰다. 그들은 항상 성경의 "효용성(실천적 적용)"에 관심을 기울이며 삶의 모든 영역을 말씀의 토대 위에 형성해 나갔다. 다시 말해, 결혼, 가정, 정치, 노동, 휴식, 청지기직, 취미 생활, 오락, 우정을 비롯해 모든 삶의 주제를 항상 하나님의 말씀에 비춰 생각하고, 그에 따라 삶을 형성하려고 노력했다.

피터 루이스는《청교도주의 특성》이란 책에서 "청교도주의는 단지 일련의 규칙이나 신조가 아닌 생명력 그 자체였다. 그것은 하나님 중심적인 삶에 가득한 만족과 위로에 감격스러워하고, 그런 가능성에 놀라워하며, 거룩한 삶의 아름다움을 바라보고, 그것을 향해 나아가려는 강력한 충동이자 비전이었다."라고 말했다.[5] 이 "생명력"은 하나님 중심적인 비전을 통해 오로지 그분의 영광만을 추구하려는 거룩한 갈망과 성경의 가르침을 신중하게 실천하며 사는 삶을 하나로 결합한다. 그로써 "삶의 모든 영역이 하나님의 영향 아래 놓이고, 말씀의 인도를 받는 결과가 나타났다."[6]

이번 장의 남은 부분에서는 청교도들이 어떻게 개인적인 성경 읽기와 공적인 말씀 선포를 통해 성경으로 우리의 삶을 형성하도록 돕는지를 먼저 살펴보고 나서 밖으로부터 유입된 성경의 진리를 한데 융합시켜 적용하는 방법, 곧 말씀을 통해 하나님의 영광을 추구하는, 하나님 중심적인 경건과 헌신의 삶을 이루는 방법에 관한 그들의 이해를 간단히 소개해 볼 생각이다.

말씀 읽기

청교도들은 그리스도인들이 성경을 매일의 동반자로 삼아야 한다고 믿었다. 스코틀랜드의 청교도 토머스 보스턴(1676–1732)은 "말씀 읽기는 하나님의 명령이며, 그분이 정하신 구원의 수단이다. 그 말씀은 다름 아닌 성경이다. 하나님은 우리에게 성경을 허락하셨고, 그것을 읽도록 정하셨다."라고 말했다.[7] 그는 하나님이 세 가지 맥락 속에서 성경을 읽도록 정하셨다고 말했다.

---

5 Peter Lewis, *The Genius of Puritanism* (Sussex: Carey Publications Limited, 1979), 12.
6 Lewis, *The Genius of Puritanism*, 12.
7 Boston, *An Illustration of the Doctrines of the Christian Religion,* in *Works,* 2:422.

첫째, 성경은 교회의 예배에서 공적으로 읽어야 한다(살전 5:27, 딤전 4:13). 청교도는 하나님의 말씀을 선포하는 것은 물론, "성경을 한 권씩 차례로 읽어나가는(lectio continua)" 초기 교회의 관습을 따랐다.[8] 그런 시간에는 성경 해설은 없었다. 단지 본문을 큰 소리로 읽으며 모두가 함께 경청하고, 그것을 받아들이고, 거기에 복종하는 것 자체가 하나의 예배의 행위였다.

둘째, 성경은 가정에서 큰 소리로 읽어야 한다. 이 점은 잠시 후에 좀 더 자세히 살펴볼 생각이다.

셋째, 성경은 개인적으로 읽어야 한다. 곧 "혼자서 은밀히 읽어야 한다." 보스턴은 성경을 소유하고 있으면서도 그것을 습관적으로 등한시한다면 바로 그것이 영적 생명이 결여된 확실한 증거라고 말했다. "영혼은 이 수단을 활용해 말씀 안에서 하나님과 대화를 나눈다. 매일 성경을 읽는 습관이 없는 사람은 겉으로 아무리 신앙을 고백하더라도 주님의 백성에 속하지 않는다."[9] 만일 영혼을 변화시키는 거듭남의 능력을 맛보았다면 순수한 말씀의 젖을 계속 사모해야 한다(벧전 2:2). 그런 굶주림이 없다는 것은 질병에 걸렸거나 생명이 없다는 증거다. 토머스 왓슨(1620-1686)은 "경건한 사람

---

8   순교자 유스티누스(100-165)는 2세기에 교회의 예배를 이렇게 묘사했다. "주일이라 일컫는 날에는 도시나 시골에 사는 사람들 모두가 한 장소에 함께 모여 시간이 허락하는 대로 사도들의 기록이나 선지자들의 글을 읽는다. 낭독자가 읽기를 중단하면 대표자가 말로 가르침을 베풀고, 선한 것들을 본받으라고 권고한다." (Firtst Apology 1.67; ANF 1:186).

9   Boston, *An Illustration of the Doctrines of the Christian Religion*, in *Works*, 2:423.

은 말씀을 사랑한다."고 말했다.[10]

위에서 말한 대로 성경은 또한 가정에서 읽어야 한다. 모든 가정은 매일 가정 예배를 드려야 한다. 가장은 그 시간에 가족들 앞에서 성경을 읽고, 설명해야 한다. 보스턴은 "모든 가정이 교회가 되어야 한다. 가족들은 기도로 하나님께 말씀드리는 것처럼 성경 읽기를 통해 하나님이 자기들에게 하시는 말씀을 들어야 한다. 이 일은 매일 아침저녁으로 이행해야 하고, 자녀들과 하인들에게는 스스로 성경을 읽도록 가르쳐야 한다."고 말했다.[11] 보스턴은 가정 예배를 하루에 한 번 드리든 두 번 드리든, 함께 큰 소리로 말씀을 읽는 것이 중요하다고 강조했다. "여호와의 증거를 야곱에게 세우시며 법도를 이스라엘에게 정하시고 우리 조상들에게 명령하사 그들의 자손에게 알리라 하셨으니"(시 78:5).

왜 그렇게 해야 할까? 그 이유는 성경이 지극히 귀중한 소유물이기 때문이다. 윌리엄 틴데일(1494-1536)이나 종교개혁자들과 같은 하나님의 종들의 희생적인 노력으로 모든 가정이 성경을 소유하게 되었다. 틴데일은 한때 금서였던 성경을 모든 가정이 소유하게 하려고 귀한 피를 흘렸다. 그가 그렇게 한 이유가 단지 그것을 선반에 방치에 놓고 먼지만 쌓이게 하기 위해서였을까? 청교도들은 가정에서 성경을 다른 어떤 소유물보다 귀하게 여겨야 한다고

---

10 Thomas Watson, *A Godly Man's Picture* (1666; repr., Edinburgh: Banner of Truth, 2009), 60.

11 Boston, *An Illustration of the Doctrines of the Christian Religion,* in *Works,* 2:423.

믿었다. 그 이유는 성경이 목숨과 맞바꿀 만한 가치를 지녔기 때문이다. 더욱이 가정에서 가족들끼리 오붓한 시간을 보낼 때 성경을 애독하면 큰 유익이 있다. 가정에서 성경을 읽으면 가족들이 하나님의 보좌를 중심으로 하나로 단합되고, 예배와 사랑 안에서 서로 연결되며, 하나님과의 관계나 가족들 간의 관계가 돈독해진다.

청교도 교구에서 다른 보조 문헌들은 성경의 가르침을 단순하게 또는 상세하게 설명하는 용도로 활용되었다. 전형적인 청교도 목회자는 회중을 목양하면서 대개 체계적인 기독교 교육을 실시했다. 이 일을 위한 가장 좋은 수단은 교리문답이었다. 청교도 목회자는 기존의 교리문답이나 자신이 직접 만든 교리문답을 활용하는 법을 회중에게 가르치곤 했다.

교리문답은 성경의 신학적 영역을 그려놓은 교리 지도와 같았다. 그것은 성경의 주요 교리를 간결하고, 체계적으로 요약함으로써 평신도들이 스스로 성경을 읽으면서 핵심 주제들을 파악해 나갈 수 있게 해주었다. 그런 식으로 그들은 성경을 일관성과 통일성을 지닌 완전체, 곧 하나님의 탁월한 지혜의 산물로 이해할 수 있었다. 존 코튼(1585-1652)은 자신의 교리문답에 《갓난아이들을 위해 신구약 성경의 가슴에서 짜낸 젖》이라는 제목을 붙였다. 또 어떤 청교도들은 자신이 만든 교리문답의 제목에 "주요한 근본 요점," "기독교 종교의 총화," "몇 가지 근원," 종교의 "첫 번째 원리,"

"기독교의 기초"와 같은 문구를 포함시켰다.[12] 청교도는 교인들이 가정에서 교리문답을 가르치고, 매일 가정 예배를 드리는 것에 대해 책임성(accountability)을 부담함으로써 목회적 감독의 역할을 충실히 감당했다.

오늘날 교회에서 공적으로 성경을 읽는 것을 소중히 여기는 그리스도인들이 얼마나 될까? 청교도들은 교인들에게 이 관습을 소중히 여기라고 가르쳤다. 오늘날 개인적으로 성경을 읽는 습관을 등한시하는 그리스도인들이 얼마나 될까? 청교도들은 매일 신중한 태도로 기도하고 묵상하면서 천천히 성경을 읽고, 그것을 삶에 적용하라고 강조했다. 가정 예배는 또 어떠한가? 온 가족이 성경을 중심으로 함께 모이는가, 아니면 가족들이 고립된 조각처럼 제각기 따로 나뉜 채 텔레비전이나 컴퓨터나 스마트폰을 중심으로 각자 자신의 작은 세상에만 몰두하고 있는가? 누가 자녀들을 훈육하는가? 베드로와 바울과 과거의 개혁파 거장들인가, 아니면 가이사와 할리우드와 대중매체인가? 청교도는 말씀을 정기적으로 읽음으로써 우리의 사고를 형성하고, 새롭게 하라고 권고한다.

물론, 혼자서나 가정에서 성경을 읽는 것이 공예배를 대체할 수는 없다. 교회는 성령의 역사가 말씀과 더불어 때로는 평범하게, 때로는 매우 강력하게 일어날 수 있는 맥락을 제공한다. 요즘에는 교회 참석을 등한시해도 인터넷 설교나 개인 성경 공부를 통해 영

---

12 Joel R. Beeke and Mark Jones, *A Puritan Theology: Doctrine for Life* (Grand Rapids: Reformation Heritage Books, 2012), 963 – 64에서 개작함.

적 자양분을 충분히 공급받을 수 있다고 생각하는 그리스도인들이 많다. 청교도는 그렇게 생각하지 않았다. 그들은 교회 안에서 일어나는 말씀의 역사를 크게 중시했다.

말씀 설교

바울은 디모데에게 "너는 말씀을 전파하라"(딤후 4:2)라고 명령했다. 청교도는 이 명령을 진지하게 받아들였다. 청교도들이 교회의 말씀 설교를 중요하게 여긴 이유는 성경의 신적 영감과 권위와 능력과 순수성을 확신했기 때문이다. 그들은 하나님이 말씀 설교를 가장 중요한 수단으로 삼아 교회를 세우신다고 확신했기 때문에 설교를 교회 예배의 핵심으로 삼았다. 그들은 종교개혁의 전통을 따라 예배당 중앙에 제단이 아닌 강단을 세우고, 성례가 아닌 설교를 예배의 핵심으로 간주했다. 리처드 십스(1577-1635)는 "설교는 하나님이 제정하신 것이다. 설교는 믿음을 일으키고, 깨우침을 제공하며, 의지와 애정(affections)을 그리스도께로 이끄는 거룩한 수단이다."라고 말했다.[13]

마틴 로이드 존스(1899-1981)는 청교도 사상에 깊이 심취했고, 논리적으로 설교를 전개한 것으로 유명하다. 그는 50년 전에 이렇게 탄식했다.

---

13 Richard Sibbes, *The Fountain Opened*, in *The Works of Richard Sibbes* (Edinburgh: Banner of Truth, 2001), 5:514.

우리는 모든 것을 의심하는 시대에 살고 있다. 설교의 위치와 가치와 목적에 관한 의심도 그런 의심 가운데 하나다. 설교의 가치를 평가절하하는 사람들이 늘어나고 있다. 그들은 갖가지 악기 반주에 맞춰 다양한 형태와 종류의 노래를 부르는 것에 갈수록 더 많은 관심을 기울인다. 그들은 또한 극적인 표현이나 성경 암송을 좋아하고, 심지어 어떤 사람들은 춤을 비롯해 다른 여러 외적 표현을 예배의 행위에 적용하기까지 한다. 이 모든 것이 설교의 위치와 가치를 훼손하는 결과를 낳고 있다.[14]

엔터테인먼트와 같이 아무런 권위도 부여받지 못한 거짓 것들이 교회 안에서 그리스도의 정당한 위치를 빼앗으면서 말씀의 우위성이 무너지고 있다. 청교도들은 성경 강해를 중시했던 종교개혁의 전통을 외면하는 이런 현대 교회의 퇴락 현상을 극도로 혐오했을 것이 틀림없다.

로이드 존스는 "청교도에게 설교는 핵심이자 가장 중요한 것이었다."라고 말했다.[15] 말씀 설교를 통해 기록된 성경 말씀을 열어서 제공하면 개인적인 성경 읽기를 훨씬 능가하는 방식으로 본문의 의미를 분명하게 드러내고, 성령의 은혜를 통해 그것을 생생하게 되살려 효과적인 효력을 발생시킬 수 있다. 로이드 존스는 "불길이

---

14 D. Martyn Lloyd-Jones, *The Puritans: Their Origins and Successors, Addresses Delivered at the Puritan and Westminster Conferences, 1959–1978* (1987; repr., Edinburgh: Banner of Truth, 2014), 373.

15 Lloyd-Jones, *The Puritans*, 375.

일어나면 열기가 더 많이 방출되는 것처럼, 설교로 말씀에 바람을 불어넣으면 말씀을 읽을 때보다 청중의 마음속에 더 많은 불길이 일어난다."라는 청교도 토머스 카트라이트(1535-1603)의 말을 인용했다. 로이드 존스는 이 말을 설명하면서 이렇게 말했다. "설교의 참된 기능은 정보를 제공하는 것이 아니라 카트라이트가 말한 효과를 일으키는 것이다. 즉 설교는 더 많은 열기를 방출하고, 말씀에 더 많은 생명과 능력을 불어넣어 청중의 마음속에 깊이 새겨주는 기능을 한다."[16]

토머스 보스턴도 이렇게 말했다. "하나님의 교회가 은혜로운 이유는 항상 불빛을 내뿜는 등불과도 같은 말씀을 소유하고 있기 때문이다. 말씀 설교는 타버린 등불의 심지를 다듬어 더 밝은 빛을 비추게 만드는 역할을 한다."[17] 또한 보스턴은 다른 곳에서 이렇게 말했다.

하나님의 말씀은 성령의 검이다. 시류를 거슬러 행하려고 노력할 의지만 있다면 악한 시대에도 우리는 아무런 부족함이 없을 것이다. 읽은 말씀도 선포된 말씀과 마찬가지로 성령의 검인 것은 분명하다. 그러나 말씀 설교는 그것을 칼집에서 꺼내 가엾은 죄인들의 손에 건네주어 원수들을 대적하게 만드는 특별한 수단에 해당한다. 말씀을 읽던 에티오피아 내시는 빌립의 질문을 듣고서 "지도해 주는 사람이 없

---

16 Lloyd-Jones, *The Puritans*, 376.
17 Boston, *An Illustration of the Doctrines of the Christian Religion*, in *Works*, 2:423.

으니 어찌 깨달을 수 있느냐"라고 대답했다. 그는 빌립이 수레에 올라와 자기 옆에 앉아서 말씀을 설명해 주기를 바랐다. 말씀의 우물은 깊다. 사람들이 마실 수 있도록 그 물을 길어 올려줄 누군가가 필요하다.[18]

우리도 악한 시대에 살고 있다. 오늘날의 교회는 개혁과 부흥이 필요하다. 성경에 대한 무지가 "포스트 크리스천 시대"의 문화에 전염병처럼 퍼지고 있다. 말씀의 검을 칼집에 넣어두어서는 안 된다. 성경을 존중하면 말씀을 공적으로 선포하는 일을 우선시하게 될 것이다. 하나님의 말씀을 사랑하는 사람들은 그것을 널리 전한다. "설교자의 말을 통해 살아 있는 복음의 소리(*viva vox evangelii*)를 들을 수 있다."라는 종교개혁자들의 가르침을 잊어서는 안 된다.[19] 역사 속에서 일어난 모든 참된 개혁과 부흥은 말씀 설교를 통해 촉발되었다. 성령의 능력이 실린 충실하고 성경적인 설교가 왕성하게 이루어지고 사람들 사이에서 존중을 받는 곳에는 영적 활력이 넘쳐나기 마련이다. 하나님의 말씀은 헛되이 돌아오지 않는다(사 55:11).

토머스 왓슨은 "(선포된 말씀은) 기록된 말씀의 해석이다. 성경은

---

18 Boston, "Thanksgiving For My Continuance in Ettrick" (Sermon XXVII), in *Works*, 3:373 - 74.

19 Carl L. Beckwith, Timothy George, and Scott M. Manetsch, eds., *Ezekiel, Daniel: Old Testament*, vol. 12, Reformation Commentary on Scripture (Downers Grove, Ill.: IVP Academic, 2012), xiv.

최상의 기름이자 향유이고, 말씀 설교는 그것을 붓는 것이다. 성경은 귀한 향료이고, 말씀 선포는 그 향료를 으깨어 감미롭고 유쾌한 향을 내는 것이다."라고 말했다.[20] 그는 경건한 사람들이 설교된 말씀을 사랑하는 이유는 그리스도께서 그것을 통해 하늘에서 우리에게 말씀하시고(히 12:25), 우리를 구원하는 능력을 베푸시기(고전 1:24) 때문이라고 말했다. "설교된 말씀에 찍힌 신적 권위의 인장은 그것을 인간의 구원을 돕는 수단으로 만든다."[21] 건전한 설교는 하나님의 백성의 귀에 장엄한 음악처럼 들린다. "옛날에 더 베 성이 암피우스의 수금 소리로 건설되었다는 말이 있다. 이 말은 영혼의 회심에 훨씬 더 적합하다. 영혼의 회심은 복음의 수금 소리로 이루어진다…말씀의 직무를 천사들의 직무보다 더 좋아해야 한다."[22]

하나님을 존중한다면 모든 형태로 전해지는 말씀, 특히 설교를 통해 주어지는 말씀을 소중히 여겨야 한다. 설교된 말씀을 통해 주어지는 유익이 만나와 함께 떨어지는 이슬처럼 우리의 영혼을 새롭게 한다. 이 절박한 시기에 교회에는 충실한 설교자는 물론, 말씀을 듣고 받아들이는 충실한 청중이 필요하다(약 1:21).

20 Watson, *A Godly Man's Picture*, 64.
21 Watson, *A Godly Man's Picture*, 65.
22 Watson, *A Godly Man's Picture*, 64.

극단주의인가 합당한 예배(reasonable service)인가

청교도는 성경을 배울 뿐 아니라 실천하는 데 열심이었다. 어떤 사람들은 성경에 대한 그런 열심이 약간 극단적이라고 생각한다. 청교도들을 향해 흔히 율법주의라는 비판이 제기된다. 그러나 삶의 모든 영역에서 성경을 존중하려는 그들의 열정은 공로를 세워 하나님의 은혜나 의로움을 얻으려는 욕망에서 비롯하지 않았다. 그들은 그런 생각을 혐오했을 뿐 아니라 강력하게 단죄함으로써 모든 형태의 펠라기우스주의와 반(半)펠라기우스주의를 논박했다. 그들의 동기는 정죄의 두려움이 아닌 구원을 감사하는 마음에서 비롯했다. 그들은 성경의 명령을 복음 은혜의 진술 내용을 근거로 경험적으로 적용했다.

이를 보여주는 대표적인 사례는 로마서 12장 1절이다. "그러므로 형제들아 내가 하나님의 모든 자비하심으로 너희를 권하노니 너희 몸을 하나님이 기뻐하시는 거룩한 산 제물로 드리라 이는 너희가 드릴 영적 예배니라." 조나단 에드워즈(1703–1785)는 이것이 "하나님의 구원하시는 은혜를 받은" 사람들에게 주어진 권고라 말함으로써 이 본문에 관한 청교도의 이해를 본보기로 제시했다.[23] 에드워즈가 지적한 대로, 이 진술 내용은 은혜로 그들에게 현실이 되었다. 하나님의 영감을 받은 사도는 구원의 은혜에 근거한 권고

---

23 Jonathan Edwards, *Religious Affections*, in *The Works of Jonathan Edwards*, ed. John E. Smith and Harry S. Stout, revised edition (New Haven: Yale University Press, 2009), 2:343.

의 말로 신자들에게 거룩한 삶을 살라고 호소했다. 이것은 율법주의가 아닌 복음에 근거한 성경적 경건이다. 성경은 삶 전체에 영향을 미치는 전적인 헌신을 요구한다(살전 5:23 참조). 에드워즈는 로마서 12장 1절에 관해 설교하면서 "하나님께 우리 자신을 드린다는 것이 무슨 의미일까?"라고 묻고 나서, 아래와 같이 대답했다(나는 주제의 적절성을 보여주기 위해 간간이 괄호 안에 나의 설명을 덧붙였다).

그것은 하나님의 명령(말씀의 모든 가르침)을 기꺼이 받아들이고, 우리 자신을 하나님의 종으로 드려 그분께 헌신하며, 그분을 우리의 영혼과 육체, 곧 우리의 모든 능력과 행위를 주권적으로 다스리시는 하나님이자 왕으로 받아들이는 것을 의미한다. 이것은 우리의 오성을 하나님께 바쳐 (그분의 말씀과 성령으로) 깨달음을 얻고, (특별히 말씀을 묵상함으로써) 하나님을 생각하는 것이다. 이것은 우리의 의지를 하나님께 드려 (하나님의 말씀이 알려주는 대로) 그 어떤 것보다 하나님을 먼저 선택하는 것이다. 이것은 우리의 애정을 하나님께 바쳐 (말씀에 자세히 명시된 대로) 말씀의 지배를 받아 하나님과 그분이 사랑하는 것을 사랑하고 그분이 미워하는 것을 미워하는 것이다. 이것은 우리의 실행력을 하나님께 바쳐 그분의 말씀에 계시된 그분의 뜻대로 그분을 섬기는 일에 전적으로 사용하는 것을 의미한다.[24]

---

24 Jonathan Edwards, "Dedication to God," in *Jonathan Edwards Sermons*, ed. Wilson H. Kimnach (New Haven: Jonathan Edwards Center at Yale University, 1722–1723), Romans 12:1.

괄호 처리된 나의 설명은 원문에는 없지만 에드워즈는 자신의 말에 그런 설명이 내포되어 있다고 동의할 것이 분명하다. 기독교적 삶에 대한 개혁파의 이해에서는 그런 말씀 중심적인 헌신이 기정사실로 간주되었다.

하나님은 은혜로 다스리신다. 하나님의 통치는 성경을 통해 우리에게 구현된다. 성경은 삶의 모든 측면을 권위 있게 형성한다. 에드워즈는 우리의 영혼과 육체, 우리의 능력과 행위, 우리의 오성과 의지, 우리의 감정을 비롯해, 하나님의 형상을 지닌 우리의 존재 전체가 성경에 의해 빚어져야 한다고 가르친다. 우리가 생각하고, 느끼고, 계획하고, 살고, 사랑하는 모든 것에 하나님의 말씀을 적용해야 한다.

이것은 극단주의가 아니라 지극히 뛰어나신 우리의 구원자요 왕이신 분에게 드리는 "합당한 예배"다. 존 플라벨(1628-1691)은 "예수 그리스도께서 신자들을 위해 자신을 온전히 내어주셨다면 신자들도 마땅히 그리스도를 위해 자신을 온전히 내어드려야 하지 않겠는가?"라고 말했다.[25] 그런 헌신은 말씀을 통해 이루어진다. 주님은 "그들을 진리로 거룩하게 하옵소서 아버지의 말씀은 진리니이다"(요 17:17)라고 기도하셨다.

---

25 John Flavel, *The Fountain of Life: A Display of Christ in His Essential and Mediatorial Glory*, in *The Whole Works of the Reverend John Flavel* (London; Edinburgh; Dublin: W. Baynes and Son; Waugh and Innes; M. Keene, 1820), 1:101.

성경을 통해 형성되는 하나님 중심적인 경건

청교도는 성경을 크게 존중했기 때문에 자연히 하나님을 극진히 존중했다. 사실, 그들이 성경을 크게 존중했던 이유는 하나님을 높이 우러렀기 때문이다. 성경은 성령의 영감으로 기록된 귀한 말씀으로서 자증적 권위를 지니는 하나님의 자기 증언이다. 청교도는 성경을 사람의 말로 받지 않고 하나님의 말씀으로 받았으며, 이 말씀은 믿는 그들 가운데서 역사했다(살전 2:13).

존 플라벨은 성경의 '신적 권위'와 '명령하는 권세'와 '변화시키는 효력'을 이렇게 설명했다.

피조물의 능력, 한갓 사람의 말이 양심을 깨우치고, 두려운 마음을 갖게 하고, 영혼의 은밀한 생각을 들춰내 인간을 그토록 떨리게 만들 수 있을까? 절대로 그럴 수 없다. 인간보다 더 위대한 존재가 있어야 한다. 소경의 눈을 열어 주고, 죽음 자의 무덤을 열어젖히고, 화인 맞은 양심을 새롭게 되살리고, 영혼의 기질과 심령 상태를 변화시키고, 축 늘어져 죽어가는 영혼을 강력하게 되살려 새 힘과 위로를 줄 수 있는 존재는 하나님 외에는 아무도 없다. 이 모든 일은 하나님의 능력으로 이루어진다. 굳이 더 말할 필요 없이 이것만으로도 성경의 신적 권위를 입증하는 온전한 증거가 되기에 충분하다.[26]

---

26 Flavel, *The Method of Grace in the Gospel Redemption*, in *Works*, 2:300.

플라벨은 청교도의 글에서 발견되는 공통된 주제를 환기시킨다. 그들은 "무릇 마음이 가난하고 심령에 통회하며 내 말을 듣고 떠는 자 그 사람은 내가 돌보려니와"(사 66:2)라는 말씀을 근거로 성경에 대한 존중심을 표현했다. 그들은 그런 떨림이 거룩한 아버지이신 하나님께 대한 자녀의 경외심으로 이해했다. 그들은 그런 진지한 공경심을 지녔기 때문에 겸손한 마음과 주의 깊은 양심으로 성경의 모든 가르침을 굳게 붙잡을 수 있었다. 청교도의 양심은 말씀을 통해 하나님께 온전히 사로잡혔다.

패커는 이렇게 말한다. "청교도로 불린 사람들의 생각과 마음을 온통 지배했던 가장 큰 관심은 바로 하나님에 대한 관심이었다. 그들은 하나님을 진정으로 알고, 그분을 올바로 섬김으로써 그분을 영화롭게 하고, 즐거워하는 일에 가장 큰 관심을 기울였다."[27] 패커에 따르면, 청교도들은 하나님을 섬기면서 깨끗한 양심(그리스도의 보혈로 씻음을 받고, 성경의 가르침에 따르는 양심)을 안전하게 지키고, 유지해야 할 필요성을 크게 강조했다고 한다. 패커는 청교도 영성의 핵심이 내적인 양심의 활동과 긴밀하게 연관된다고 지적하면서 "(그것은) 자기 자신을 하나님의 임재 앞에 서 있는 존재(루터의 말을 빌리면 '코람 데오'), 곧 하나님의 말씀의 권위 아래 있고 율법의 심판에 노출되어 있는 동시에 신자로서 하나님의 은혜를 통해 의롭다고 인정받고 받아들여지는 존재로 인식하는 것을 의미했다."라고

---

27 J. I. Packer, *A Quest for Godliness: The Puritan Vision of the Christian Life* (Wheaton, Ill.: Crossway, 1990), 107.

설명했다.[28] 하나님의 영광을 위해 산다는 것은 의롭게 정화된 양심을 가지고 그분을 섬기는 것을 의미하고, 깨끗한 양심으로 하나님을 섬긴다는 것은 깨우침을 얻는 양심을 복음의 은혜를 통해 성경에 온전히 복종시키는 것을 의미한다.

기독교적 삶이 성경 중심적이어야 하는 이유는 그리스도인의 마음이 성경의 지배를 받아야 하기 때문이다. 패커는 이렇게 말했다. "청교도는 양심을 하나님의 말씀에 노출시켜 복종시키지 않으면 진정한 영적 깨달음이나 참된 경건에 이를 수 없다고 생각했다."[29] 청교도들에 따르면, 참된 경건이란 살아 있는 하나님의 말씀이 마음속 내면의 삶에서부터 외적인 삶에 이르기까지 우리의 존재 전체에 유효한 영향력을 행사하는 상태를 뜻했다. 청교도적 경건은 전인(全人)을 성경에 복종시키고, 모든 기능을 하나님의 온전한 뜻에 일치시키려고 노력했다. 이것이 "오직 성경으로"의 원리를 전인적으로 적용하는 것(곧 모든 피조물을 권위 있는 성경에 굴복시켜 하나님의 영광을 드높이려는 하나님 중심적인 세계관을 전심으로 추구하는 것)이다.

청교도의 성경 사랑을 본받자

청교도는 성경으로 우리의 생각을 형성하도록 돕는다. 그들은

---

28 Packer, *A Quest for Godliness*, 108.
29 Packer, *A Quest for Godliness*, 107.

성경을 사랑했고, 실천했고, 노래했고, 설교했고, 읽었고, 암기했다. 그들은 매일 성경을 생각했다. 그들은 성경에 의해 형성된 신학자요 설교자였다. 그들은 오직 그런 식으로 생각했다. 그것이 그들의 본질이었다. 오늘날에는 하나님의 말씀에 대한 그런 태도가 더욱 절실히 필요하다.

청교도의 글을 정기적으로 읽으면 그들처럼 성경을 사랑하게 될 것이다. 그들의 성경 해설이 궁극적인 주해는 아닐지라도 그들의 글을 읽으면 온 마음을 다해 성경에 충실하는 법을 배울 수 있다. 청교도는 자신을 드러내지 않고, 그리스도를 가리킨다. 그들은 충실한 가르침을 통해 성경을 더욱 실천적으로 적용하는 방법을 보여준다. 그들의 목표는 성경에 더욱 온전히, 전인적으로 헌신하는 사람들을 배출하는 것이었다.

앞서간 이 경험 많은 목회자요 신학자인 사람들의 글을 읽고, 지극히 탁월한 하나님의 말씀의 의미를 묵상하면서 그들의 글을 통해 그들의 가장 뛰어난 통찰력을 발견하는 것보다 성경을 더 잘 탐독할 수 있는 길이 또 어디에 있으랴! 하나님의 책을 공부하면서 그들을 우리의 동반자로 삼는다면 "지혜로운 자와 동행하면 지혜를 얻고"(잠 13:20)라는 성경의 진리를 더욱 깊이 체험할 수 있을 것이다. 아무쪼록 이 책을 읽으면서 단지 청교도에게 관심을 기울이는 데 그치지 않고, 그들의 증언을 통해 성경에 더욱 깊이 매료되고, 은혜롭고, 영광스러운 삼위일체 하나님과 더욱 풍성한 교제를 나눌 수 있게 되기를 기도한다.

논의와 성찰을 위한 질문

1. 성경에 헌신하고, 그 명령에 순종하는 데 신경쓰는 것이 율법주의에 해당하지 않는 이유는 무엇인가? 로마서 12장 1절을 묵상하고, 하나님의 긍휼과 거기에 감사하는 마음에서 우러나오는 헌신과 순종과 경배의 상호관계에 관해 생각해 보라.

2. 혼자서나 가족들과 함께 성경을 읽는 당신의 습관을 통해 성경의 중요성과 중심성이 어떻게 반영되고 있는가? 당신의 삶 속에서 다른 것이 성경을 대체하고 있지는 않은가?

3. 당신은 은혜의 수단인 공예배에 참석해 설교 말씀을 정기적으로 듣고 있는가? 설교되는 말씀을 통해 하나님이 우리에게 말씀하신다면, 이것을 어떻게 우리의 생각을 형성하고, 우리의 행위를 변화시키는 수단으로 활용해야 할까?

02
청교도는 우리의 눈을 들어 삼위일체 하나님의 위대하심과 영광을 바라보도록 돕는다

"하나님의 자녀가 된 사람의 관심을 사로잡을 수 있는 가장 고귀한 지식, 가장 숭고한 사색, 가장 강력한 철학은 그가 아버지라고 부르는 위대하신 하나님의 이름과 본성과 인격과 사역과 행위와 존재다."–**찰스 스펄전**[1]

한 어린아이가 자기가 존중하는 아버지가 지켜보는 앞에서 열심히 그림을 그리고 있었다. 아들은 정신을 집중해 창의적인 작품을 만드느라 여념이 없었다. 아버지는 호기심을 느꼈다. 대체 저것이 무엇일까? 아버지는 "얘야, 무엇을 그리고 있니?"라고 물었다. 아이는 고개를 쳐들지도 않고 "하나님이요."라고 대답했다. 의외

---

1 Charles H. Spurgeon, "The Immutability of God," in *The New Park Street Pulpit* (London: Passmore & Alabaster, 1855; repr. Pasadena, Tex.: Pilgrim Publications, 1975), 1:1.

의 대답에 약간 놀란 아버지는 잠시 시간을 내 아들의 신학적 사고를 바로잡아 주어야겠다고 생각하고, "하나님이 어떻게 생기셨는지 아는 사람은 아무도 없단다."라고 말했다. 아들은 그런데도 조금도 주저하지 않고 "제가 그림을 다 그리고 나면 모두 알게 될 거예요."라고 말했다.

위의 에피소드는 우리가 하나님을 우리 자신의 상상력의 한계에 맞춰 축소하려는 성향을 타고났다는 사실을 보여주는 전형적인 사례가 아닐 수 없다. 어떤 사람은 "하나님은 자신의 형상대로 인간을 창조하셨고, 인간은 하나님을 자신의 형상과 유사한 존재로 상상했다."라고 말했다. 하나님도 시편 저자를 통해 "네가 나를 너와 같은 줄로 생각하였도다"(시 50:21)라고 말씀하셨다. 우리의 형상대로 신을 창조하려는 유혹이 우리에게 여전히 존재한다. 종교개혁자 존 칼빈(1509-1564)은 "인간의 본성은 끊임없이 우상을 만들어내는 공장이다."라고 말했다.[2] 따라서 우리에게는 하나님에 관한 참된 지식을 알려줄 충실한 인도자가 절실히 필요하다.

유명한 19세기 침례교 목사 찰스 스펄전(1834-1892)은 청교도를 좋아했고, 그들의 글을 종종 인용했다. 그는 "뉴 파크 스트리트 교회"에서 펴낸 첫 번째 설교집에서 "하나님의 자녀가 된 사람의 관심을 사로잡을 수 있는 가장 고귀한 지식, 가장 숭고한 사색, 가

---

2 John Calvin, *Institutes of the Christian Religion*, ed. John T. McNeill, trans. Ford Lewis Battles, The Library of Christian Classics (Louisville, Ky.: Westminster John Knox Press, 2011), 1.11.8.

장 강력한 철학은 그가 아버지라고 부르는 위대하신 하나님의 이름과 본성과 인격과 사역과 행위와 존재다."라고 말했다.[3] 청교도는 이 말에 "아멘"으로 크게 화답할 것이 분명하다. 그들은 우리의 삶과 구원과 위로와 거룩함과 기쁨이 성령을 통해 그리스도 안에서 주어지는 하나님에 관한 지식(이 지식은 영혼을 구원하는 지식이다.)에 근거한다고 확신했다. 조지 스윈녹(1627-1673)은 "우리의 영원한 행복은 복되고, 무한하신 하나님을 아는 완전한 지식에 달려 있다."고 말했다.[4] 청교도의 설교와 글은 우리의 눈을 들어 영혼을 만족하게 하는 위대함과 영광과 초월성을 지니신 삼위일체 하나님을 바라보도록 도와준다. 그들은 하나님을 그분의 자기 계시를 통해 알고, 그리스도 안에서 알고, 경험적으로 알라고 권고하고 독려한다.

하나님의 자기 계시를 통해 하나님을 알라

청교도는 "하나님의 광대하심과 완전하심은 우리의 유한한 이해의 범위를 무한히 초월하지만, 그분이 계시하기로 작정하신 것은 우리가 알 수 있다."는 올바른 신념을 지녔다.[5]

하나님은 비교를 불허하는 불가해한 존재이시다. "무릇 구름 위

---

3 Spurgeon, "The Immutability of God," in *The New Park Street Pulpit*, 1:1.
4 George Swinnock, *The Blessed and Boundless God* (Grand Rapids: Reformation Heritage Books, 2014), 1.
5 Swinnock, *The Blessed and Boundless God*, 2.

에서 능히 여호와와 비교할 자 누구며 신들 중에서 여호와와 같은 자 누구리이까"(시 89:6). 그러나 하나님은 자신의 행사(시 8:1, 19:1-6, 롬 1:18-20)와 말씀(시 19:7-11, 히 1:1)은 물론, 무엇보다도 자기의 아들인 주 예수 그리스도를 통해(요 17:3, 히 1:2, 요일 5:20) 자기를 계시함으로써 자기를 나타내셨다.

앞장에서 말한 대로, 청교도는 그런 확신을 지녔기 때문에 성경의 분명한 가르침을 토대로 설교와 강연과 신학을 펼쳤다. 이것이 그들이 오늘날의 신자들을 위한 유익하고, 믿음직한 안내자가 될 수 있는 이유다. 스펄전이 존 번연에 관해 한 말이 훌륭한 청교도 목회자 모두에게 그대로 적용된다. "그(번연)의 책은 무엇이든 읽으라. 그러면 성경 자체를 읽는 것과 같다는 생각이 들 것이다. 그는 자신의 영혼이 성경에 흠뻑 젖어 들 때까지 성경을 읽었다…그의 몸 어느 곳이든 찔러 보라. 그의 피는 성경에 물들어 있기 때문에 성경의 진수가 그에게서 흘러나올 것이다. 그가 성경을 인용하지 않으면 아무것도 말할 수 없는 이유는 그의 영혼에 하나님의 말씀이 가득하기 때문이다."[6] 청교도의 글은 성경에 흠뻑 젖어 있다. 그들은 하나님을 알고, 사랑하고, 순종하겠다는 열정에 온통 사로잡혔던 성경적인 사상가들이다.

그 대표적인 사례 가운데 하나는 최근에 현대어로 다듬어져《복

---

6 *C. H. Spurgeon's Autobiography Compiled from His Diary, Letters, and Records, Vol. IV: 1878–1892* (London: Passmore & Alabaster, 1900; repr. Pasadena, Tex.: Pilgrim Publications, 1992), 268.

되고 무한하신 하나님》이란 제목으로 재출판된 스윈녹의 《하나님의 비교불가성》이란 책이다.[7] 시편 89편 6절을 묵상한 내용을 책한 권 분량으로 담은 스윈녹의 책은 하나님의 존재와 속성과 행위와 말씀을 실천적 차원에서 주의 깊게 파헤치고 있다.

스윈녹은 비할 데 없이 탁월한 하나님의 존재(being)를 논하면서 그분의 존재(being)의 독립성, 완전성, 보편성, 불변성, 영원성, 단순성, 무한성, 불가해성을 밝히 드러냈다.[8]

그는 "하나님은 스스로 첫 번째 원인이자…마지막 결과가 되신다."라는 말로 시작했다.[9] 천사와 인간은 하나님에게서 비롯했지만, 하나님은 누구에게도 의존하지 않고 스스로 자존하신다. 더욱이 "하나님은 스스로 가장 높은 목적이 되신다. 그분은 스스로 시작과 끝이 되신다. 하나님은 시작도 없고, 끝도 없으시다(계 1:8). 그분은 자기가 하는 일을 자신을 위해 하신다."[10] 스윈녹은 성경을 근거로 "하나님의 궁극적인 목적은 자신을 영화롭게 하고, 자기 자신을 영원히 즐거워하시는 것이다."라는 진리를 확립했다.[11]

스윈녹은 자신의 책에서 최소한 열여섯 가지의 하나님의 속성

---

7   George Swinnock, *The Incomparableness of God*, in *The Works of George Swinnock* (Edinburgh: James Nichol, 1868; repr. Edinburgh: Banner of Truth, 1996), vol. 4.

8   Swinnock, *The Blessed and Boundless God*, part 1.

9   Swinnock, *The Blessed and Boundless God*, 11.

10 Swinnock, *The Blessed and Boundless God*, 12.

11 John Piper, *Desiring God: Meditations of a Christian Hedonist* (Sisters, Ore.: Multnomah Publishers, 2003), 31. 파이퍼는 물론 웨스트민스터 소요리문답 제1문 "인생의 제일 가는 목적은 무엇입니까?"라는 질문을 기초로 해서 약간의 변경을 가하고 있다.

을 논했다. 그는 하나님의 속성을 이렇게 정의했다. "(하나님의 속성이란) 그분의 신적 본성 안에 존재하는 완전함들(perfections)을 가리킨다. 이것들은 우리가 그분을 더 잘 이해할 수 있도록 그분에게 돌려진다. 이것들을 '속성(attributes)'이라고 일컫는 이유는 이것들이 우리의 이해를 위해 하나님의 특성으로 돌려지기(attributed to) 때문이다. 그것들은 사실 인간이나 천사 안에 존재하는 것과 같은 방식으로 하나님 안에 존재하지는 않는다."[12]

스윈녹은 성경을 근거로 하나님의 다양한 속성들을 명확하게 설명하고, 간략하게 표현했다. 몇 가지 예를 들면 다음과 같다.

- 하나님의 능력은 그분이 원하는 일을 무엇이든 이룰 수 있는 속성을 가리킨다.[13]
- 하나님의 정의는 공정의 원칙에 따라 모든 일을 처리하고, 모든 사람에게 그들의 행위대로 보응하시는 속성을 가리킨다.[14]
- 하나님의 지식은 자기 자신과 만물을 이해하는 속성을 가리킨다.[15]
- 하나님의 긍휼은 비참한 상태에 놓인 우리를 불쌍히 여기시는 속성을 가리킨다.[16]
- 하나님의 인내는 죄인들에 대해 오래 참으며 그들의 징벌을 미루거

---

12 Swinnock, *The Blessed and Boundless God*, 35.
13 Swinnock, *The Blessed and Boundless God*, 44.
14 Swinnock, *The Blessed and Boundless God*, 47.
15 Swinnock, *The Blessed and Boundless God*, 50.
16 Swinnock, *The Blessed and Boundless God*, 57.

나 회심을 기다리시는 속성을 가리킨다.[17]

스윈녹은 시종일관 독자들의 관심을 하나님의 비할 데 없는 위대하심에 집중시켰다. "(하나님은) 지속성(duration)과 완전함과 속성과 존재(being)에 있어서 무한하시다."[18] 스윈녹은 하나님의 존재와 속성은 물론, 그분의 탁월한 행위(하나님의 창조와 섭리와 구원 사역)와 말씀을 거론했다.[19]

스윈녹 외에도 신자들에게 하나님의 위대하심과 영광을 묵상하라고 가르쳤던 청교도 저술가들이 한둘이 아니었다. 토머스 왓슨은 〈웨스트민스터 소요리문답〉에 관한 설교에서 삼위일체와 창조와 섭리의 교리와 더불어 하나님의 존재(being), 지식, 영원성, 불변성, 지혜, 능력, 거룩하심, 정의, 긍휼, 진리, 일치성을 거론함으로써 소요리문답의 네 번째 질문과 대답을 설명하고 적용했다.[20] 스티븐 차녹(1628-1680)은 하나님의 존재(existence)와 속성을 권위 있게 다룬 글을 썼다.[21] 아마도 그의 글은 "하나님에 관한 교리를 다룬

---

17 Swinnock, *The Blessed and Boundless God,* 60.

18 Swinnock, *The Blessed and Boundless God,* 27.

19 Swinnock, *The Blessed and Boundless God,* parts 3 and 4, respectively.

20 Thomas Watson, A Body of Divinity: Contained in Sermons Upon the Westminster Assembly's Catechism (1692; Repr. Edinburgh: Banner of Truth, 2003), 39-127. 소요리문답 제4문은 "하나님은 어떤 분이신가?"라고 묻고, "하나님은 영이시며, 그 존재, 지혜, 능력, 거룩, 공의, 인자, 진실이 무한하며, 불변하신다."라고 대답했다.

21 Stephen Charnock, *The Existence and Attributes of God* (New York: Robert Carter & Brothers, 1853; repr., Grand Rapids: Baker, 1996). This work is also found in volumes 1 and 2 of *The Complete Works of Stephen Charnock, B. D.* (Edinburgh: James Nichol, 1865; repr., Edinburgh: Banner of Truth, 2010).

청교도의 글 중에서 가장 해박하고, 예리할 것이다."²² 신학과 경건을 위한 이런 풍성한 가르침은 하나님을 알고 싶어 하는 신자들에게 몇 년은 아니더라도 몇 달 동안은 충분히 만족할 만한 영적 자양분을 제공한다. 일단 맛보기로, 하나님의 거룩하심의 아름다움을 논한 다음의 글을 잠시 생각해 보자.

> 하나님의 능력이 그분의 완전함들(perfections)의 힘인 것처럼 그분의 거룩하심은 그분의 완전함들의 아름다움이다. 전능한 능력이 뒤를 받쳐주지 않으면 모든 속성이 약해질 수밖에 없는 것처럼, 모든 속성을 장식하는 거룩하심이 없으면 모든 것이 아름답지 않게 된다…거룩하심은 하나님의 모든 행위를 이끄는 기준이자, 그분이 베푸는 모든 징벌의 원천이다. 신성의 모든 속성이 제각기 하나의 독특한 지체에 해당한다면 거룩하심은 그것들에 생명을 불어넣는 정신이요 영혼에 해당한다. 그것이 없으면 하나님의 인내는 죄에 대한 무분별한 관용이 되고, 그분의 긍휼은 맹목적인 사랑이 되며, 그분의 진노는 광기가 되고, 그분의 능력은 폭압이 되며, 그분의 지혜는 존경받을 자격이 없는 교활함이 되고 말 것이다. 이처럼 하나님의 거룩하심은 모든 속성에 올바른 가치를 부여한다.²³

---

22 Joel R. Beeke and Mark Jones, *A Puritan Theology: Doctrine for Life* (Grand Rapids: Reformation Heritage Books, 2012), 59.
23 Charnock, *Existence and Attributes of God*, 2:113–14.

그리스도 안에서 하나님을 알라

청교도들은 또한 하나님의 아들 예수 그리스도를 통하지 않고
는 그분을 진정으로 알 수 없다고 강조했다. 예수님은 "영생은 곧
유일하신 참 하나님과 그가 보내신 자 예수 그리스도를 아는 것이
니이다"(요 17:3)라고 말씀하셨다. 차녹은 이 말씀을 근거로 두 가지
교리를 도출했다.

> 교리 1 : 하나님과 중보자이신 그리스도를 아는 지식은 영생과 행복을
> 얻는 필수적인 수단이다.
> 교리 2 : 하나님을 아는 참된 구원의 지식은 오직 그리스도 안에서, 그
> 분을 통해서만 발견할 수 있다.[24]

이것은 청교도의 중요한 특징을 여실히 보여준다. 그들은 복음
적이고(복음에 초점을 맞추었다는 의미임), 그리스도 중심적인 목회 신
학과 실천을 추구했다.

오웬은 이 점을 크게 중시해 구원 신앙의 네 가지 증거 가운데
첫 번째 증거로 제시했다. 그는 "구원 신앙의 가장 기본적인 행위
는 다른 방법과 구원의 수단을 모두 버리고 오직 예수 그리스도만
을 묵상하고, 그분만을 의지함으로써 죄인들을 구원하는 하나님의

---

24 Stephen Charnock, "A Discourse of the Knowledge of God," in *The Complete Works of Stephen Charnock, B. D.* (Edinburgh: James Nichol, 1865; repr., Edinburgh: Banner of Truth, 2010), 4:110. 하나님을 아는 지식에 관한 차녹의 두 강설은 앞에서 언급한 하나님의 존재와 속성에 관한 그의 두꺼운 책과는 별개의 것이다.

방식을 선택하고, 채택하고, 인정하는 것이다."라고 말했다.[25]

종교 다원주의가 기독교 신앙에 관한 우리의 고백을 잠식하려고 위협하는 시대에 하나님과 인간을 잇는 유일한 중보자이신 그리스도를 강조하는 청교도의 가르침은 참으로 시의적절하지 않을 수 없다. 이것이 중요한 이유는 크게 세 가지다.

1) 하나님은 중보자이신 그리스도의 말씀을 통해 가장 큰 영광을 받으신다. 이런 사실은 예수님이 배신을 당해 십자가에 못 박히기 전에 드리신 기도에 분명하게 드러나 있다. "아버지여 때가 이르렀사오니 아들을 영화롭게 하사 아들로 아버지를 영화롭게 하옵소서 아버지께서 아들에게 주신 모든 사람에게 영생을 주게 하시려고 만민을 다스리는 권세를 아들에게 주셨음이로소이다"(요 17:1-2).

"때"는 요한복음에서 종종 그리스도께서 십자가에 못 박히신 때를 가리킨다(요 2:4, 7:30, 8:20, 12:23-27, 13:1). 그러나 그것은 그분이 높임을 받아 성부와 함께 영광을 누리시게 된 때를 가리키기도 한다. 하나님은 십자가를 통해 자신의 여러 가지 완전성의 영광을 드러내셨다. 오웬은 "하나님의 무한한 지혜, 인자, 은혜, 거룩, 의로움에 일치하는 것만이 그분께 합당하다."라고 말하고 나서 "믿음은 구원의 길과 관련해 어떤 것이 모든 면에서 하나님께 합당한지 분

---

25 John Owen, *Gospel Evidences of Saving Faith* (Grand Rapids: Reformation Heritage Books, 2016), 3. 이것은 *Gospel Grounds and Evidences of the Faith of God's Elect*, in *The Works of John Owen*, ed. W. H. Goold (1850 – 1853; repr., Edinburgh: Banner of Truth, 1966), 5:401 – 57라는 제목의 논문을 현대어로 다듬은 버전이다.

별하고 승인하는 기능을 수행한다. 즉, 믿음은 어떤 것이 하나님의 거룩한 속성에 온전히 화답하는지 분별한다."[26]라고 덧붙였다.

윌리엄 리스(1802-1883)의 찬송가는 이런 진리를 아름답게 표현했다.

십자가에 못 박힌 언덕 위에서
넓고 깊은 샘물이 터졌네.
하나님의 긍휼의 수문을 통해
크고 은혜로운 물줄기가 흘러나왔네.
은혜와 사랑이 거대한 강물처럼
위로부터 끊임없이 쏟아져 내렸네.
사랑 안에서 하늘의 평화와 완전한 정의가
범죄한 세상에 입을 맞췄네.[27]

2) 하나님은 그리스도를 통해 우리의 은혜로운 아버지로 나타나신다. 피조 세계를 통한 하나님의 계시는 그분의 능력과 영광을 여실히 드러내어 우리의 불순종과 죄를 변명할 여지가 없게 만든다(롬 1:19-20). 그러나 하나님의 의롭다 하시는 은혜의 기쁜 소식은 오직 그리스도 안에서 이루어진 하나님의 구원 사역에 관한 계시를 통해서

---

26 Owen, *Gospel Evidences of Saving Faith*, 14.
27 William Rees, "Here is Love Vast as the Ocean," "웨일스 부흥의 사랑 노래"로 알려진 19세기 찬송가.

만 찾아온다(롬 3:21-26, 딤후 1:9-10).

예수님이 요한복음 14장에서 제자들에게 하신 말씀을 기억하는
가? 그분은 "내가 곧 길이요 진리요 생명이니 나로 말미암지 않고
는 아버지께로 올 자가 없느니라 너희가 나를 알았더라면 내 아버
지도 알았으리로다 이제부터는 너희가 그를 알았고 또 보았느니
라"(요 14:6, 7)라고 말씀하셨다.

빌립은 그 말씀을 듣고 "주여 아버지를 우리에게 보여 주옵소서
그리하면 족하겠나이다"라고 말했다. 그러자 예수님은 "빌립아 내
가 이렇게 오래 너희와 함께 있으되 네가 나를 알지 못하느냐 나를
본 자는 아버지를 보았거늘"이라고 대답하셨다(요 14:8-9). 예수님
은 성부 하나님의 마음과 성품을 보여주신다. 그리스도를 통하지
않으면 하나님을 단지 창조주, 주권자, 율법 수여자, 심판자로만
알 뿐이다. 그러나 그리스도를 통해서 우리는 하나님을 우리 아버
지로 붙잡는다. 차녹은 그리스도 안에서 하나님을 아는 것이 왜 중
요한지를 아래와 같이 잘 설명했다.

우리의 의무를 알려면 하나님을 알아야 하고, 그것을 실천할 방법을
알려면 그리스도를 알아야 한다. 우리는 하나님의 본성의 완전함들
을 알아야 하고, 그리스도의 충족한 중보 사역을 알아야 한다. 우리는
하나님의 지극히 뛰어난 인자와 두려운 정의와 겸양한 긍휼과 찬탄을
자아내는 지혜와 흔들리지 않는 진실하심을 알아야 한다. 우리는 죄
가 하나님을 분노하시게 했고, 그 분노가 그리스도를 통해 진정되었

다는 사실을 알아야 한다. 전자를 알지 못하면 겸손해질 수 없고, 후자를 알지 못하면 하나님께 다가갈 수 없다. 우리는 하나님의 계명을 알아야 한다. 그렇지 않으면 어떻게 그분께 순종할 수 있겠는가? 우리는 하나님의 약속을 알아야 한다. 그렇지 않으면 어떻게 그분을 신뢰할 수 있겠는가? 우리는 그리스도의 직임, 곧 그분이 속죄를 이룬 제사장이요 가르침을 전하는 선지자요 통치하고 보호하는 왕이시라는 것을 알아야 한다. 우리는 그분이 성부와의 합의를 통해 세상에 오시게 되었다는 것을 알아야 하고, 그분의 십자가와 보좌를 알아야 하고, "내가 그리스도와 그 부활의 권능과 그 고난에 참여함을 알고자 하여"(빌 3:10)라는 말씀대로 그분의 그 두 가지 상태가 지니는 목적을 이해해야 한다. 그렇지 않으면 어떻게 '그분의 죽으심을 본받을 수 있고, 그분의 생명을 확신할 수 있겠는가?…이런 지식이 없으면 어떻게 그분을 믿을 수 있고, 어떻게 그분을 사랑할 수 있으며, 어떻게 우리의 구원에 필요한 행위를 할 수 있겠는가?[28]

3) 하나님의 약속은 그리스도 안에서 주어지고, 성취된다. 그리스도 안에서 하나님을 알아야 할 세 번째 이유는 "하나님의 약속은 얼마든지 그리스도 안에서 예가 되니 그런즉 그로 말미암아 우리가 아멘 하여 하나님께 영광을 돌리게 되느니라"(고후 1:20)라는 말씀대로 하나님의 모든 약속이 그리스도 안에서 주어지고, 성취되기 때문

---

28 Charnock, "A Discourse of the Knowledge of God," in *Works,* 4:25.

이다.

그리스도께서는 하나님이 선택하신 백성의 언약의 머리로서 자기의 행위와 죽음을 통해 우리의 구원을 이루신 유일무이한 대표자이시다. 그분이 감당하신 속죄의 죽음으로 우리의 모든 죗값이 청산되었다. 그분의 완전한 의가 벌거벗은 우리를 가려준다. 그분의 부활은 죽음이 우리의 마지막 운명이 아니라는 확신을 일깨운다. 주님은 승리를 통해 높임을 받으신 왕으로서 전리품을 자기 백성과 공유하신다. 바울은 "그(성부 하나님)의 능력이 그리스도 안에서 역사하사 죽은 자들 가운데서 다시 살리시고 하늘에서 자기의 오른편에 앉히사 모든 통치와 권세와 능력과 주권과 이 세상뿐 아니라 오는 세상에 일컫는 모든 이름 위에 뛰어나게 하시고 또 만물을 그의 발 아래에 복종하게 하시고 그를 만물 위에 교회의 머리로 삼으셨느니라 교회는 그의 몸이니 만물 안에서 만물을 충만하게 하시는 이의 충만함이니라"(엡 1:20-23)라고 말했다. 우리는 오직 그리스도와의 연합을 통해서만 이 충만함에 다가갈 수 있다.

하나님을 경험적으로 알라

나는 10대 때 동네의 한 인쇄소에서 일한 적이 있다. 내가 정기적으로 해야 하는 일 가운데 하나는 인쇄기를 청소하는 것이었다. 따라서 나는 손에 잉크를 묻힌 채로 하루의 일을 마감할 때가 많았다. 나는 곧 피부의 모공까지 깨끗하게 닦아 주는 '보락소(Boraxo)'

라는 이름의 품질 좋은 가루비누를 발견하게 되었다. '보락소'는 일반적인 손 비누보다 효과가 훨씬 뛰어났다. 손 씻기를 마치고 나면 손이 껍질이 벗겨진 것처럼 약간 붉어졌지만 더러운 것이 깨끗하게 닦여 있었다.

청교도의 글을 읽는 것은 깊은 곳까지 깨끗하게 씻어 주는 진리의 능력을 죄로 오염된 우리의 마음과 손에 적용하는 것과 같다. 이것이 청교도가 말한 '경험적인(experiential)' 또는 '실험적인(experimental)' 설교와 신학의 의미다.[29]

청교도들은 신학자이자 목회자였다. 그들은 사람들이 하나님에 관한 사변적이거나 이론적인 지식에 머물지 않고, 삶 속에서 깊은 변화를 경험하기를 원했다. 사실, 그들은 목회적이지 않은 신학은 참 신학이 될 수 없다는 생각을 지녔다.

예를 들어, 존 오웬은 "하나님과의 가장 거룩하고, 은혜로운 교제를 신장시키는 것(여기에 인류의 참된 행복이 있다)"과 "하나님과 죄

---

29 "경험적인" 또는 "실험적인"이라는 용어의 역사적 배경과 어원을 알려면, Joel R. Beeke, *Reformed Preaching: Proclaiming God's Word from the Heart of the Preacher to the Heart of His People* (Wheaton, Ill.: Crossway, 2018), 24 – 36을 보라. '실험적인(experimental)'이란 용어는 '조사하다, 입증하다, 시험하다'를 뜻하는 라틴어 어근에서 유래했다. 칼빈은 기독교가 마치 시험 중인 기계처럼 와장창 무너져내릴 것이라고는 결코 생각하지 않았다. 여기에서 말하는 '실험'은 성경을 시험하는 것이 아니라 성경으로 우리를 시험한다는 의미를 지닌다. '실험적'의 어근은 '경험적'이라는 용어에도 똑같이 사용된다. 실험적인 설교는 개인적인 경험을 통해 하나님의 말씀이 가르치는 위대한 진리를 알아야 할 필요성을 강조할 뿐 아니라 성경의 교리로 우리 자신을 시험하라고 독려한다. 이것은 진리를 마음에 적용해 우리가 어떤 사람이고, 하나님 앞에서 어떤 신분을 지니고 있으며, 어떻게 치유를 받아야 하고, 어디에서 치유를 받아야 하는지를 알아내는 것을 의미한다." (*Reformed Preaching*, 24 – 25).

인들의 영원한 구원을 통해 드러난 그분의 영광과 은혜를 찬양하고, 높여 기리는 것"에 참 신학의 목적이 있다고 주장했다.[30] 하나님을 진정으로 안다는 것은 갈수록 거룩해지고, 성부와 성자와 성령 하나님과의 교제가 나날이 깊어져 하나님의 영예와 영광을 찬양하는 경배의 삶에 온전히 헌신하는 것을 의미한다.

이것이 청교도들이 하나님에 관한 이론적인 지식에 만족하지 않았던 이유다. 왓슨과 차녹은 자신들이 가르친 교리를 다양한 "용도"로 활용했다. 스윈녹은 《복되고, 무한하신 하나님》의 5부의 내용을 적용에 모두 할애해 하나님을 아는 지식이 "마음에 그분을 향한 사랑과 그분에 대한 경외심과 그분의 뜻에 반하는 모든 것에 대한 증오심을 불러일으킨다. 참 지식은 머리는 물론, 마음까지 장악한다."라고 주장했다.[31]

경험적인 신학은 생각과 마음을 하나로 결합한다. 그것은 거룩한 진리로 우리의 생각을 채우고, 우리의 애정(affections)을 뜨겁게 만들어 성경적인 교리가 우리의 개인적인 삶을 빚게 만든다. 스티븐 차녹은 이렇게 말했다.

하나님을 아는 지식은 하나님과 그리스도를 이론적으로 아는 지식이 아니라 그분을 향한 뜨거운 사랑과 진정한 신뢰와 하나로 결합된 구

---

30 John Owen, *Biblical Theology*, trans. Stephen P. Westcott (Morgan, Pa.: Soli Deo Gloria, 1994), 618–19.

31 Swinnock, *The Blessed and Boundless God*, 140.

원의 지식을 의미한다…따라서 이 지식은 머리에서부터 마음에까지 내려와 생각을 비추고, 감정을 뜨겁게 해야 한다. 하나님을 믿는 믿음에는 그분에 관한 그런 지식이 내포되어 있다.[32]

청교도들이 강연과 설교를 "서론"에 해당하는 본문 해설과 "교리"에 해당하는 신학적 명제와 "활용"에 해당하는 적용으로 구분하는 습관을 지녔던 이유는 바로 이런 목회적 관심 때문이었다.[33] 간단히 말해, 청교도들은 하나님에 관한 지식보다 하나님을 경험적으로 아는 지식을 추구했다.

차녹은 하나님을 아는 참 지식의 효과를 일곱 가지로 나눠 설명했다. 첫째는 변화시키는 지식이었다. "그리스도의 얼굴에 있는 하나님 영광을 아는 빛"(고후 4:6)을 본 사람들은 성령의 강력한 사역을 통해 영광에서 영광으로 서서히 그분의 형상으로 변화되기 마련이다(고후 3:18). 변화가 없는 곳에는 은혜도 없다. 차녹은 "은혜로 아름답게 빛나지 않는 지식은 우리를 사랑스러운 그리스도인이 아닌 흉측한 귀신으로 만들 뿐이다."라고 말했다.[34]

둘째는 영적 애정을 수반하는 지식이다. "머리를 비춘 빛은 마음에 사랑의 불길을 일으킨다…이 둘이 함께 있어야 한다. 애정이 없는

---

32 Charnock, "A Discourse of the Knowledge of God," in *Works*, 4:10.

33 추가적인 설명을 위해서는 Sinclair B. Ferguson, "Puritans: Ministers of the Word" in *Some Pastors and Teachers* (Edinburgh: Banner of Truth, 2017), 167–92을 보라.

34 Charnock, "A Discourse of the Knowledge of God," in *Works*, 4:44.

지식은 어리석고, 지식이 없는 애정은 유치하다…머릿속에 있는 지식이 마음속에 영적 애정을 불러일으키지 못하면 그것은 지식이 아닌 지식을 가장한 거짓일 뿐이다."[35]

셋째는 실천적으로 표현되는 지식이다. "그런 지식은 머리와 마음속에 있는 것을 삶을 통해 표현한다."[36] 야고보서가 말씀하는 대로, 행위가 없는 믿음은 죽은 믿음이다(약 2:17, 20, 26).

넷째는 겸손한 지식이다. 하나님을 아는 참 지식은 항상 우리 자신에 대한 겸손한 평가로 귀결된다. 이사야가 성전에서 하나님의 영광스러운 거룩하심을 목격하고 나서 했던 말을 기억하는가? 그는 "화로다 나여 망하게 되었도다 나는 입술이 부정한 사람이요 나는 입술이 부정한 백성 중에 거주하면서 만군의 여호와이신 왕을 뵈었음이로다"(사 6:5)라고 말했다.

하나님을 아는 지식의 다섯 번째 특징은 세상을 향한 욕망과 죄를 없앤다는 것이다. 차녹의 표현을 빌리면 그것은 젖을 떼는 지식이다.[37] 오늘날에는 이 지식이 절실히 필요하다. 텔레비전이나 소셜 미디어에 "중독된 상태"인가? "풍요병(affluenza)"에 감염되었는가? 세상을 향한 사랑을 극복하는 유일한 길은 하나님과 더욱 깊은 교제를 나누는 것이다.

---

35 Charnock, "A Discourse of the Knowledge of God," in *Works*, 4:45, 47.
36 Charnock, "A Discourse of the Knowledge of God," in *Works*, 4:49.
37 Charnock, "A Discourse of the Knowledge of God," in *Works*, 4:56.

여섯째는 믿음의 지식이다.[38] 이 지식의 특징은 하나님을 신뢰하는 것이다. 시편 저자는 "여호와여 주의 이름을 아는 자는 주를 의지하오리니"(시 9:10)라고 말했다.

마지막으로, 하나님을 아는 참된 구원의 지식은 더 많은 지식과 더 큰 향상을 목표로 하는 발전적인 지식이다.[39] 이것이 바울이 골로새 신자들이 하나님을 아는 지식 안에서 자라기를 원했고(골 1:10), 베드로가 신자들에게 "오직 우리 주 곧 구주 예수 그리스도의 은혜와 그를 아는 지식 가운데서 자라가라"고 권고했던 이유다(벧후 3:18).

몇 년 전, 예술 작품을 사랑하는 마음을 공유했던 한 노신사와 그의 아들에 관한 이야기를 우연히 알게 되었다. 그 아버지는 돈이 많은 부자였다. 그는 자기 아들과 함께 세상을 두루 여행하며 희귀한 초상화와 그림을 사 모았다. 그러던 중 그의 아들이 전쟁터에 싸우러 나갔다. 아버지는 아들과 재회할 날만을 기다리며 날마다 그의 소식을 기다렸다. 그러나 슬프게도 어느 날 아들이 전사했다는 전보가 날아왔다.

아버지는 아들을 잃은 것이 몹시 슬펐지만, 나중에 성탄절에 배달된 소포를 받고서 어느 정도 위안을 얻을 수 있었다. 포장을 뜯어보니 그 안에는 아들의 초상화가 들어 있었다. 그 초상화는 그의

---

38 Charnock, "A Discourse of the Knowledge of God," in *Works,* 4:57.
39 Charnock, "A Discourse of the Knowledge of God," in *Works,* 4:60.

소장품 가운데서 가장 귀한 물건이 되었다.

노인도 결국에는 세상을 떠났고, 그가 남긴 소장품들은 모두 경매에 붙여졌다. 미술품 수집가들이 그의 유명한 소장품에 큰 관심을 드러내며 세계 곳곳에서 몰려왔다. 경매는 시작되었고, 그의 아들의 초상화가 첫 번째 그림으로 올라왔다. 경매인은 적정한 가격에 그림을 팔려고 노력했지만 입찰자가 아무도 없었다. 마침내 전에 노인의 이웃이었던 사람 가운데 하나가 적은 금액을 제시했고, 결국 입찰이 이루어졌다. 경매인은 망치를 두드렸고, 그림은 팔렸다.

미술품 수집가들은 "누가 과연 이 유명한 소장품 가운데서 희귀한 대작을 입찰받게 될까?"를 생각하며 조용히 숨을 죽인 채 경매가 재개되기를 기다렸다. 그러나 놀랍고 실망스럽게도 경매인은 "경매는 끝났습니다. 모든 경매 절차가 완료되었습니다."라고 선언했다. 모두가 어안이 벙벙한 표정을 지었다. 어떤 사람이 "끝났다니 대체 무슨 말이요?"라고 물었다. 경매인은 "이유는 매우 간단합니다. 아들의 초상화를 가지는 사람에게 모든 소장품을 내주라는 것이 고인의 유지입니다."라고 말했다.

이 이야기는 청교도들의 글에서 발견된 것은 아니지만 그들도 큰 공감을 표시할 것이 분명하다. 그 이유는 이 이야기가 "하나님이 우리에게 영생을 주신 것과 이 생명이 그의 아들 안에 있는 그것이니라 아들이 있는 자에게는 생명이 있고 하나님의 아들이 없는 자에게는 생명이 없느니라"(요일 5:11-12)라는 성경의 증언을 적절하게 예시하고 있기 때문이다.

사랑하는 친구들이여, "당신은 하나님을 아는가?"라고 묻고 싶다. 이것은 단지 하나님에 관해 아느냐는 질문이 아니다. 이 질문은 "성경에 계시된 대로 하나님을 개인적으로, 경험적으로, 삶을 변화시키는 방식으로 알고 있느냐?"라는 뜻이다. 하나님을 진정으로 알고 있다면 그분을 아는 지식 안에서 성장하고 있는가? 우리 주 예수 그리스도를 아는 지식과 은혜 안에서 자라고 있는가? 청교도들은 하나님을 더욱 깊이 알 수 있도록 우리를 도와준다.

이번 장을 마무리하기 전에 차녹이 설교의 결론으로 제시한 내용을 잠시 생각해 보자.

우리 모두 하나님의 정의를 바라보고, 그 아래에 우리를 겸손히 낮추자. 죄책의 압박 아래에 있다면 죄를 용서하는 그분의 은혜를 의지하라. 그분의 긍휼을 바라봄으로써 우리의 정서를 감미롭게 하고, 담대하게 하나님을 아버지로 부르며, 우리의 궁핍함을 아뢰자. 그리스도 안에서 하나님을 발견하기만 하면 자신의 감각에만 매몰되어 있던 애처로운 피조물에게 큰 위안이 될 것이다. 하나님의 완전한 속성들이 인간에게 축복으로 다가온다. 그리스도 안에 있는 신자에게는 하나님의 그 어떤 속성도 두렵지 않다. 태양이 떠오르면 어둠이 사라진다. 하나님은 사랑의 성벽 위를 거니시고, 정의의 칼날은 구원자 안에서 무뎌진다. 율법의 무장이 해제되고, 그분의 손에서 무기가 사라지며, 그분의 가슴이 열리고, 그분의 동정심이 동하며, 그분의 심장이 두방

망이질치고, 그분의 모든 태도에 부드러움과 사랑이 깃든다. 예수 그리스도 안에 나타난 하나님의 긍휼과 정의의 영광스러움을 확신하는 믿음으로 하나님을 아는 것, 이것이 곧 영원한 생명이다.[40]

---

40 Charnock, "A Discourse of the Knowledge of God," in *Works*, 4:163.

성찰과 논의를 위한 질문

1. 누군가가 하나님을 묘사해 보라고 묻는다면 어떻게 대답하겠는가? 성경을 인용해 그들에게 예수 그리스도를 보여 줄 수 있겠는가? 하나님의 성품을 바라보는 당신의 관점은 기록된 말씀과 육신이 되신 말씀을 통해 계시된 진리에 근거하고 있는가?

2. 예수 그리스도를 통해서만 하나님을 알 수 있는 이유는 무엇인가? 그리스도께서 우리의 중보자가 아니시라면 하나님과 우리의 관계가 어떻게 될 것 같은가?

3. 차녹은 하나님을 아는 구원의 지식(구원하는 지식, saving faith)을 몇 가지로 나눠 설명했다. 구원의 지식은 변화시키는 지식, 영적 애정을 수반하는 지식, 실천적인 지식, 겸손한 지식, 젖을 떼는 지식, 믿음의 지식, 발전적인 지식이다. 당신이 경험한 하나님을 아는 지식이 이런 특성들을 지니고 있다고 생각하는가?

Thriving in Grace

03
청교도들은 죄의 교묘함과 죄악됨을 깨닫도록 양심을 일깨운다

"하나님 안에 악이 없는 것처럼 죄 안에는 선이 없다. 하나님은 가장 지고한 선이시고, 죄는 가장 큰 악이다. 하나님의 선하심과 견줄 수 있는 선이 없는 것처럼 죄의 악함과 견줄 수 있는 악은 없다."–**랄프 베닝**[1]

바울은 벨릭스 앞에서 심문을 당할 때 "이것으로 말미암아 나도 하나님과 사람에 대하여 항상 양심에 거리낌이 없기를 힘쓰나이다"(행 24:16)라는 말로 자신을 변호했다. 그는 고린도 신자들에게도 "우리가 세상에서 특별히 너희에 대하여 하나님의 거룩함과 진실함으로 행하되 육체의 지혜로 하지 아니하고 하나님의 은혜로 행함은 우리 양심이 증언하는 바니 이것이 우리의 자랑이라"(고후 1:12)라고 말했고, 또 다른 곳에서도 "깨끗한 양심에 믿음의 비밀을

---

1 Ralph Venning, *The Sinfulness of Sin* (1671; repr., Edinburgh: Banner of Truth, 2008), 31.

가진 자라야 할지니"(딤전 3:9)라고 말했다. 경건한 삶이란 내적인 "죄책"의 판결로부터 자유로운 양심을 지니고 살아가는 것을 의미한다. 성경은 깨끗한 양심을 유지해야 할 필요성을 크게 강조한다.

죄가 우리의 양심에 죄책을 불러일으킬 때는 어떻게 해야 할까? 그런 일은 반드시 일어날 수밖에 없다. 그 이유는 가장 훌륭한 신자 안에도 죄가 여전히 존재하고 있기 때문이다. 바울은 로마서 7장 18절에서 "내 속 곧 내 육신에 선한 것이 거하지 아니하는 줄을 아노니"라고 고백했다. 그는 자신의 속사람과 다투는 "죄의 법," 곧 죄의 효과적인 영향력과 권세의 원리에 대해 탄식했다(롬 7:23). 요한은 "만일 우리가 죄가 없다고 말하면 스스로 속이고 또 진리가 우리 속에 있지 아니할 것이요"(요일 1:8)라고 말했다. 경험이 많고, 신앙심이 깊은 사도들조차도 우리와 마찬가지로 내주하는 죄와 싸우고 있다고 고백했다.

이것은 신자라면 누구나 경험하는 역설적인 진실이 아닐 수 없다. 순결한 양심을 추구하고, 유지해야 하지만 죄가 여전히 영향력을 행사하며 그리스도인의 양심과 의식을 괴롭힌다. 죄가 의식 속에 남아 있는데 어떻게 깨끗한 양심을 유지할 수 있단 말인가? 청교도들은 이런 갈등에 대처하고, 그것을 처리하는 방법에는 옳은 방법과 그릇된 방법이 있다고 가르쳤다.

그릇된 방법이란 죄에 대한 의식을 애써 무시하는 것이다. "그냥 무시하자. 죄를 지었거나 내주하는 죄가 양심의 가책을 일으킬 때는 '이것은 그다지 중요하지 않아. 모든 사람이 다 그렇게 해.'

라고 말하자. 그리고 아무렇지도 않은 듯 계속 즐겁게 살자. 내가 할 수 있는 일을 무엇이든 다 해서 죄책감을 무마하자." 청교도들은 그런 태도를 보이는 것은 스스로가 구원받았다는 근거 없는 추정에 불과할 뿐, 실상은 지옥으로 향하는 길을 닦는 것이라고 말할 것이 틀림없다. 존 번연은 "스스로에게 죄를 지을 자유를 주지 않도록 주의하라. 만일 그렇게 하면 거듭 죄를 짓게 되고, 결국에는 나쁜 습관이 형성되어 죄를 짓는 것이 자연스럽게 느껴질 것이다. 죄를 짓기 시작하면 계속해서 죄를 지을 수 있는 발판이 마련되고, 그런 일이 되풀이되다 보면 습관으로 굳어져 결국에는 후안무치한 상태로 전락할 것이다."라고 경고했다.[2]

순결한 양심을 유지한다는 것은 우리의 양심이 죄에 둔감해진다는 의미가 아니다. 사람들은 대부분 불의로 진리를 억누름으로써 양심의 가책을 무마시키려고 애쓴다. 죄는 타락한 피조물인 우리의 생각을 마비시키고, 우리의 분별력을 혼미하게 만든다. 우리는 죄의 중대성을 경시하는 경향이 있다. 우리는 죄를 축소함으로써 양심의 가책을 무마하려고 시도한다. 요즘에는 심지어 설교자들조차도 죄를 일깨우는 진리를 전할 때 죄책의 무게를 완화하기 위해 농담을 건네거나 양해를 구하며 분위기를 밝게 하려고 애쓴다. 이것이 그릇된 방식으로 죄를 처리하는 것이다.

청교도들은 과거의 선지자들처럼 죄의 중대성을 강조했다. 그

---

2 John Bunyan, *Bunyan's Dying Sayings*, in *The Works of John Bunyan*, ed. George Offor (1854; repr., Edinburgh: Banner of Truth, 1991), 1:65.

들은 죄의 극악무도함을 강조하기 위해 그 사악함과 가증스러움과 파괴적인 힘을 보여주려고 노력했다. 그들은 진리로 죄의 질병을 드러내고, 그 본질을 보여주기 위해 율법으로 양심을 시험했다. 그들은 또한 복음을 가장 만족스럽고, 유일한 죄의 치유책으로 활용했다. 청교도들은 자신들의 청중과 독자들이 참된 은혜의 사역을 경험하고, 구원의 확신으로 가득한 마음을 소유하기를 바랐다. 그러나 그들은 질병을 있는 그대로 드러내야만 치유책의 필요성을 절감할 수 있다고 강조했다. 그들은 죄를 드러내고, 치유책의 필요성을 절감하는 과정이 회심으로 이어지는 단 한 번의 경험에 그치지 않고, 신자의 삶이 성장하는 동안 계속해서 진행된다고 가르쳤다.

이번 장에서는 청교도들이 죄의 심각성을 양심에 일깨웠던 방식을 몇 가지로 요약해볼 생각이다. 구체적으로 말하면, 하나님과 관련된 죄, 인간과 관련된 죄, 그리스도인과 관련된 죄로 나누어 고찰해볼 것이다. 그런 다음에는 처음에 제기했던 물음, 곧 "깨끗한 양심을 지키고, 유지하면서 죄의식에 대처하려면 어떻게 해야 할까?"라는 문제를 잠시 생각해 보고, 마지막에는 그런 역설적인 긴장 상태를 하나님을 영화롭게 하는 방식으로 극복해 나가는 방법에 관한 청교도들의 지혜를 간단히 살펴볼 예정이다.

하나님과 관련된 죄

1665-1666년에 대역병이 런던을 강타했다. 그것은 무서운 선페스트였다. 감염된 쥐 벼룩에 물리는 것이 유행병의 원인으로 추정되었다. 2년이 채 못되어 역병으로 런던 전체 인구의 약 4분의 1에 해당하는 10만 명이 목숨을 잃었다. 청교도 랄프 베닝(1621-1674)은 소책자를 집필하기 시작했고, 전염병이 발병할 즈음에 원고를 거의 끝마쳤다. 그러나 그 책은 그로부터 4년이 지나도록 출판되지 않았다. 그는 그 전염병을 기억하기 위해 그 책을 《역병 중의 역병》으로 명명했다.[3] 물론, 그 책은 런던의 대역병이 아닌 인간의 마음속에 있는 큰 역병, 곧 아담의 후손 모두를 감염시킨 치명적인 질병을 다룬 것이었다.

대역병은 너무나도 참혹했지만 죄의 역병은 그보다 무한히 더 참혹하다. 베닝은 죄의 현실을 하나님 중심적인 관점으로 바라보면서 그 주제를 다루기 시작했다. 그는 로마서 7장 13절에 근거해 죄가 "심히 죄악된" 이유는 율법이 죄를 그렇게 취급하기 때문이라고 말했다. 베닝은 죄가 죄악된 이유는 죄가 하나님의 율법을 거스르는 불법이기 때문이라고 설명했다(요일 3:4).[4] 그는 죄가 하나님을 향한 것이라는 사실에 근거해 그것을 개념화했다. "죄가 하나님을 거스른다는 것,"[5] 그것이 바로 죄가 중대한 문제일 수밖에 없는 가

---

3   "Publisher's Introduction" in Venning, *The Sinfulness of Sin*, 15.
4   Venning, *The Sinfulness of Sin*, 29.
5   Venning, *The Sinfulness of Sin*, 29.

장 중요한 이유다.

오늘날에는 단지 죄로 인한 결과 때문에 죄를 슬프게 여길 때
가 많다. 죄는 결혼 관계를 파괴하고, 삶을 황폐화하고, 하나님의
선한 질서를 교란하기 때문에 사람들은 죄의 일시적인 결과와 그
것이 타락한 세상에 미치는 영향을 슬퍼한다. 그러나 죄가 하나님
의 진노를 초래하는 것이라는 이유로 그 가증스러움을 "탄식하며
우는"(겔 9:4) 경우는 거의 없다. 다윗은 "내가 주께만 범죄하여"(시
51:4)라고 부르짖었다. 조나단 에드워즈는 "하나님이 그분의 손으
로 죄를 징벌하시는 것은 지극히 타당하다. 그 이유는 죄가 그분,
오직 그분만을 거스르는 것이기 때문이다. 물론, 다른 사람들도 죄
로 인해 피해를 당할 수 있지만 죄는 다른 누구도 아닌 하나님을
거스른다."라고 말했다.[6] 당신의 죄가 의식되는 순간, 그것이 다른
사람에게 피해를 준 사실과 하나님을 분노하게 하고, 그분의 마음
을 슬프게 만든 사실 가운데 어느 것이 더 한탄스러운가?[7]

베닝은 죄가 여러 측면에서 하나님을 거스른다고 가르쳤다. 그

---

6 Jonathan Edwards, "Vengeance for Sin," in *Jonathan Edwards Sermons*, ed. Wilson H.
   Kimnach (New Haven, Conn.: Jonathan Edwards Center at Yale University, 1730),
   Deut. 32:35.
7 하나님을 슬프시게 한다는 청교도의 말은 신인동형론적 표현이다. 그러나 그렇다
   고 해서 이것이 전혀 사실이 아니라는 의미는 결코 아니다. 토머스 왓슨은 에베소
   서 4장 30절에 근거해 죄가 어떻게 성령을 근심하시게 하는지를 설명하면서 이렇게
   말했다. "이것은 비유적 표현이다. 죄는 성령을 근심하시게 하는 것으로 간주된다.
   그 이유는 죄가 성령을 모욕하는 것일 뿐 아니라 성령께서 그것을 불쾌하게 여겨 슬
   퍼하시기 때문이다." *A Body of Divinity: Contained in Sermons Upon the Westminster
   Assembly's Catechism* (1692; repr., Edinburgh: Banner of Truth, 2012), 133.

는 "죄는 하나님의 본성을 거스른다."고 말했다.[8] 하나님은 거룩하시기 때문에 죄를 극도로 혐오하신다. "하나님 안에 악이 없는 것처럼 죄 안에는 선이 없다. 하나님은 가장 지고한 선이시고, 죄는 가장 큰 악이다. 하나님의 선하심과 견줄 수 있는 선이 없는 것처럼 죄의 악함과 견줄 수 있는 악은 없다."[9]

이 점을 좀 더 설명하면, "죄는 하나님의 이름과 속성을 거스른다."고 말할 수 있다.[10] 하나님 안에 있는 모든 것, 곧 그분의 본질과[11] 그분의 모든 속성이 죄와 반대된다. 죄가 하나님의 충족성을 부인하는 이유는 죄인이 하나님 안에서 만족하지 않고, 죄를 통해 만족을 얻으려고 하기 때문이다. "죄는 하나님의 정의에 도전할 뿐 아니라 대담하게도 그분이 악한 일을 하신다고 주장하기까지 한다(말 2:17). 죄는 주님의 격렬한 증오를 촉발하고, 그분을 진노하시게 만든다."[12] 베닝은 죄가 어떻게 하나님의 전지하심, 선하심, 은혜를 거스르는지를 구체적으로 설명했다. 또한 죄는 하나님의 주권을 모욕함으로써 그분을 권좌에서 내쫓으려는 본성을 지니고 있다.[13] "죄는 하나님의 사역과…율법과 그분의 뜻과…하나님의 형상

---

8   Venning, *The Sinfulness of Sin*, 30.
9   Venning, *The Sinfulness of Sin*, 31.
10   Venning, *The Sinfulness of Sin*, 31.
11   하나님 안에 있는 것 가운데 그분의 본질에 속하지 않는 것은 아무것도 없다. 이것이 청교도들이 고수했던 "신적 단순성"의 교리다.
12   Venning, *The Sinfulness of Sin*, 32.
13   Venning, *The Sinfulness of Sin*, 31.

과…하나님의 백성과 자녀들과…하나님의 영광을 거스른다."[14] 베닝은 자신의 훌륭한 책에서 이 모든 요점을 빠짐없이 설명했다.[15]

청교도들은 죄의 중대성을 하나님의 무한한 위엄에 비춰 생각했다. 죄가 이루 형용할 수 없을 만큼 가증스러운 이유는 하나님이 무한히 영광스러우시기 때문이다. 존 번연은 "하나님을 거스르는 죄가 그 어느 하나도 가볍지 않은 이유는 천지를 다스리시는 하나님을 거스르는 것이기 때문이다. 그러나 만일 죄인이 하나님을 작게 생각한다면 죄도 작게 보일 것이다."라고 말했다.[16] 이사야서 6장에서 알 수 있는 대로, 하나님의 위대하심과 영광은 죄의 가증스러움을 여실히 드러낸다. 이사야 선지자는 하나님의 거룩하심에 크게 놀라며 "화로다 나여"라고 부르짖었다.

하나님을 어떻게 생각하는가? 성경이 가르치는 대로 하나님을 무한히 위대하신 분으로 생각하는가? 만일 그렇다면 죄가 중대하게 느껴질 것이다. 청교도들이 구원을 통해 주어지는 하나님의 은혜에 감격했던 이유는 죄를 심각하게 여겼기 때문이다. 그들이 죄를 심각하게 여겼던 이유는 하나님을 위대하신 분으로 생각했기 때문이다.

---

14 Venning, *The Sinfulness of Sin*, 32 – 35.

15 또한 Joseph Alleine, *An Alarm to the Unconverted* (Lafayette, Ind.: Sovereign Grace Publishers, 2002), 58 – 61을 보라. 얼라인(1634-1668)은 죄인들에게 회개를 간곡히 권하면서 죄의 상태에 있는 그들이 어떻게 하나님의 모든 속성을 거스르는지를 설명했다. 그의 설명은 정신이 올바른 사람이면 누구나 듣고 두려워 떨지 않을 수 없다.

16 John Bunyan, *Bunyan's Dying Sayings*, in *Works*, 1:65.

인간과 관련된 죄

베닝은 죄가 하나님을 거스를 뿐 아니라 "인간의 행복"을 저해한다고 말했다.[17] 죄는 인간의 육체와 영혼, 안식과 평화, 위로와 기쁨을 해친다.[18] 죄는 인간을 퇴락시킨다. "인간은 천사보다 조금 못한 고귀한 존재였다(시 8:5). 그러나 슬프게도 인간은 죄로 인해 귀신들만큼이나 천박해졌다."[19] 더욱이 죄는 인간에게서 영원한 소망을 앗아간다. 인간은 하나님을 영화롭게 하고, 그분을 영원히 즐거워하는 "가장 으뜸 되는 궁극적인 목적, 곧 최고선(*summum bonum*)을 위해" 창조되었다.[20] 그러나 죄는 그런 고귀한 소명을 무참하게 짓밟는다. 죄의 권세는 하나님의 분명한 계시에도 불구하고 우리 모두를 실천적인 무신론자로 전락시킬 만큼 사악하다. "인간은 죄 때문에 마음속으로 '하나님은 존재하지 않는다.'고 말하거나 그분을 알아봤자 아무런 행복도 없다고 생각하는 어리석은 바보가 되고 말았다. 죄는 사람들을 하나님의 존재를 인정하지 않는 무신론자로 만들거나 하나님이 존재하지 않기를 바라며 그분을 알아봤자 전혀 행복하지 않을 것이라고 생각하게 만든다."[21] 참으로 큰 불행이 아닐 수 없다.

청교도들은 아우구스티누스의 원죄 교리를 굳게 견지하며 아

---

17 Venning, *The Sinfulness of Sin*, 37.
18 Venning, *The Sinfulness of Sin*, 38 – 42.
19 Venning, *The Sinfulness of Sin*, 44.
20 Venning, *The Sinfulness of Sin*, 51.
21 Venning, *The Sinfulness of Sin*, 52.

담 안에서 온 인류가 타락해 전적인 부패 상태에 빠졌다고 강조했다.[22] 그들은 이 교리를 한층 더 깊게 발전시켜 그것을 언약 신학과 연관시켰다. 그들은 역사적 아담이 죄를 지어 타락했다고 말하면서 "아담의 타락 안에서 모든 사람이 죄를 지었다."고 선언했다. 그 이유는 아담이 행위 언약과 관련해 모든 후손을 대표하는 "공적 신분"을 지녔기 때문이다. 그의 죄는 그가 대표하는 사람들, 곧 언약의 머리이신 그리스도를 제외한 모든 인류에게 전가되었고, 그로 인해 인간의 본성이 전적으로 부패하는 결과가 나타났다.

토머스 굿윈(1600-1680)은 이렇게 설명했다.

우리는 그(아담)가 개인적으로 저지른 최초의 저주스러운 행위에 대한 죄책을 짊어지고 있고, 그런 점에서 죄인으로 일컬어져 하나님의 진노에 노출될 뿐 아니라 영혼과 육체의 모든 기능에 두루 영향을 미치는 보편적이고, 전적이고, 사악한 본성의 부패의 죄책과 그 안에서 모든 선한 것이 박탈되고 결여된 탓에 악을 추구하는 성향(구원자이신 그리스도와 성경은 이를 육신으로 일컫는다)을 지니게 되었다. "육으로 난 것은 육이요"(요 3:6)라는 말씀대로, 이런 성향은 육적인 출생으로부터 발생해 태어나는 순간부터 우리에게 해로운 영향을 미친다. 이것은 온 인류, 심지어는 "육신으로 난" 모든 것, 곧 인간 안에 있는 모

---

22 지금 논의하기에는 적절하지 않지만 뉘앙스의 차이들이 존재한다. 우리는 세부사항을 파고들지 않고서 청교도들이 모든 유형의 펠라기우스주의에 반대하여 죄와 은혜에 관한 아우구스티누스 쪽 라인에 서 있었음을 주장하는 바이다.

든 것을 오염시킨다. "육으로 난 것은 육이다."[23]

지성은 죄의 권세에 노출된 기능 가운데 하나다. 로마서 3장 11
절은 "깨닫는 자도 없고"라고 말한다. 죄의 이지적인 결과란 타락
한 인간의 생각에 미치는 영향을 의미한다. 베닝은 죄가 "인간의
주도적인 기능인 오성, 곧 선과 악을 구별하고, 인간이 가야 할 방
향을 알려주는 기능을 흐리게 하고, 어둡게 만들었다. 그 결과, 이
제는 오성이 헛된 망상(*ignis fatuus*)을 일으켜 인간을 도랑과 수렁, 곧
오류와 부도덕으로 이끌 때가 너무나도 많다."라고 말했다.[24]

죄는 극도로 죄악되기 때문에 속이는 특성을 지니고 있다. 요한
사도는 자신의 복음서에서 죄를 종종 "어둠"으로 묘사했다(요 1:5,
3:19, 8:12). 죄는 죄인들의 눈을 어둡게 만들어 어둠 속을 헤매게 한
다(요일 2:11). 히브리서 저자는 "죄의 유혹으로 완고하게 되지 않도
록 하라"고 경고했다(히 3:13). 죄는 판단을 흐리게 하고, 의지를 속
박한다. 인간의 이성적 기능은 그대로 남아 있지만 죄로 오염된 상
태이기 때문에 죄의 쾌락을 좋아하는 감정적인 성향을 부추기는
데 이바지할 뿐이다. 우리는 죄를 드러내기보다 감추려고 한다. 우
리는 죄를 고백하기보다 정당화하려고 한다. 타락한 인간은 죄를
사랑하고, 하나님을 미워한다.

---

23 Thomas Goodwin, *An Unregenerate Man's Guiltiness Before God, In Respect of Sin and
   Punishment,* in *The Works of Thomas Goodwin* (Edinburgh: James Nichol, 1865),
   10:40 – 41.
24 Venning, *The Sinfulness of Sin,* 47.

청교도는 죄의 영향과 결과를 찾아내고 그 본질을 밝히 드러내기 위해 죄론(죄의 교리)과 인간론(인간의 교리)를 깊이 연구했다. 퍼거슨은 "청교도 목회자들에게 조직신학은 의사의 해부학과 같았다. 그들은 목회자가 신학의 전반적인 체계를 알고 있어야만 죄와 죽음에 오염된 사람들의 영적 질병을 진단해 약을 처방함으로써 궁극적으로 그것을 치유할 수 있다고 믿었다."라고 말했다.[25]

사람들은 스스로가 선하다고 생각하는 경향이 있기 때문에 죄의 현실을 적나라하게 일깨워주어야 할 필요가 있다. 심지어 참 신자들도 죄의 속임수에 취약하다. 그리스도인들은 죄의 지배를 받지는 않지만 세상에서 사는 동안은 그 영향력으로부터 자유로울 수 없다. 따라서 청교도들은 죄인들과 신자들 모두에게 죄의 심각성을 강력하게 일깨워주어야 할 필요가 있다고 믿었다. 그들은 그렇게 하기 위해 강력한 논증을 다양하게 구사했다.

많은 청교도가 인간의 완전한 전형이신 분, 곧 신성과 인성을 지니신 그리스도께 미친 죄의 결과를 보여줌으로써 죄의 악독함을 적나라하게 드러냈다. 신자라면 누구나 그런 결과 앞에서 마음이 녹아내리지 않을 수 없을 것이다. 죄가 무죄하신 그리스도께 전가되었다. 그 저주받은 십자가 위에 죄로 인해 지옥이 임했고, 그곳에서 죄의 본성은 여지없이 드러났다. 죄로 인해 전능하신 하나님의 불같은 진노가 흠 없는 어린 양을 삼켜버렸다. 구원이 하나님의

---

25 Joel R. Beeke, *Puritan Evangelism: A Biblical Approach* (Grand Rapids: Reformation Heritage Books), 15에 인용되어 있음.

아들의 귀한 피라는 큰 대가를 요구했던 이유는 그것 외에 다른 것으로는 죄의 구속을 이룰 수 없었기 때문이다. 존 플라벨은 이렇게 말했다.

우리 가운데 죄를 가볍게 여겨 유혹이 일 때마다 쉽게 죄를 저지르는 사람이 있는가? 그렇다면 여기 와서 "하나님의 어린 양을 보라!" 그러면 죄를 결코 가볍게 여길 수 없을 것이다. 여기에 와서 죄의 대가를 보라! 죄를 속량하기 위해 주 예수 그리스도께서 어떤 대가를 치르셨는지 보라. 그분이 되돌릴 수 없는 판결의 차꼬를 차고 어린 양으로 세상에 와서 죄를 위해 죽지 않으셨는가? 그분이 우리의 구속자가 되기 위해 성부의 품을 떠나 자신의 생명을 희생하지 않으셨는가? 엄격한 정의의 손이 흠 없는 어린 양의 심장에서 피를 쥐어짜 우리의 죄가 하나님께 저지른 잘못을 깨끗이 씻어내지 않았는가? 그런데도 죄를 가볍게 생각할 수 있겠는가? 절대 그럴 수 없다.[26]

청교도들이 죄의 악독함을 드러내기 위해 전개한 또 하나의 논증은 그것을 인간이 알고 있는 가장 힘든 현실, 즉 고난에 빗대어 묘사하는 것이었다. 토머스 왓슨은 "가장 사소한 죄 안에도 우리가 겪을 수 있는 가장 큰 육체적 불행보다 더 큰 불행이 깃들어 있

---

26 John Flavel, *Sacramental Meditations Upon Diverse Select Places of Scripture,* in *The Whole Works of the Reverend John Flavel* (London: W. Baynes and Son, 1820), 6:414–15.

다."고 말했다.[27] 제레마이어 버러스(1600-1646)는 《악 중의 악》에서 여러 가지 이유를 제시하며 죄가 다른 어떤 고통보다 더 큰 불행을 안겨준다고 매우 구체적으로 주장했다.[28] 그도 "가장 사소한 죄 안에도 가장 큰 고난보다 더 큰 악이 깃들여 있다."고 말했다.[29] 그는 죄와 하나님은 서로 양립할 수 없고, 죄는 선한 모든 것을 반대하며, 모든 악의 독소이고, 무한한 차원과 성질을 띠며, 우리를 마귀와 편안하게 지내게 만든다고 역설했다.

하나님은 죄를 징벌해 자신의 영광을 옹호하기 위해 지옥을 창조하셨다. 우리는 죄를 즐겁게 여기면서도 영원한 지옥의 형벌은 불쾌하게 생각한다. 그러나 하나님은 지옥이 아닌 죄를 불쾌하게 여기신다. 하나님의 관점에서 보면 가장 사소한 죄도 지옥의 고통을 비롯한 그 어떤 고난보다 더 나쁘다.

그리스도인과 관련된 죄

신자는 죄의 영향력으로부터 온전히 자유롭지는 못하지만 복음의 능력으로 죄의 지배에서 벗어났다. 왓슨은 "경건한 사람은 어떤 죄에도 깊이 빠져들지 않는다. 비록 죄가 그 안에 거할지라도 그는 죄 가운데서 살지 않는다."라고 말했다.[30] 신자와 죄의 관계는 완전

---

27 Watson, *A Body of Divinity*, 136.
28 Jeremiah Burroughs, *The Evil of Evils* (1654; repr., Grand Rapids: Soli Deo Gloria, 2020).
29 Burroughs, *The Evil of Evils*, 24.
30 Thomas Watson, "The Godly Man's Picture Drawn with a Scripture-Pencil," in

히 뒤집혔다. 회심 이전에는 죄를 기뻐하고, 죄 짓기를 좋아했지만 그 이후부터는 죄를 거부할 뿐 아니라 죄를 물리치고 승리하는 습관이 형성된다. 그리스도 안에서 의를 사랑하는 사람들은 악을 미워한다(시 45:7). 죄의 죄악됨을 강조하면 교훈적인 효과가 나타나 성화가 진작된다. 바꾸어 말해, 우리의 마음속에서 죄에 대한 거룩한 증오심이 강렬하게 솟아나 죄를 극도로 싫어하게 된다. 우리는 하나님의 관점에서 죄를 바라보는 법을 배워야 할 필요가 있다.

우리의 죄를 정확하게 바라보려면 우리 안에 남아 있는 죄가 이 세상에서의 우리의 상태와 관련이 있지만 그런 상태를 그리스도 안에 있는 우리의 신분과 혼동해서는 안 된다는 것을 이해해야 한다. 토머스 왓슨은 《죄의 해악》이라는 책에서 신자들에게 다음과 같은 목회적 조언을 제시했다.

이것이 죄를 버리고 거룩함을 추구하는 모든 영혼들을 지탱해주는 지지대다. 이것이 우리가 하나님의 참된 자녀라는 의심할 수 없는 증거다. 혈과 육으로는 그렇게 될 수 없고, 오직 전능한 은혜만이 우리의 부패함을 다스릴 수 있다. 요한일서 3장 9절은 "하나님께로부터 난 자마다 죄를 짓지 아니하나니"라고 말씀한다. 그런 사람은 의도적으로 죄를 짓지 않는다. 그는 기꺼운 마음으로 죄를 짓지 않는다. 그는 마음속으로 죄를 혐오한다. 그는 이 세상에서 죄를 버린다. 하나님께로

Discourses on Important and Interesting Subjects, Being the Select Works of the Rev. Thomas Watson, vol. 1 (Edinburgh: Blackie, Fullarton, 1829), 518.

부터 난 사람이란 바로 이런 사람이다. 참된 회심자는 이것을 위로로 삼아야 한다. 비록 죄의 육신을 온전히 제거할 수 없고, 스스로의 약점에 이끌려 죄를 짓더라도 그 죄책은 그가 아닌 그의 보증인에게 주어진다. 하나님이 그리스도를 통해 호의를 베푸신다. 그분은 유심히 지켜보며 약점은 눈감아 주신다.[31]

왓슨은 성화와 칭의의 진리를 균형 있게 다루고 있다. 신자는 죄를 버렸지만 여전히 죄를 짓는다. 그러나 "그 죄책은 그가 아닌 그의 보증인, 곧 예수 그리스도께 주어진다." 죄의 악독함을 깨달으면 성화를 추구할 수 있을 뿐 아니라 그리스도를 믿어 의롭다 하심을 받는다는 사실을 기억하고 그분을 더욱 강하게 의지할 수 있다. 죄가 극도로 사악하다는 사실을 알면 죄를 혐오하며 더 깊이 참회할 수 있고, 법정적 차원에서 죄책을 면제해 주는 그리스도의 보혈이 지닌 충족한 은혜를 믿는 믿음이 더욱 크게 증대되기 마련이다. 우리는 아담 안에서는 죄책과 부패한 본성을 물려받았고, 그리스도 안에서는 칭의와 성화라는 이중적인 치유책을 받아 누린다. 하나님은 신자의 나쁜 전과를 온전히 없애 주셨고, 그의 부패한 본성을 점진적으로 변화시켜 나가신다.

---

31 Thomas Watson, *The Mischief of Sin* (1671; repr., Morgan, Pa.: Soli Deo Gloria, 1994), 79.

긴장 관계를 균형 있게 유지하라

이번 장의 서두에서 "죄 의식이 우리 속에 여전히 남아 있는데 어떻게 깨끗한 양심을 유지할 수 있을까?"라고 물었다. 신자인 우리는 죄에 대해 양심의 가책을 느껴야 마땅하지만 그렇다고 해서 그리스도 안에서 아무런 희망도 없는 사람처럼 처신해서는 안 된다. 만일 그렇게 한다면 절망의 나락으로 떨어질 수밖에 없다. 양심의 가책을 느끼더라도 복음 안에 머물러야 한다. 그렇게 하도록 우리를 도울 수 있는 지침을 네 가지로 나눠 제시하면 다음과 같다.

1) 그리스도의 전가된 의를 의지하라. 이것이 정화된 양심을 유지하는 비결이다. 히브리서 9장 13-14절은 "염소와 황소의 피와 및 암송아지의 재를 부정한 자에게 뿌려 그 육체를 정결하게 하여 거룩하게 하거든 하물며 영원하신 성령으로 말미암아 흠 없는 자기를 하나님께 드린 그리스도의 피가 어찌 너희 양심을 죽은 행실에서 깨끗하게 하고 살아 계신 하나님을 섬기게 하지 못하겠느냐"라고 말한다. 우리 죄의 모든 더러움과 어둠이 그리스도의 속죄를 통해 완전히 제거되었다. 믿음으로 말미암아 그리스도는 하나님 앞에서 우리의 온전한 의가 되신다. 죄에 맞서려는 우리의 노력이나 우리의 회심이 아닌 오직 그리스도만을 의지해야 한다. 우리 자신을 그리스도께 온전히 의탁해 구원과 안전함을 얻기 전까지는 우리가 지은 죄를 증오할 수 없다. 베닝은 "기도와 눈물, 탄식과 슬픔이 우리를 구원할 수 없다. 오직 예수님만이 죄로부터 우리를 구원하실

수 있다."고 조언했다.[32] 죄를 더욱 확실하게 깨달을수록 그리스도를 더욱 단단히 붙잡을 수 있다. 하나님 앞에서 우리가 의지할 분은 오직 그리스도뿐이다.

2) 날마다 기도와 묵상으로 자신을 살피라. 항상 서두르며 바쁘게 살다 보면 내면에서 울려 나는 양심의 소리에 조용히 귀를 기울이기가 어렵다. 우리는 우리의 가엾은 양심의 소리를 외면하기 일쑤다. 우리를 산만하게 만드는 주변의 소음을 멀리하고, 정기적으로 하나님 앞에 홀로 조용히 자신을 돌아보는 시간이 필요하다. 하나님의 말씀을 공부해야 할 뿐 아니라 우리의 마음도 유심히 들여다봐야 한다. 왓슨은 "자아를 살핀다는 것은 곧 마음을 해부하는 것을 의미한다. 외과 의사가 몸을 절개해 심장, 간, 동맥과 같은 내부 요소들을 살피는 것처럼 그리스도인도 자신을 해부해 육신적인 것과 영적인 것, 곧 죄와 은혜를 유심히 살펴야 한다."고 말했다.[33] 어제, 지난주, 지난달, 작년의 일을 생각하며 성경으로 우리의 양심을 점검해야 한다. 그러면 우리의 잘못을 발견할 수 있을 뿐 아니라 죄의 고백을 통해 양심을 깨끗하게 할 수 있고(요일 1:9), 마음을 잘 지킬 수 있으며(잠 4:23), 우리의 연약함을 도우시는 성령의 능력을 구할 수 있다(마 6;13).

---

32 Venning, *The Sinfulness of Sin*, 220.
33 Thomas Watson, *Heaven Taken by Storm* (1669; repr., Orlando, Fla.: Northhampton Press, 2007), 36.

3) 부드러운 양심을 얻으려고 노력하고, 얻었다면 그것을 정성껏 잘 간직하라. 리처드 백스터(1615-1691)는 "부드러운 양심을 유지하라. 그런 양심은 죄를 결코 가볍게 여기지 않는다."라고 말했다.[34] 하나님은 부드러운 양심을 귀하게 여기신다. 그런 양심은 죄의 가시에 쉽게 상처를 입기 때문에 하나님을 계속해서 대면하며 자신을 살펴 죄를 고백하게 만든다.[35] 토머스 맨튼(1620-1677)은 "이것이 부드러운 양심과 완악한 양심의 차이다. 전자는 사소한 일 하나라도 하나님을 노엽게 할까 봐 두려워하고, 후자는 죄를 아무렇지 않게 여기며 해를 자초한다(잠 28:14). 부드러운 마음을 지닌 사람은 가장 사소한 죄를 짓는 것조차도 싫어한다. 그는 모든 죄를 멀리하고 항상 하나님을 가까이한다. 우리가 이런 문제에 진지하다면 악한 죄가 무엇인지를 알고 있다는 증거다."라고 말했다.[36] 부드러운 양심은 당신으로 하여금 모든 기쁨과 확신의 원천이신 하나님을 더욱 가까이하게 만든다.

4) 죄를 온전히 의식하고, 깊이 회개하라. 자신의 죄를 편파적으로 다루지 않도록 주의하라. 그런 태도는 일종의 자기 특혜, 곧 그릇된

---

34 Richard Baxter, *The Practical Works of the Rev. Richard Baxter* (London: James Duncan, 1830), 6:385.

35 부드러운 양심과 연약한 양심을 혼동해서는 안 된다. 내가 권장하는 양심은 성경에 근거한 건전하고, 예민한 양심이다. 그런 양심은 합법적인 일을 겁내며 무서워하기보다 불법적인 일을 두려워한다.

36 Thomas Manton, *Several Sermons Upon the CXIX. Psalm,* in *The Complete Works of Thomas Manton* (London: James Nisbet, 1872), 8:203.

자기애에서 비롯하는 것이다. 토머스 왓슨은 "마귀는 죄를 아름답게 보이게 하려고 그 위에 즐거움과 이익의 심홍색을 덧칠한다. 그러나 나는 그 칠을 벗겨내 그 흉측한 몰골을 보여줄 것이다. 우리는 죄를 가볍게 여기는 경향이 있다."고 말했다.[37] 죄의 사악함과 그것과 정반대되는 하나님의 속성과 갈보리의 십자가를 묵상하라. 죄를 감추지 말고, 하나님께 솔직하게 고백하고, 양심에 비춰 보고, 깊이 슬퍼하고, 단호하게 포기하고, 구체적으로 뉘우치고, 다시는 죄를 짓지 않겠다는 거룩한 결심을 다지라. 무엇이 죄를 심화시키거나 유발시키는지 생각해 보고, 그런 약점들을 극복하는 것을 기도의 목표로 삼아라. 토머스 왓슨의 《회개의 교리》를 읽어보고,[38] 마음 깊은 곳에서 우러나는 철저하고, 지속적인 회개를 할 수 있게 도와달라고 주님께 간절히 기도하라.

우리의 의이신 그리스도를 의지하고, 날마다 스스로를 살피고, 부드러운 양심을 유지하고, 죄를 깊이 뉘우치면 죄의 엄청난 죄악됨을 기억하고 양심을 순결하게 지키는 데 큰 도움이 될 것이다. 이 주제를 다루는 이유는 우리의 비참함 속에서 허우적거리기 위해서가 아니라 우리의 죄를 해결하는 은혜의 위대함을 경험적으로 더욱 깊이 깨닫기 위해서다. 죄의 능력은 복음을 통해 그보다 훨씬 더 강력한 그리스도의 능력을 바라보게 만든다.

---

37 Watson, *A Body of Divinity*, 132.
38 Thomas Watson, *The Doctrine of Repentance* (1668; repr., Edinburgh: Banner of Truth, 2012).

우리는 그리스도 안에서 평화로운 양심에서 우러나는 은혜로운 구원의 확신을 가질 수 있다. 청교도들의 성경적인 조언을 실천에 옮기면 왓슨이 말한 것을 경험하게 될 것이다. 그는 "오, 양심에서 울려 나는 음악 소리여! 양심이 낙원으로 변하고, 신자는 그곳에서 스스로를 위로하며 기쁨의 꽃을 꺾는다."라고 말했다.[39] 죄의 죄악 됨을 경험적으로 더욱 깊이 알게 됨에 따라(성화가 이루어지면 죄에 더욱 민감해진다.) 구원의 확신이 더욱 커지는 것도 추구하자. 이것이 청교도의 길이다.

---

39 Watson, *The Doctrine of Repentance*, 98.

성찰과 논의를 위한 질문

1. 이번 장을 읽기 전에 죄가 어떻게 하나님을 분노하시게 하는지를 깊이 생각해 본 적이 있는가? 사람들은 죄가 하나님을 어떻게 거스르는지를 깊이 생각하지 않고, 단지 죄로 인해 겪는 개인적인 결과만을 슬퍼할 때가 많다. 이번 장을 통해 "내가 주께만 범죄하여 주의 목전에서 악을 행하였사오니"(시 51:4)라는 다윗의 말을 좀 더 잘 이해하게 되었는가?

2. 양심의 가책을 대개 어떤 식으로 처리하는가? 죄를 무시하는가, 변명하는가, 합리화하는가? 아니면 죄에서 돌이켜 그리스도의 순종과 의와 은혜 안에서 피난처를 찾는 법을 깨달았는가?

3. 자신의 양심이 부드럽다고 생각하는가, 완악하다고 생각하는가? 잠시 생각해 보라. 거룩하지 못한 생각이나 동기로 인해 양심의 가책을 마지막으로 느꼈던 때가 언제인가? 마지막으로 주님께 죄를 고백한 적이 언제인가? 성령의 책망이 느껴질 때 신속히 회개로 화답하는가?

04
청교도들은 우리의 눈을 열어 그리스도의 아름다우심과 사랑스러우심을 보게 한다

"우리는 그 무엇도 우리의 믿음의 대상으로 설교해서는 안 된다… 오직 그리스도만이 인간의 온전한 행복, 인간에게 빛을 비추는 태양, 인간을 치유하는 의원, 인간을 보호하는 불의 벽, 인간을 위로하는 친구, 인간을 부유하게 하는 진주, 인간을 떠받치는 방주, 가장 큰 압박 아래에서 인간을 지탱해주는 반석이시다…그리스도께서는 온 세상보다 더 뛰어나시기 때문에 그분을 보는 것은 그 어떤 것을 보는 것보다 뛰어나다. 예수님을 바라보는 것, 이것이 바로 그리스도인이 누리는 행복의 진수요 복음적인 의무의 핵심이다."−**아이작 암브로스**[1]

청교도들은 하나님 중심적이었을 뿐 아니라 그리스도 중심적이

---

1   Isaac Ambrose, *Looking Unto Jesus: A View of the Everlasting Gospel, or, The Soul's Eyeing of Jesus, As Carrying on the Great Work of Man's Salvation from First to Last* (Philadelphia: J. B. Lippincott, 1856), 17 – 18.

었다. 그들은 그리스도를 열정적으로 사랑했고, 끊임없이 그분의 영광을 추구했다. 그들은 그리스도를 자신의 전부로 여겼다.

리처드 십스는 빌립보서 1장 23-24절을 본문으로 장례식 설교를 전하면서 청교도의 공통된 정서를 이렇게 표현했다. "그리스도 없는 천국은 천국이 아니다. 그리스도 없는 천국보다는 어디가 되었든 그분과 함께 있는 곳이 더 낫다. 그리스도 없는 산해진미는 초상집 음식상에 불과할 뿐이다…그리스도가 없으면 모든 것이 다 무슨 소용인가? 그리스도 없는 천국의 기쁨은 천국의 기쁨이 아니다. 그분이 곧 참된 천국이다."[2]

청교도들은 성경의 거의 모든 곳에서 그리스도를 발견했다. 토머스 애덤스(1583-1652)는 "그리스도께서는 기쁨의 유일한 원천이자 생명의 근원이요 모든 축복의 근거이시다. 성경의 전부를 합친 것이 곧 그리스도다. 성경의 거의 모든 행과 장에 그리스도께서 예언되고, 예표되고, 예시되고, 제시되고, 나타나 있으시다. 이를테면 성경은 아기 예수님을 감싸고 있는 강보인 셈이다."라고 말했다.[3] 비단 애덤스만이 아니었다. 모든 청교도가 예수 그리스도를 향한 타오르는 신앙과 사랑을 보여주는 수많은 설교와 강연과 책자와 개인적인 편지를 남겼다.

이번 장에서는 청교도가 어떻게 그리스도를 더욱 즐거워하고,

---

2 Richard Sibbes, *Christ is Best* (Edinburgh: Banner of Truth, 2012), 11.
3 Thomas Adams, "Meditations upon the Creed," in *The Works of Thomas Adams* (1862; repr. Eureka, Calif.: Tanski, 1998), 3:224.

영화롭게 하도록 돕는지를 크게 세 가지(그리스도의 인격과 사역에 관한 묵상, 은혜 안에서 그리스도와 나누는 교제, 그리스도의 충족하심과 사랑스러우심과 아름다우심 안에서의 만족)로 나눠 살펴볼 것이다.

그리스도의 인격과 사역에 관한 묵상

그리스도에 관한 가장 훌륭한 묵상의 본보기 가운데 하나는 아이작 암브로스(1604-1664)의 《예수님을 바라보라》이다. 암브로스는 1653년에 혹독한 질병을 앓고 난 경험이 계기가 되어 예수님이 자신의 영혼을 위해 이루신 많은 일들을 생각하기 시작했다. 그는 예수님의 사역을 통해 한편으로는 하나님의 은혜로운 영원한 계획을 되돌아보고, 또 한편으로는 미래의 영광을 내다보았다. 그는 "그리스도의 사역이 세상 창조 이전의 영원 속에서부터 시작되었다는 것만 짐작할 뿐 그 정확한 시점은 알 수가 없다. 또 그분의 사역이 세상 멸망 이후의 영원 속에서 끝난다는 것만 짐작할 뿐 그 정확한 시점도 알 수가 없기는 마찬가지다. 나는 단지 이 양극단의 사이에서만 과거와 현재와 미래에 속한 예수 그리스도의 다양한 사역을 이해할 수 있다."라고 말했다.[4] 암브로스는 묵상을 통해 그리스도를 바라보는 행위와 묵상의 대상이신 그리스도 안에서 "영적 위로의 세상을 발견했다."[5]

---

4   Ambrose, *Looking Unto Jesus*, vii.
5   Ambrose, *Looking Unto Jesus*, vii.

암브로스는 예수님을 바라보는 것을 "의무 중의 의무, 으뜸 되는 의무, 특별한 의무"로 일컬었다. 그것은 다른 모든 의무의 "본질적인 요소"였다. 그 이유는 "영적 규례를 통해 나타나는 효력과 효능이 오직 그리스도에게서 비롯하기 때문이다."[6] 암브로스가 말하는 의무는 "마음과 생각을 통해 영적인 것들을 보고, 그 영향을 받는 것"을 의미한다.[7] 보는 행위에는 "예수님을 알고, 생각하고, 바라고, 소망하고, 믿고, 사랑하고, 기뻐하고, 즐거워하고, 그분을 닮아가는" 행위들이 포함된다.[8]

암브로스가 다룬 묵상의 범위는 매우 인상적이다. 그 범위는 구속사 전체를 아우른다. 그러나 그는 시종일관 예수님에게만 초점을 맞추었다. 그는 "오직 그리스도만이 계시된 모든 신적 진리의 영광이요 중심이시다."라고 말했다.

> 우리는 어떤 식으로든 그리스도를 지칭하지 않는 것은 그 무엇도 우리 영혼의 구원에 필요한 믿음의 대상으로 전해서는 안 된다. 오직 그리스도만이 인간의 온전한 행복, 인간에게 빛을 비추는 태양, 인간을 치유하는 의원, 인간을 보호하는 불의 벽, 인간을 위로하는 친구, 인간을 부유하게 하는 진주, 인간을 떠받치는 방주, 가장 큰 압박 아래에서 인간을 지탱해주는 반석이시다…그리스도께서는 온 세상보다

---

6 Ambrose, *Looking Unto Jesus*, 36.
7 Ambrose, *Looking Unto Jesus*, 26.
8 Ambrose, *Looking Unto Jesus*, 28.

더 뛰어나시기 때문에 그분을 보는 것도 그 어떤 것을 보는 것보다 뛰어나다. 예수님을 바라보는 것, 이것이 바로 그리스도인이 누리는 행복의 진수요 복음적인 의무의 핵심이다.[9]

암브로스는 구원의 영원한 근거가 되는 하나님의 주권적인 선택과 "하나님과 그리스도 사이에 맺어진 위대한 협약"과 아담, 아브라함, 모세, 다윗, 이스라엘 민족에게 주어진 그리스도의 약속에 초점을 맞추라고 당부했다. 그는 창조에서부터 그리스도의 초림에 이르는 구원의 위대한 사역을 설명하고 나서 그리스도에 관한 수태고지, 잉태, 두 본성, 탄생, 세례, 유혹, 지상 사역을 차례로 설명했다.

그러고 나서 그는 그리스도의 고난에 초점을 맞춰 그분의 고난을 "시간대와 단계별로" 나눠 재판을 통해 죽음에 이르는 과정을 묘사했고, 부활에 초점을 맞춰 부활의 때와 이유와 방식과 현현과 논증을 다루었으며, 그리스도께서 승천해 하나님의 오른편에서 한시적으로 중보 기도를 드리고, 성령을 보내시는 일을 하신다는 내용을 언급했고, 마지막으로는 심판과 구원을 베풀기 위한 그리스도의 재림에 관해 말했다.

암브로스는 그리스도의 구원 사역을 구성하는 모든 요소를 언급하면서 독자들에게 예수님을 알고, 생각하고, 바라고, 소망하

---

9   Ambrose, *Looking Unto Jesus*, 17 – 18.

고, 믿고, 사랑하고, 즐거워하고, 힘써 부르고, 그분을 닮아가라고 권고했다.[10] 그는 "예수님 안에는 봐야 할 영광스러운 것들이 많다."고 말했다.[11] 그가 독자들을 권고한 말에서는 진정 어린 헌신의 열정이 물씬 느껴진다. 그는 "간곡히 권하건대 이 복된 불 앞에 와서 당신의 마음을 따뜻하게 하라. 오, 어서 와서 예수 그리스도의 귀한 치료약의 냄새를 맡으라! 오, 어서 와서 큰 기쁨으로 그분의 그늘 아래 앉으라! 모든 사람이 예수님을 바라보는 이 복음의 기술을 습득할 수만 있다면 더 바랄 것이 없으리!"라고 말했다.[12]

예수님을 바라보는 복음의 기술을 실천한 청교도가 단지 암브로스 한 사람만은 아니었다. 그리스도 중심적인 묵상은 청교도들의 설교에서 흔히 나타나는 특징 가운데 하나였다. 예를 들어, 윌리엄 브리지(1600-1670)는 그리스도를 "성부의 국새상서"라고 일컬었다.[13] 이 말은 하나님이 자기 백성에게 은혜를 베푸시는 유일한 통로가 예수님이라는 뜻이다. 브리지는 독자들에게 신자들의 영혼에 그리스도를 제시하는 성경의 많은 비유적 표현을 생각해 보라고 권했다.

---

10 Ambrose, *Looking Unto Jesus*, xi - xvi.
11 Ambrose, *Looking Unto Jesus*, 44.
12 Ambrose, *Looking Unto Jesus*, ix.
13 William Bridge, *Grace for Grace, or the Overflowings of Christ's Fulness received by all Saints,* in *The Works of the Reverend William Bridge* (1845; repr., Beaver Falls, Pa.: Soli Deo Gloria, 1989), 1:262.

원하는 곳을 아무 데나 바라보라. 그러면 예수 그리스도와 관련되지 않은 것을 거의 찾아볼 수 없을 것이다. 낮에 하늘의 태양을 바라보면 그리스도께서 "공의로운 해"(말 4:2)라는 것을 알 수 있고, 한밤의 별들이나 새벽녘의 샛별을 바라보면 그분이 "광명한 새벽 별"(계 22:16)이라는 것을 알 수 있으며, 우리의 몸을 바라보면 그분이 머리이시고, 교회가 그분의 지체라는 것을 알 수 있고(골 1:18), 우리의 옷을 바라보면 "주 예수 그리스도로 옷 입고"(롬 13:14)라는 말씀대로 그분이 우리의 옷이라는 것을 알 수 있을 것이다. 또 우리의 음식을 바라보면 그분이 "생명의 떡"(요 6:35)이라는 것을 알 수 있고, 우리의 집을 바라보면 그분이 문으로 불리신다는 것을 알 수 있으며, 밭과 들판의 가축을 바라보면 그분이 선한 목자이자(요 10:11), 어린 양이요(요 10:11), "살진 송아지"(눅 15:23)라는 것을 알 수 있고, 물을 바라보면 그분이 "샘"(슥 13:1, 그리스도의 보혈은 샘이다)이라는 것을 알 수 있으며, 돌을 바라보면 그분이 "기촛돌"(사 28:16)이라는 것을 알 수 있고, 나무를 보면 그분이 "생명 나무"(잠 3:18)라는 것을 알 수 있다. 이런 말을 하는 이유는 무엇일까? 그 이유는 어디를 보든지 그리스도를 생각해야 한다는 점을 환기시키고, 그리스도께서 실제로 영적인 의미에서 우리의 영혼에 이런 모든 것이 되신다는 사실을 보여주기 위해서다.[14]

이밖에 또 다른 예를 몇 가지 더 들면, 필립 헨리(1631-1696, 유명

---

14 Bridge, *Grace for Grace*, in *Works*, 1:262.

한 주석학자 매튜 헨리의 아버지)의 《모든 것 안의 모든 것이신 그리스도》[15], 존 플라벨의 《생명의 샘》[16], 그리스도에 관한 토머스 굿윈의 세 권의 책 《그리스도론》, 《하늘에 계신 그리스도의 마음》, 《중보자이신 그리스도》[17], 존 오웬의 마지막 책 《그리스도의 영광에 관한 묵상과 강론》[18]을 손꼽을 수 있다.

이것들은 청교도들이 그리스도의 인격, 본성, 직임, 신분, 명칭, 칭호, 중보 사역을 비롯해 그분의 생애, 사역, 죽음, 부활, 승천, 하나님 우편에 앉으심, 중보 기도, 재림을 중심으로 그분을 어떻게 묵상했는지를 보여주는 몇 가지 사례에 지나지 않는다.

은혜 안에서 그리스도와 나누는 교제

청교도들의 그리스도 중심적인 특징은 그리스도와의 교제에 관한 그들의 가르침을 통해서도 분명하게 드러난다.

---

15 Philip Henry, *Christ All in All: What Christ Is Made to Believers* (Grand Rapids: Soli Deo Gloria, 2016)

16 John Flavel, *The Fountain of Life Opened Up, or a Display of Christ in His Essential and Mediatorial Glory,* in *The Works of John Flavel* (1820; repr., Edinburgh: Banner of Truth, 1968), 1:1‒561.

17 Thomas Goodwin, *Christ Set Forth* in *The Works of Thomas Goodwin,* ed. Thomas Smith (1861‒1866; repr., Grand Rapids: Reformation Heritage Books, 2006), 4:1‒91; *The Heart of Christ in Heaven* in *Works,* 4:93‒150; and *Christ the Mediator* in *Works,* 5:1‒496. See also Joel R. Beeke and Mark Jones, eds., *"A Habitual Sight of Him": The Christ-Centered Piety of Thomas Goodwin* (Grand Rapids: Reformation Heritage Books, 2009) and "Thomas Goodwin on Christ's Beautiful Heart" in Joel R. Beeke and Mark Jones, *A Puritan Theology: Doctrine for Life* (Grand Rapids: Reformation Heritage Books, 2012), 387‒99.

18 John Owen, *Meditations and Discourses on the Glory of Christ,* in *The Works of John Owen,* ed. W. H. Goold (1850‒1853; repr., Edinburgh: Banner of Truth, 1966), 1:273‒415.

존 오웬은 그의 걸작 중 하나인 《하나님과의 교제》라는 경건한 신학 도서에서 "값 주고 산 은혜"의 관점으로 그리스도와 신자 사이의 교제를 논의했다. 그는 이 은혜를 "그리스도께서 우리를 위해 획득하셨거나 이루신 모든 은혜"로 정의하고, 그분이 "우리를 그 은혜에 참여하게 하신다."고 말했다.[19]

오웬은 이 은혜를 세 가지로 나누었다. 그것은 (1) "칭의의 은혜, 또는 하나님께 받아들여지는 은혜" (2) "성화의 은혜, 또는 하나님 앞에서 거룩하게 되는 은혜" (3) "특권을 누리는 은혜"다.[20]

값 주고 산 은혜의 토대는 그리스도의 순종의 삶, 희생적인 죽음, 중보자로서 하늘에서 드리는 중보 기도에서 발견된다. 그리스도의 사역의 영광스러운 측면에 관한 오웬의 묵상은 성경적 진리의 핵심을 깊이 꿰뚫는다. 나는 여기에서 특별히 신자의 일상생활에 대한 그의 목회적 적용에 중점을 둘 생각이다.

오웬은 하나님께 받아들여지는 칭의의 은혜를 삶에 적용하는 방법을 설명하면서 두 가지 조건을 제시했다. 첫째, "하나님께 받아들여지려면 그리스도께서 값 주고 사신 이 의를 진정으로 인정

---

19 John Owen, *Communion with God: Abridged and Made Easy to Read by R. J. K. Law* (Edinburgh: Banner of Truth, 1991). 현대어로 옮긴 이 축약본은 "배너오브트루스 출판사"가 펴낸 청교도 페이퍼백 시리즈 가운데 하나로 현대의 독자들이 오웬의 책에 좀 더 쉽게 접근할 수 있게 해준다. 나는 또한 오웬의 전집에 속한 원전을 참조할 것이고, 이따금 그것을 인용할 것이다. 이 인용문을 확인하려면 다음 자료를 참조하라. John Owen, *Of Communion with God in The Works of John Owen*, ed. W. H. Goold (1850 – 1853; repr., Edinburgh: Banner of Truth, 1966), 2:154.

20 Law, *Communion with God*, 118; Owen, *Of Communion with God*, in *Works, orks*, 2:155.

해야 한다."[21] 그리스도의 의를 진정으로 인정한다는 것은 하나님 앞에 나아가려면 반드시 의가 필요한데 우리에게는 그런 의가 존재하지 않는다는 사실을 깨닫는 것을 의미한다. 그래야만 절실한 필요를 느끼고 그리스도께서 제공하신 완전하고 온전한 의를 무한한 지혜와 은혜가 가득하고, 우리의 영혼에 평화를 가져다주는 유일한 길로 받아들여 소중히 여길 수 있는 준비가 갖추어진다.

우리가 이 의를 인정해야 하는 또 하나의 이유는 그것이 하나님께 가장 큰 영광을 돌리는 것이기 때문이다. "(신자들이) 죄책을 처음 의식했을 때는 어떻게 구원받을 수 있고, 어떻게 하나님의 정의와 신실하심과 진리를 높이 찬양할 수 있을지를 몰라 당혹스러워했다. 그러나 그들은 이제 이 의로 인해 하나님의 모든 속성이 죄인의 용서와 칭의와 구원을 통해 크게 영화롭게 된다는 사실을 깨닫는다."[22]

두 번째 조건은 이 의를 인정하고, 받아들여야 할 뿐 아니라 "주 예수 그리스도와 실제적인 교환을 해야만 한다는 것이다."[23] 즉, 마음속으로 죄책과 악을 계속 의식하면서 우리의 구체적인 죄를 기도로 하나님께 고백하고, 그리스도를 굳게 의지해야 한다. 신자들

---

21 Law, *Communion with God,* 141; Owen, *Of Communion with God,* in *Works,* 2:187.

22 Law, *Communion with God,* 143; Owen, *Of Communion with God,* in *Works,* 2:193.

23 Owen, *Of Communion with God,* in *Works,* 2:193. 안타깝게도 윌리엄 로는 오웬이 한 이 중요한 말을 부연 설명하지 않았다. 그는 또한 오웬이 그의 요점들을 나열한 숫자까지 없애버렸다. 이것은 오웬의 글을 좀 더 읽기 쉽게 만드는 효과는 있지만, 전체적인 논증의 구조와 명료성을 훼손하는 결과를 낳는다.

은 "자신의 죄를 그리스도의 십자가, 곧 그분의 어깨 위에 내려놓아야 한다." 오웬은 계속해서 이렇게 말했다.

> 십자가 곁에 서서 "아, 주님이 나의 죄 때문에 상하셨고, 나의 허물 때문에 상처를 입으셨다. 나의 평화를 위해 그분이 징계를 받으셨고, 나를 위해 죄인이 되셨다. 나의 죄를 능히 감당할 수 있고, 견딜 수 있는 그분께 모든 죄를 맡기겠다. 그분이 내 손에 든 것을 달라고 요구하신다. 나는 주님이 모든 죄를 떠맡으시는 것에 만족하고, 마음으로부터 기꺼이 응할 것이다."라고 말하며 하나님의 은혜와 신실하심과 진리를 의지하는 것이야말로 대담하고, 위대한 믿음의 행위가 아닐 수 없다. 날마다 그렇게 해야 한다. 그렇게 하지 않으면 평화가 유지될 수 없다…(이것이) 십자가에 못 박히신 그리스도를 아는 것이다.
> 믿음으로 자신의 죄를 그리스도께 맡기고, 하나님이 그 모든 죄를 그분에게 짊어지게 하신다는 것을 깨달은 신자들은 그분 앞에 가까이 나가 그분이 자기들을 위해 이루신 의를 받아들인다. 그로써 "하나님이 우리를 대신하여 죄로 삼으신 것은 우리로 하여금 그 안에서 하나님의 의가 되게 하려 하심이라"(고후 4:21)라는 사도의 말이 온전히 이루어진다. 그들은 주님이 자기 자신과 자신의 의를 자기들에게 내주어 하나님 앞에 의가 되게 하시는 것을 알고, 그것을 기꺼이 받아들여 이 복된 믿음의 교환을 완료해야 한다. 그러면 주님이 분노와 저주와 진노와 죽음과 죄와 죄책을 모두 취해 제거하신다. 우리에게 있는 그런 부정적인 것들은 무엇이든 모두 다 그분께 맡기고, 그분으로부터

사랑과 생명과 의와 평화를 얻어야 한다.[24]

그리고 나서 오웬은 가능한 두 가지 반론에 대답했다. 첫째, 신자는 그리스도께서 이런 협의를 결코 받아들일 수 없으실 것이라는 반론을 제기할 수 있다. "우리의 더러움과 죄책과 죄를 가지고 날마다 그분 앞에 나가야 한다고? 그분이 '그것들은 너희가 계속 가지고 있거라.'라고 말씀하시지 않을까? 항상 그분께 우리의 죄를 내주고, 그분의 의를 받아야 한단 말인가?"[25] 오웬은 그리스도께서 이 복된 교환을 기꺼이 받아들일 뿐 아니라 그것을 통해 기쁨과 영광을 얻으신다고 대답했다. "예수 그리스도께서는 신자들이 항상 자기와 교제를 나누면서 자신들의 죄를 내주고 자기의 의를 받아들이기를 원하신다. 그분이 이보다 더 기쁘게 생각하시는 것은 아무것도 없다. 이것이 그분을 존귀하게 여기고, 그분께 합당한 영광을 돌리는 길이다."[26]

두 번째 반론은 율법폐기론과 관련이 있다. "만일 그렇다면 죄를 뉘우치고, 우리의 행위를 고쳐야 할 이유가 무엇인가? 은혜가 넘치게 하려면 죄를 계속 지어야 하지 않겠는가?"[27] 오웬은 이와

---

24 Owen, *Of Communion with God,* in *Works,* 2:194; Law, *Communion with God,* 144도 보라.

25 Law, *Communion with God,* 144; Owen, *Of Communion with God,* in *Works,* 2:195.

26 Law, *Communion with God,* 144–45; Owen, *Of Communion with God,* in *Works,* 2:195.

27 Law, *Communion with God,* 145; Owen, *Of Communion with God,* in *Works,* 2:196.

똑같은 반론에 대한 바울의 답변(롬 6:1-3)을 대답으로 제시하면서 그리스도와의 참된 교제는 복음적인 회심(죄에 대한 경건한 슬픔)과 하나님께 대한 순종을 둘 다 독려한다고 강조했다.

오웬은 유혹에 관한 그의 책에서도 그리스도와 매일 나누는 교제의 가치를 강조하며 그것을 죄의 유혹으로부터 영혼을 안전하게 지키는 가장 중요한 수단으로 간주했다. 그는 "날마다 생명 나무의 열매를 먹는 것을 자기의 일로 삼는 사람은 심지어 다른 어떤 나무가 낙원의 중앙에 서 있는 것처럼 보일지라도 거기에 맺힌 열매에 아무런 욕구를 느끼지 않는다. 그러므로 죄의 용서, 거룩함의 열매, 영광의 소망, 하나님과의 평화, 성령 안에서의 기쁨, 죄의 정복과 같은 복음의 좋은 것들 안에서 그리스도와 영혼의 교제를 나누어야 한다. 그러면 모든 유혹으로부터 강력한 보호를 받게 될 것이다."라고 말했다.[28]

그리스도의 충족하심과 사랑스러우심과 아름다우심 안에서의 만족

그리스도와 활력 넘치는 참된 인격적 교제를 나누면 그분 안에서 깊은 만족과 기쁨을 누리게 되고, 경이감과 사랑과 찬양이 절로 우러나오기 마련이다. 은혜 안에서 번성한다는 것은 곧 그리스도의 충족하심과 사랑스러우심과 아름다우심 안에서 누리는 만족이

---

28 Owen, *Temptation Resisted and Repulsed* (Edinburgh: Banner of Truth, 2007), 102. See also *Of Temptation*, in *The Works of John Owen*, ed. W. H. Goold (1850–1853; repr., Edinburgh: Banner of Truth, 1966), 6:144.

갈수록 커지는 것을 의미한다. 오웬은 이렇게 말했다.

나는 이 세상의 그 어떤 것보다 혼자서 조용히 그리스도를 생각할 때 더 많은 유익을 얻는다. 영혼이 그리스도와 그분의 인격과 영광을 높이 기리며 만족해한다면 그것은 곧 그리스도께서 영혼 안에 거하신다는 증거다. 내가 개인적인 경험을 통해 발견한 것이 있다면 바로 이것, 곧 그리스도의 인격과 그분의 나라의 영광과 그분의 사랑을 얼마나 많이 생각하고, 묵상하느냐에 따라 은혜 안에서의 성장이나 쇠퇴의 정도를 측정할 수 있다는 것이다. 복음 안에서 제시되는 그리스도와 교제를 나누기를 좋아하는 마음이 곧 생명력이 왕성한 마음이다. 그런 마음을 갖기를 주저하고, 그것에서 멀어진다면 죽음과 쇠퇴의 길로 접어들 수밖에 없다.[29]

예수 그리스도의 충족한 아름다움과 사랑스러우심이라는 이 주제는 청교도들의 글에 끊임없이 등장한다. 그렇다면 그리스도께서 충족하시다는 것은 무엇을 의미하고, 또 그것이 중요한 이유는 무엇일까? 이것은 그분의 충만함 안에서 그리스도는 우리가 필요로 하는 모든 것이라는 의미다. 이것이 중요한 이유는 그분이 없으면 우리가 아무것도 할 수 없기 때문이다.

그리스도께서 충족하시다는 것은 구원이나 생명이나 만족이나

---

29 Owen, "The Excellency of Christ," in *Works,* 9:475.

충만을 얻는 데 필요한 것이 예수님 외에는 아무것도 없다는 뜻이다. 그 외에 특별한 것이나 가외의 것은 전혀 필요하지 않다. 소수의 특권층만이 누리는 특별한 자격도 필요하지 않기는 마찬가지다. 그리스도께서 충족하시다면 기독교는 율법주의, 신비주의, 영지주의, 금욕주의, 수도원주의, 성직주의와 같은 가외의 '−주의'를 추구할 필요가 전혀 없다. 청교도들은 종종 그런 다양한 주의를 논박하며 복음의 진리를 천명했다.

더욱이 그리스도께서 충족하시다는 주장은 예수님 외에 더 필요한 것이 아무것도 없다는 의미일 뿐 아니라 무엇을 더 더하는 것이 사실은 더 감하는 결과를 낳는다는 것을 의미한다. 그리스도께서 완성하신 사역에 다른 것을 더하는 것은 그분이 이미 이루신 것을 줄이는 것이다. 만일 그리스도 외에 천사나 율법이나 도덕적 성취나 두 번째 은혜의 사역이나 다른 무엇이 필요하다고 말한다면 그것은 곧 그리스도에게서 무엇인가를 제하는 것과 같다(골 2:6−23 참조). 그리스도께서 충족하시다는 것은 주 예수 그리스도의 아버지이신 하나님이 이미 그리스도 안에서 우리에게 하늘에 있는 모든 신령한 복을 허락하셨다는 뜻이다(엡 1:3−14). 그리스도께서 충족하시다는 것은 하나님이 이미 자기 아들을 통해 우리에게 생명과 경건에 속한 모든 것을 허락하셨다는 의미다(벧후 1:3). 그리스도께서 충족하시다는 것은 가지가 열매를 맺기 위해 해야 할 필요가 있는 것은 단 하나, 곧 포도나무에 붙어 있는 것뿐이라는 뜻이다(요 15:1−8).

그러나 그리스도께서 충족하시다는 선언만으로 만족해서는 안 된다. 우리는 그릇된 결론을 도출하거나 잘못된 적용을 시도하지 않도록 주의해야 한다. 그리스도께서 이루신 사역의 온전함은 우리에게 필요한 것이 아무것도 없다는 의미가 아니다. 그것은 우리가 필요로 하는 모든 것이 그리스도 안에서 충족된다는 것을 의미한다. 따라서 우리는 그리스도를 추구해야 한다.

그리스도의 충족성에 관한 교리를 옳게 이해한다면 영적으로 무지한 상태에 머물면서 만족하지 않을 것이다. 존 플라벨은 "무지의 어둠 속에 휩싸여 있는 한, 그리스도를 영접할 사람은 아무도 없다. 우리는 그리스도께서 어떤 분이신지 이해해야 한다. 곧 우리가 영접하는 분이 우리의 의이신 주님이라는 사실을 알고, 이해해야 한다. 그리스도의 인격과 직임을 알지 못하면 그분을 옳게 이해하지 못하고 오해할 수밖에 없다."라고 말했다.[30] 그리스도에 관한 진리를 알아야 하는 이유는 우리는 그리스도를 그분의 모든 충만하심 가운데 알아야 하기 때문이다. 윌리엄 브리지는 자신의 설교에서 "우리가 위로를 느끼지 못하는 이유는 그리스도 안에 있는 탁월함과 충족함을 의식하지 못하기 때문이다."라고 말했다.[31] 그리스도를 더 많이 바라보는 것만이 더 큰 위로와 기쁨을 누릴 수 있는 길이다.

---

30 John Flavel, *The Method of Grace in the Gospel Redemption*, in *The Works of John Flavel* (1820; repr., Edinburgh: Banner of Truth, 1998), 2:106.
31 Bridge, "The Fullness of Christ," in *Works*, 5:25.

절반의 그리스도가 아닌 온전한 그리스도가 필요하다.[32] 겸손한 인성과 경이로운 신성을 모두 지니신 진정한 그리스도가 필요하다. 온유하고, 위엄 있는 예수님, 구원의 은혜와 자유하게 하는 은혜를 베푸시는 예수님이 필요하다. 우리의 죄를 용서하고, 우리의 양심을 깨끗하게 씻어 주고, 순종할 수 있는 능력을 주시는 예수님이 필요하다. 하늘에 있는 천사들이든 정사든 권세든, 인간의 왕국에 있는 가이사든 상원의원이든 대통령이든 땅과 하늘의 모든 권세를 다스리시는 그리스도가 필요하다. 보이지 않는 하나님을 온전히 보여 주는 하나님의 참된 형상이자 더 나은 새 아담이요 다윗의 후손이면서 다윗보다 더 위대하신 그리스도, 곧 약한 데서 도리어 온전해지는 능력으로 죄와 죽음이라는 괴물로부터 자기 백성을 구원하시는 분이 필요하다. 의롭게 하고, 거룩하게 하시는 그리스도, 구원자요 교회의 주님이요 남편이요 머리가 되시는 그리스도, 유다 지파의 사자요 창세 전에 죽임을 당한 어린 양이신 그리스도가 필요하다. 선지자요 제사장이요 왕이신 그리스도, 생명의 떡이요 생수의 근원이신 그리스도가 필요하다.[33] 열고 들어갈 수 있는

---

32 칼빈은 "그리스도께서는 여러 부분으로 나뉠 수 없으시다. 따라서 우리가 그분 안에서 동시에 함께 발견하는 이 두 가지, 곧 의와 거룩함은 서로 분리될 수 없다."라고 말했다. John Calvin, *Institutes of the Christian Religion*, ed. John T. McNeill, trans. Ford Lewis Battles (Philadelphia: Westminster Press, 1960), 3.11.6. 바꾸어 말해, 예수님을 주님이 아닌 구원자로만 받아들일 수도 없고, 그리스도께서 베푸시는 은혜를 그분과 분리할 수도 없다. 이 점에 관해 좀 더 자세히 알고 싶으면 다음의 자료를 참조하라. Sinclair B. Ferguson, *The Whole Christ: Legalism, Antinomianism & Gospel Assurance-Why the Marrow Controversy Still Matters* (Wheaton, Ill.:Crossway, 2016).

33 플라벨의 말을 다시 인용하면 다음과 같다. "그리스도께서는 굶주린 자를 위한 빵

문이요, 앞으로 나아갈 수 있는 길이요, 걸어가야 할 목적지요, 열심히 좇아야 할 상급이요, 충성해야 할 대장이신 그리스도가 필요하다. 알파와 오메가요 시작과 끝이요 처음이자 나중이신 그리스도가 필요하다.

아울러, 우리는 삶의 모든 영역에서 예수님을 필요로 한다. 우리의 생각을 깨우치고, 우리의 마음을 변화시켜 바르게 이끌어 주시는 예수님이 필요하다. 우리의 벽장, 침실, 주방, 거실, 회의실, 거리에서도 예수님이 필요하다. 놀 때나 예배를 드릴 때나 일할 때나 기도할 때도 예수님이 필요하고, 교회에서나 교실에서나 집에서도 예수님이 필요하다. 인생의 희로애락을 거치는 동안에도 줄곧 예수님이 필요하다. 갈보리에서 죄의 짐을 제거하고, 천성을 향한 긴 순례의 여정을 감당할 힘을 주시는 예수님이 필요하다. 겸손의 골짜기를 지날 때 동행해 주실 예수님, 곤고의 산을 오를 때 도와주실 예수님, 낙심의 수렁에서 끌어 올려 주고, 의심의 성에서 구원해 주실 예수님이 필요하다. 독신으로 살 때나 결혼해서 살 때나 자녀를 양육할 때나 자식들을 모두 떠나 보냈을 때나 할아버지와 할머니가 되었을 때도 예수님이 필요하다. 대학에 다닐 때나 직장 생활을 할 때나 국내에 있을 때나 해외에 있을 때나 활동할 때나 잠을 잘 때나 살아 있을 때나 죽어갈 때도 예수님이 필요하다.

이요, 목마른 자를 위한 물이요, 벌거벗는 자를 위한 옷이요 상처 입은 자를 위한 치료약이시다. 영혼이 원하는 것은 무엇이든 그분 안에서 발견된다." *Method of Grace*, in Works, 2:216.

우리의 모든 것 안에서 예수님의 모든 것이 필요하다. 우리의 필요는 많다. 그러나 예수님의 충족하심은 그 모든 필요를 넉넉히 채우고도 남는다. 성경이 그리스도의 충족하심을 분명하게 증언한다. 성자의 충족한 사역과 생명을 주는 성령의 능력을 통해 선택받은 백성을 구원하고, 세상을 새롭게 회복하는 것이 성부 하나님의 계획이다. 성경이 하나의 교향곡이라면 이것이 주선율이다.

이 선율이 청교도의 마음을 그리스도를 향한 사랑으로 활활 불타오르게 했다. 이것이 오늘날에도 그들의 책을 계속해서 읽어야 하는 가장 강력한 이유 가운데 하나다. 청교도들은 그리스도를 보고, 사랑하고, 공경하고, 순종하고, 영화롭게 하고, 더욱 즐거워하도록 돕는다.

이 점을 스코틀랜드 장로교 신자였던 새뮤얼 러더포드(1600-1661)보다 더 잘 설명한 사람은 없다. 그의 서신은 나침반의 바늘처럼 영혼의 깊은 갈망을 채워주는 참된 북극성이신 그리스도를 일관되게 가리키고 있다. 러더포드의 잘 알려진 글을 소개함으로써 이번 장을 마무리하고 싶다.

우리의 영혼은 사랑을 느낀다. 우리는 아름다우신 분을 사랑하지 않을 수 없다. 오, 지극히 아름다우신 분, 지극히 탁월하고, 사랑스러운 분은 오직 한 분, 예수님뿐이다. 에덴동산과 같은 아름다운 낙원을 수십만 개 모아놓고, 모든 나무와 꽃과 냄새와 색깔과 맛과 기쁨과 달콤함과 사랑스러움을 한데 모은다면 참으로 아름답고 멋질 것이다. 그러나 그것도 가장 아름답고 사랑스러우신 그리스도에 비하면 만 개의 지구에 존재하는 바다와 호수와 샘물을 모두 합친 것에 한 방울의 빗물을 비교하는 것보다 못할 것이다. 오, 그리스도께서는 하늘의 불가사의요 땅의 불가사의로다. 그분의 신부가 "그 전체가 사랑스럽구나"라고 말하는 것은 조금도 놀랍지 않다.[34]

---

34 Samuel Rutherford, *Letters of Samuel Rutherford: A Selection* (Edinburgh: Banner of Truth, 1973), 120.

성찰과 논의를 위한 질문

1. 당신은 아이작 암브로스가 말한 예수님을 바라보는 복음의 기술을 터득했는가? 그리스도를 바라보는 것이 삶에서 어떻게 나타나야 한 다고 생각하는가? 그것이 당신의 일상생활 속에서 어떻게 드러나고 있는가?

2. 당신은 이번 장에서 언급한 그리스도의 충족하심 가운데 어떤 측면 을 새롭게 알게 되었는가? 그리스도의 아름다우심을 바라보면 당신 의 마음속에서 어떻게 경이로움과 사랑과 찬양이 솟구치는가?

3. 날마다 우리의 죄와 그리스도의 의를 교환함으로써 "값 주고 산 은 혜" 안에서 그리스도와 교제를 나누는 것에 관한 오웬의 가르침을 생 각해 보라. 당신은 지금 그리스도와 동행하며 그렇게 살아가고 있다 고 생각하는가? 그런 영적 습관을 기르면 삶이 어떻게 달라질 것 같 은가?

Thriving in Grace

05
청교도들은 은혜의 자유와 능력으로
우리의 마음을 자유롭게 한다

"예수 그리스도 안에는 무한한 은혜와 거룩함의 보고(寶庫)가 존재한다. 그분이

이 보고를 간직하고 계시는 이유는 자신이 아닌 다른 사람들을 위해서다. 그리스

도께서는 이 은혜를 사람들에게 기꺼이 나눠주려는 무한히 관대한 성향을 지니

고 계신다. 하늘에 있는 것이든 땅에 있는 것이든 그 무엇도 그분을 가로막을 수

없다. 따라서 예수 그리스도의 충만하심이 모든 신자에게 전달되리라는 것은 너

무나도 확실하다."–**윌리엄 브리지**[1]

새뮤얼 러더포드는 그의 은혜로운 서신에서 "은혜와 구원의 자
유는 인간과 천사들의 경탄을 자아낸다."라고 말했다.[2] 값없이 주

---

1 William Bridge, *Grace for Grace, or the Overflowings of Christ's Fulness received by all Saints*, in *The Works of the Reverend William Bridge* (London: Thomas Tegg, 1845; repr. Beaver Falls, Pa.: Soli Deo Gloria Publications, 1989), 1:211.

2 Samuel Rutherford, *Letters of Samuel Rutherford: A Selection* (Edinburgh: Banner of Truth, 1973), 73.

어지는 하나님의 주권적인 은혜의 교리보다 우리의 마음을 더 자유롭게 만드는 힘을 가진 진리는 찾아보기 어렵다. 은혜가 없으면 칭의도, 성화도, 영화도 없다. 은혜가 없으면 시대와 장소를 막론하고 모든 사람이 비참하게 멸망하고 말 것이다. 우리의 구원은 처음부터 끝까지 모두 은혜다. 스펄전의 표현을 빌려 말하면, 은혜는 "창세 전의 선택과 하늘의 안식에 이르기까지 그리스도인의 역사 전체를 관통하는 황금 사슬"이다.[3]

하나님의 은혜는 참으로 놀랍고, 기이하지만 오해되고, 남용되고, 심지어는 부인될 때가 많다.

이 점을 설명하기 위해[4] 루이스(1898-1963)의 뛰어난 우화집 《순례자의 역정》에 나오는 이야기를 빌려 말하면 다음과 같다.[5] 신앙 생활을 험준한 지역을 지나는 여행길이라고 생각하면 북쪽과 남쪽에 상당한 위험이 도사리고 있을 것이 분명하다. 얼어붙은 북쪽에는 냉혹한 율법주의와 냉랭한 형식주의라는 위험이 도사리고 있다. 그곳에서는 형식적인 종교와 자기 의가 마음을 얼어붙게 하

---

3   Charles H. Spurgeon, "Salvation All of Grace," in *The Metropolitan Tabernacle Pulpit Sermons* (London: Passmore & Alabaster, 1872; repr. Pasadena, Tex.: Pilgrim Publications, 1971), 18: 433.

4   이하 세 단락은 Brian G. Hedges, *Active Spirituality: Grace and Effort in the Christian Life* (Wapwallopen, Pa.: Shepherd Press, 2014), 10에 나오는 내용에 약간의 변경을 가한 것이다. 허락 하에 사용하였다.

5   《순례자의 여정(*The Pilgrim's Regress*)》은 루이스가 그리스도인으로서 쓴 최초의 책이자 그가 쓴 책들 가운데서 가장 난해하고, 탁월한 책이다. 루이스에게 북쪽과 남쪽은 지성과 객관성을 지나치게 강조하는 철학적 위험과 감정과 정서를 지나치게 강조하는 철학적 위험을 각각 의미했다. 나는 신학적인 목적을 위해 이 비유를 다르게 고쳐 사용했다.

고, 냉담하고, 차갑고, 완고한 태도로 하나님과 동료 인간을 대하게 한다.

질퍽질퍽한 남쪽에는 나태하고, 관능적인 방종과 방탕이라는 위험이 도사리고 있다. 그곳에서는 은혜가 방종으로 왜곡되고, 거룩함과 순종이 무시되며, 성경에 근거해 믿음으로 행하려는 노력이 율법주의로 비난받는다. 디트리히 본회퍼(1906-1945)는 이를 "값싼 은혜"로 일컬은 것으로 유명하다.[6] 그러나 청교도들은 더욱 적절하게 이를 "율법폐기론(율법을 거스른다는 의미)"으로 일컬었다.

교회가 은혜의 자유에 대한 경이감을 상실하면, 곧 마음을 뜨겁게 하는 이신칭의와 은혜의 교리를 잃어버리면 북쪽으로 기울고, 은혜의 능력에 관한 경이감을 잃어버리면, 곧 노력과 인내와 깨어 있는 삶이라는 성경의 요구를 무시하고, 행위를 강조하는 신약성경의 표현들(걷는다, 싸운다, 달려간다, 정복한다 등)을 지나치게 단순화시켜 축소함으로써 거룩하게 하는 믿음의 수고를 거부하면 남쪽으로 기울게 된다. 이신칭의와 은혜의 교리는 율법주의라는 냉랭한 위험으로부터 우리를 구원하고, 중생과 성화와 성도의 견인의 교리는 우리를 율법폐기론이라는 방탕의 위험으로부터 우리를 구원한다.

간단히 말해, 교회는 존 칼빈이 이중 은혜로 일컬은 것을 굳게 붙잡아야 한다. 그는 "하나님은 관대하시게도 우리에게 그리스도

---

6   Dietrich Bonhoeffer, *The Cost of Discipleship* (New York: Collier Books, Macmillan Publishing Company, 1963 Revised Edition), 47.

를 허락하셨다. 우리는 그리스도를 받아들임으로써 이중 은혜를 받는다. 즉 우리는 그리스도의 흠 없는 순종을 통해 하나님과 화해함으로써 하늘에서 재판관이 아닌 은혜로우신 아버지를 섬길 수 있고, 그리스도의 성령으로 거룩하게 됨으로써 흠 없고, 순결한 삶을 이루어나갈 수 있다."고 말했다.[7] 이번 장에서는 청교도들이 감격스러운 마음으로 은혜의 자유와 능력을 얼마나 명확하고, 설득력 있게 설명했는지를 살펴볼 생각이다.

하나님의 값 없는 은혜

은혜는 말 그대로 값이 없다. 은혜는 아무런 공로 없이 주어지는 하나님의 호의로 자격이 없는 자들에게 거저 주어진다. 성경은 은혜로 인한 구원과 행위로 인한 구원을 종종 서로 대조한다. "너희는 이 은혜에 의하여 믿음으로 말미암아 구원을 받았으니 이것은 너희에게서 난 것이 아니요 하나님의 선물이라 행위에서 난 것이 아니니 이는 누구든지 자랑하지 못하게 함이라"(엡 2:8-9). "만일 은혜로 된 것이면 행위로 말미암지 않음이니 그렇지 않으면 은혜가 은혜되지 못하느니라"(롬 11:6). 러더포드는 "은혜, 은혜, 값없는 은혜, 거저 주어지는 그리스도의 공로는 물에 빠져 죽어가는 우리의 영혼이 헤엄쳐 다가가야 할 바위가 아닐 수 없다."라고 말했다.[8]

---

7   John Calvin, *Institutes of the Christian Religion*, ed. John T. McNeil, trans. Ford Lewis Battles (Philadelphia: Westminster Press, 1960), 3.11.1.

8   Rutherford, *Letters of Samuel Rutherford: A Selection*, 130.

1) 오직 믿음으로 말미암아 은혜로 의롭다 하심을 받는다. 값 없이 주어지는 은혜는 청교도 신학, 특히 이신칭의의 교리에 관한 그들의 설명에서 자주 다루어졌다. 그 가장 대표적인 사례는 로버트 트레일 (1642-1716)의 《이신칭의》다. 이것은 본래 신율법주의와 율법폐기론이라는 두 가지 오류로부터 이신칭의 교리라는 "개신교의 선한 옛적 길"을 옹호할 목적으로 1692년에 트레일이 자신의 형제인 미들로디언 보스웍의 목회자 윌리엄에게 써 보낸 책이었다.[9]

트레일은 그 책에서 이렇게 주장했다.

죄인이 예수 그리스도 안에서 값없는 하나님의 은혜로 의롭다 하심을 받는다는 교리는 아무리 그릇 왜곡되고, 비판을 받는다고 해도 다음 네 가지 사실 때문에 확실하게 옹호되어야 한다.

 (1) 이것은 경건하고, 진지한 신자라면 누구나 귀하고, 은혜롭게 여기지 않을 수 없는 교리다.

 (2) 이것은 죄를 깨달은 죄인을 효과적으로 다룰 수 있는 유일한 교리다.

 (3) 믿음으로 값없이 의롭다 하심을 받는다는 교리는 예배 중에 하나님께 진지하게 다가가기를 원하는 모든 사람의 정신과 기질에 적합하다는 이점이 있다.

 (4) 인간이 제시하는 견해가 조금도 섞이지 않은 순수한 이신칭의

9   Joel R. Beeke and Randall J. Pederson, *Meet the Puritans: With a Guide to Modern Reprints* (Grand Rapids: Reformation Heritage Books, 2006), 584을 보라.

의 교리는 판단력이 무디어지지 않거나 흐려지지 않은 사람이
라면 누구나 죽을 때에 기꺼이 의지하고, 의지할 수 있고, 의지
해야 하는 교리라는 명백한 이점이 있다.[10]

트레일은 토비아스 크리스프(1600~1643)의 책이 출판된 후에 불
거진 율법폐기론 논쟁을 염두에 두고, 믿음이라는 수단을 통해 그
리스도의 의가 전가된다는 개신교의 이신칭의 교리를 명확하고,
설득력 있게 옹호했다. 그는 "오직 믿음으로"를 협상이 가능한 개
별 교리가 아닌 복음주의 기독교의 필수 요소로 간주했다. 그는
"기독교 진리의 위대한 근본 원리들은 모두 칭의의 교리에 중심을
두고 있다."고 말하고 나서 이렇게 덧붙였다.

삼위일체를 구성하는 신성의 위격들, 성부의 독생자이신 예수님의 성
육신, 육신을 입으신 그분의 순종과 희생을 통해 세상의 죄에 대한 하
나님의 율법과 공의가 온전히 만족하게 된 것, 이 모든 사실을 계시하
는 성경의 신적 권위 등, 모든 진리가 그런 만족의 전가와 적용을 통
해 죄인이 의롭다 하심을 받는다는 교리에 중심을 두고 있다. 의가 없
이는 의롭다 하심을 받을 수 없다. 하나님의 거룩한 율법을 온전하고,
완전하게 이룰 수 있는 의 외에 그 어떤 의도 그렇게 할 수 없다. 그런
의는 오직 신적인 존재만이 이룰 수 있다. 죄인은 그 의를 자신의 것

---

10 Robert Traill, *Justification Vindicated* (1692; repr., Edinburgh: Banner of Truth,
    2002), 25 – 31.

으로 삼아 자기에게 적용하지 않으면 어떤 유익도 얻을 수 없다. 이의를 적용하는 방법은 오직 예수 그리스도를 믿는 믿음뿐이다. 이 진리가 다른 신적 진리의 위대한 신비에 연결되고, 의존하는 것이 명백한 것처럼, 그리스도의 의를 믿는 믿음으로 의롭다 하심을 받는다는 교리를 저버리는 것이 배교의 첫걸음이었고, 그 첫걸음을 내디뎠던 많은 사람이 결국 기독교 자체를 저버릴 때까지 그 걸음을 멈추지 않았다는 슬픈 사실 또한 명백하다.[11]

이신칭의의 교리라는 실을 잡아당기면 복음의 전체 계획이라는 실타래가 풀리기 시작한다. 그리스도의 의와 인간의 공로는 서로 정반대다. 아예 구원받지 못하든지 은혜로 구원받든지 둘 중 하나뿐이다.

율법과 복음, 믿음과 행위, 그리스도의 의와 우리의 의, 은혜와 죄책이 서로 분명하게 대립된다. 교활한 사람들은 칭의를 다루면서 이것들을 서로 혼합하고 섞으려고 애쓰지만, 그것은 헛된 시도에 지나지 않는다. 그런 시도는 복음은 물론…이것들의 본질 자체에 의해서도 가장 확실하게 배격된다. 모든 진지한 사람의 분별력과 양심도 이와 똑같은 사실, 곧 인간이 의를 호소할 수 있는 길이 자신의 의와 그리스도의 의 중에서 하나를 내세우는 것뿐이라는 사실(세상에 있는 모든

---

11 Traill, *Justification Vindicated,* 67.

인간은 이 둘 중 하나를 의지한다)과 그것들이 칭의와 관련해 서로 모순을 일으킨다는 사실을 분명하게 증언한다. 사람이 자신의 의를 의지하는 것은 곧 그리스도의 의를 거부하는 것이다. 자신의 의가 너무 훌륭해서 버릴 수가 없다는 생각으로 스스로의 의를 거부하지 않거나 그리스도의 의가 자기를 지탱하기에 충분하지 못하기 때문에 하나님의 심판대 앞에서 자기를 안전하게 지켜줄 수 없다는 생각으로 그분의 의를 의지하지 않는다면 정죄받은 죄인의 신분에서 벗어날 수 없다. 아울러, 자신의 의와 그리스도의 의를 섞어 만든 의를 가지고 하나님 앞에 나가려고 애쓴다고 해도 복음의 은혜를 멸시하는 자로서 여전히 율법 아래 있기는 마찬가지일 것이다(갈2:21).[12]

2) 오직 그리스도를 통해 은혜로 의롭다 하심을 받는다. 청교도들은 또한 은혜가 어떻게 그리스도 안에서, 그분을 통해 우리에게 임하는지를 설명했다. 예를 들어, 윌리엄 브리지는 요한복음 1장 16절("우리가 다 그의 충만한 데서 받으니 은혜 위에 은혜러라")을 본문으로 삼아 "은혜 위에 은혜, 곧 모든 성도가 받는 그리스도의 넘치는 충만함"이라는 제목으로 모두 여섯 편의 설교를 전했다.[13] 그는 "예수 그리스도 안에는 무한한 은혜와 거룩함의 보고(寶庫)가 존재한다. 그분이 이 보고를 간직하고 계시는 이유는 자신이 아닌 다른 사람들을 위

---

12 Traill, *Justification Vindicated*, 69 – 70.
13 Bridge, *Grace for Grace*, in *Works*, 1:183 – 293.

해서다. 그리스도께서는 이 은혜를 기꺼이 나눠주려는 무한히 관대한 성향을 지니고 계신다. 하늘에 있는 것이든 땅에 있는 것이든 그 무엇도 그분을 가로막을 수 없다. 따라서 예수 그리스도의 충만하심이 모든 신자에게 전달되리라는 것은 너무나도 확실하다."라고 말했다.[14]

브리지는 세 번째 설교에서 "성도들과 하나님의 백성이 소유하는 은혜나 거룩함은 그것이 무엇이 되었든 모두 거저 받은 것이다."라고 말했다.[15] 그는 칭의, 양자, 성화와 관련해 이런 사실을 분명하게 입증했을 뿐 아니라 은혜가 왜 "받는 방식으로만" 소유하게 되는지를 설명하는 다섯 가지 논증("자연의 불충족성, 은혜의 초자연성, 지정된 모든 수단의 부족함, 믿음의 사역과 본질, 기도의 자세와 참된 행위")을 펼쳤다.[16]

하나님이 은혜를 그런 식으로 베풀기로 결정하신 이유는 무엇일까? 브리지는 세 가지 이유(자랑하지 못하게 하심, 예수 그리스도를 높이고 존중하게 하심, 성도들과 하나님의 자녀들이 믿음으로 살도록 하심)를 제시했다.[17]

---

14 Bridge, *Grace for Grace*, in *Works*, 1:211.
15 Bridge, *Grace for Grace*, in *Works*, 1:223.
16 Bridge, *Grace for Grace*, in *Works*, 1:225.
17 Bridge, *Grace for Grace*, in *Works*, 1:236-37.

하나님의 은혜를 통해 주어지는 자유

청교도들은 하나님의 값 없는 은혜는 물론, 은혜를 통해 신자들의 삶에 주어지는 자유를 기뻐했다. 은혜는 값없이 주어지고, 값없이 주어진 은혜는 우리를 새로운 자유와 해방으로 이끈다.

이 점과 관련해 특별히 유익한 책이 있다면 새뮤얼 볼턴(1606-1645)의 《기독교적 자유의 한계》일 것이다. 볼턴은 기독교적 자유를 옹호하고, 신앙생활 속에서 하나님의 율법이 차지하는 권위와 순종의 필요성을 강조할 목적으로 그 책을 저술했다. 볼턴은 헌정사를 통해 자신의 책을 이렇게 묘사했다. "나는 이 책에서 하나님의 율법을 논박하는 일부 견해를 우호적으로 논의하면서 그 안에서 율법을 지지함으로써 율법이 값 없이 주어지는 은혜를 빼앗지 않는다는 사실을 상기시키는 한편, 은혜를 굳게 확립함으로써 율법이 헛된 것이 되게 하지 않게 하고, 신자들이 하나님이나 인간에게 행해야 할 의무를 면제받지 않았다는 사실을 일깨워 주려고 노력했다."[18]

볼턴의 책은 여섯 가지 질문을 중심으로 복음과 율법과 자유의 의미를 엄밀한 논리로 주의 깊게 파헤쳤다.

1) 우리가 그리스도를 통해 자유롭게 되었다는 사실이 율법의 의무를 면제하는가?

---

18 Robert Bolton, *The True Bounds of Christian Freedom* (Edinburgh: Banner of Truth, 1978), 9 – 10.

2) 우리가 그리스도를 통해 자유롭게 되었다는 사실이 죄의 징벌이나 징계로부터 우리를 자유롭게 하는가?

3) 하나님이 명령하셨기 때문에 의무를 이행해야 할 책임이 우리에게 있다는 것이 기독교적 자유에 부합하는가?

4) 그리스도를 통해 자유롭게 된 사람이 죄를 통해 다시 속박될 수 있는가?

5) 상급을 통한 보상을 받기 위해 의무를 이행하는 것이 기독교적 자유에 부합하는가?

6) 그리스도인의 자유가 그를 인간에 대한 모든 순종으로부터 면제하는가?[19]

볼턴은 "그리스도께서는 참되고, 진정한 자유를 값 주고 사셨고, 모든 참 신자들에게 그 자유를 허락하셨다."라는 말에서부터 시작했다.[20] 그는 이 자유가 참되고, 보편적이고, 항구적이라고 주장했다. 그것은 신자가 맞이한 새로운 상태다. 신자는 사탄과 죄와 율법에 속박된 상태에서 해방되었다. 볼턴은 "주님의 희년이 인간의 영혼 속에서 선포되는 곳이면 어디서나 속박의 상태로 되돌아가는 일이 다시는 발생하지 않는다."고 말했다.[21] 그러고 나서 그는 기독교적 자유를 둘로 나눠 "자유의 긍정적인 측면"과 "자유의 부

---

19 Bolton, *True Bounds of Christian Freedom*, 14.

20 Bolton, *True Bounds of Christian Freedom*, 19.

21 Bolton, *True Bounds of Christian Freedom*, 21.

정적인 측면"에 대해 말했다.[22]

율법으로부터의 자유가 무슨 의미인지를 밝힌 볼턴의 설명이 특히 유익하다. 볼턴은 로마서 6장 14절("이는 너희가 법 아래 있지 아니하고 은혜 아래에 있음이라")를 비롯해 바울 서신의 본문을 몇 군데 인용하면서 신자들이 의식법은 물론, 언약으로서의 율법과 그 저주와 정죄와 엄격함으로부터도 온전히 해방되었다고 말했다. "율법의 저주와 형벌로부터 자유롭게 된 것은 참으로 놀라운 특권이 아닐 수 없다. 율법이 위협할 때는 그리스도께서 약속하시고, 율법이 저주할 때는 그리스도께서 축복하신다. 이것은 놀라운 특권이다. 만일 하나님이 죄로 인해 우리의 양심에 진노와 노여움의 불똥을 하나만 떨어뜨리시더라고 자유롭게 된 것이 얼마나 큰 긍휼인지 분명하게 알 수 있을 것이다."[23]

아울러, 볼턴은 기독교적 자유의 긍정적인 측면을 언급하면서 우리가 부정적인 결과만이 아니라 긍정적인 특권을 위해 자유롭게 되었다고 역설했다. 그는 일곱 가지 특권을 열거했다.

1) 우리는 진노와 속박의 상태에서 자유롭게 되어 긍휼과 은혜의 상태로 옮겨졌다.
2) 우리는 정죄의 상태에서 자유롭게 되어 칭의의 상태로 옮겨졌다.
3) 우리는 반목의 상태에서 자유롭게 되어 친목의 상태로 옮겨졌다.

---

22 Bolton, *True Bounds of Christian Freedom*, 22 – 50.
23 Bolton, *True Bounds of Christian Freedom*, 34.

4) 우리는 죽음의 상태에서 자유롭게 되어 생명의 상태로 옮겨졌다.

5) 우리는 죄의 상태에서 자유롭게 되어 섬김의 상태로 옮겨졌다.

6) 우리는 속박의 상태, 노예처럼 섬겨야 하는 상태에서 자유롭게 되어 자녀의 마음으로 자유롭게 섬기는 상태로 옮겨졌다.

7) 우리는 죽음과 지옥에서 자유롭게 되어 생명과 영광으로 옮겨졌다.[24]

볼턴은 이런 사실에 근거해 "그리스도인들은 순종의 규칙인 도덕법으로부터 해방되었는가?"라는 첫 번째 질문을 제기했다.[25] 그는 "율법의 폐지를 언급하는 것처럼 보이는"[26] 성경 본문들이 있는 반면에 "율법을 옹호하고, 율법이 여전히 구속력을 지닌다고 말씀하는 성경 본문들도 있다"고[27] 인정하면서 대답에 신중을 기했다. 먼저 그는 성경에 언급된 "율법"이라는 용어의 다양한 의미를 개괄했다. 그가 제시한 이 용어의 의미는 모두 일곱 가지였다. 그리고 나서 그는 문제의 핵심("신자들은 순종의 규칙인 도덕법에 순종할 의무를 면제받았는가?")을 파고들었다.[28] 볼턴은 율법의 본질을 "하나님을 향한 교리들과 이웃을 향한 사랑과 우리 자신을 향한 자제와 절제

---

24 Bolton, *True Bounds of Christian Freedom,* 48–49.

25 Bolton, *True Bounds of Christian Freedom,* 51.

26 Bolton, *True Bounds of Christian Freedom,* 52.

27 Bolton, *True Bounds of Christian Freedom,* 52.

28 Bolton, *True Bounds of Christian Freedom,* 57.

를 모두 합쳐 놓은 것"으로 정의했다.[29] 그는 사람들이 신자들의 삶에 미치는 율법의 기본적인 권위만 인정한다면 "우리는 모세를 통해 주어진 율법으로부터는 자유롭고, 오직 그리스도 안에서 주어진 율법에만 복종할 의무가 있다."라고 말하더라도 굳이 논쟁을 벌이려고 하지 않았다.[30] "도덕법을 순종과 기독교적인 행위의 규칙으로 인정하는 한, 그것을 모세가 반포한 것으로 받아들이든 그리스도를 통해 새롭게 되어 전달된 것으로 받아들이든 그릇 치우치지 않을 것이다."[31]

볼턴은 그의 첫 번째 질문에 대한 대답으로 두 가지 명제를 제시했다. "(1) (율법의 상세한 내용이나 부대 요소가 아닌) 율법의 골자는 하나님의 백성을 위한 행위의 규칙으로 항상 유지된다. (2) 율법이 본래 주어진 목적이나 용도 가운데 은혜와 모순되거나 언약적 은혜의 증진에 도움이 되지 않는 것은 아무것도 없다."[32] 볼턴은 50쪽이나 되는 지면을 할애해 이 명제들을 설득력 있게 옹호하고, 더할 나위 없이 명쾌하게 설명했다. 그는 값 없는 은혜와 하나님의 은혜가 우리의 삶에 가져온 자유를 강력하게 주장했다.

---

29 Bolton, *True Bounds of Christian Freedom*, 57.
30 Bolton, *True Bounds of Christian Freedom*, 57.
31 Bolton, *True Bounds of Christian Freedom*, 57.
32 Bolton, *True Bounds of Christian Freedom*, 59.

하나님의 은혜의 능력

하나님의 은혜는 우리를 사탄과 죄와 율법으로부터 자유롭게 한다. 그 이유는 은혜가 우리를 그리스도의 강력하고, 은혜로운 통치 아래로 이끌기 때문이다. "죄가 너희를 주장하지 못하리니 이는 너희가 법 아래에 있지 아니하고 은혜 아래에 있음이라"(롬 6:14). 청교도들은 이구동성으로 의롭다 하심을 받게 하는 은혜가 또한 우리를 거룩하게 한다고 주장했다. 은혜는 우리에게 값 없이 주어질 뿐 아니라 우리를 죄의 속박으로부터 해방한다. 은혜는 죄를 마음껏 짓게 하기는커녕 오히려 죄의 지배로부터 우리를 효과적으로 구원한다.

로마서 6장 14절을 설명한 유익한 내용이 존 오웬의《죄와 은혜의 지배에 관한 논고》에서 발견된다.[33] 그는 죄의 지배와 은혜의 지배를 구별함으로써 독자들에게 "우리의 영혼은 어떤 원리나 법칙의 지배를 받고 있고, 또 받을 수밖에 없다…'죄의 종으로 사망에 이르든지 순종의 종으로 의에 이르든지' 둘 중 하나다."라는 점을 상기시켜 주었다.[34]

오웬은 바울이 로마서 6장에서 전개한 논리를 따라 "영혼의 상태가 영원한 생명에 이를지, 영원한 죽음에 이를지는 우리가 어떤

---

33 John Owen, *A Treatise of the Dominion of Sin and Grace*, in *The Works of John Owen*, ed. W. H. Goold (1850 – 1853; repr., Edinburgh: Banner of Truth, 1996), 7:499 – 560. "리포메이션 헤리티지 북스"는 이 책을 현대어로 정리해 "오늘을 위한 청교도 시리즈"의 하나로 출판할 예정이다.

34 Owen, *Dominion of Sin and Grace*, in *Works*, 7:508.

지휘와 규칙을 따르느냐에 달려 있다. 죄가 통치하면 영원히 멸망할 것이고, 죄가 통치권을 상실하면 안전할 것이다."라고 말했다.[35] 죄가 "통치권을 상실한다"라는 말은 신자들이 경험하는 죄와의 계속적인 싸움을 부인하는 의미가 아니다. 죄는 "우리를 유혹하고, 부추기고, 미혹할 수 있다. 죄는 우리와 싸우고, 다툴 뿐 아니라 우리를 불안하게 하고, 당혹스럽게 할 수 있고, 우리를 격동시켜 자범죄를 짓게 만들 수 있다. 그러나 죄가 우리를 지배하지만 않는다면 우리는 하나님께 인정을 받은 상태로 은혜 안에 머물러 있을 수 있다."[36] 로마서 6장 14절을 통해 신자들에게 주어진 위대한 약속이 있다. "죄가 우리 안에 거하며 속임수와 강제력으로 통치권을 다툴지라도 결코 승리하지 못할 것이다. 죄는 우리를 지배할 수 없다."[37]

오웬은 세 가지 질문을 중심으로 자신의 논리를 전개했다.

1) 우리가 은혜로 해방된 죄의 지배는 과연 무엇인가?

2) 죄가 우리를 지배하는지 아닌지를 어떻게 알 수 있는가?

3) 우리가 "율법 아래 있지 아니하고 은혜 아래 있기" 때문에 죄가 우리를 지배하지 못한다고 확신할 수 있는 이유와 근거는 무엇인가?[38]

---

35 Owen, *Dominion of Sin and Grace*, in *Works*, 7:508.

36 Owen, *Dominion of Sin and Grace*, in *Works*, 7:508.

37 Owen, *Dominion of Sin and Grace*, in *Works*, 7:508.

38 Owen, *Dominion of Sin and Grace*, in *Works*, 7:508.

오웬은 자신의 책에서 신자의 삶 속에서 자유를 가져다주는 은혜의 능력을 신중한 해설과 경험적인 적용을 통해 상세하게 설명함으로써 죄의 지배의 본질과 징후를 밝히고, 승리를 가져다주는 하나님의 은혜로 죄의 지배를 극복하는 법을 가르쳐 주었다.

1) 죄의 지배의 본질. 오웬은 첫 번째 질문에 대답하기 위해 죄의 지배가 지니는 몇 가지 특징을 묘사했다. 첫째, 죄의 지배는 "찬탈한 것"이다. "죄는 인간의 영혼을 지배할 권한을 갖고 있지 않다."[39] 죄의 통치가 "악하고, 불법적인 이유는 그것이 부당하게 찬탈한 것일 뿐" 아니라 "항상 피지배자들을 해치고, 파괴하기" 때문이다.[40] 둘째, "죄의 지배는 그 지배를 받는 사람들의 의지와 노력에 작용하는 힘에 불과한 것이 아니다."[41] 죄를 짓도록 유도하는 강력한 유혹은 죄의 지배에 해당하지 않는다. 죄는 사람들을 지배하지 않으면서도 그들을 유혹으로 얼마든지 혼란스럽게 만들 수 있다. 죄의 지배가 이루어지는 곳에서는 "죄가 사람들의 의지와 생각 속에 존재하는 하나의 법칙으로 자리 잡아 힘과 능력을 발휘한다."[42] 이것이 바울이 자의적으로 죄의 노예가 되어 그 통치권에 순종하는 사람들에 관해 말한 이유다(롬 6:16 참조). 다시 말해, 죄의 지배가 이

---

39 Owen, *Dominion of Sin and Grace,* in *Works,* 7:509.

40 Owen, *Dominion of Sin and Grace,* in *Works,* 7:512.

41 Owen, *Dominion of Sin and Grace,* in *Works,* 7:512.

42 Owen, *Dominion of Sin and Grace,* in *Works,* 7:512.

루어지려면 "어느 정도 의지의 동의가 있어야 한다…만일 죄를 지으려는 의지를 버린다면 죄의 지배는 이루어질 수 없다."[43] 셋째, 죄의 지배는 다른 모든 지배권을 허용하지 않는다. 오웬은 "은혜와 죄가 동시에 똑같은 영혼 안에 존재할 수는 있지만, 그것들의 지배가 동시에 똑같은 영혼 안에서 이루어질 수는 없다."고 말했다.[44] 인간의 마음속에 존재하는 보좌는 단 하나뿐이다. 오직 단한 명의 통치자만이 그곳에 앉을 수 있다. 은혜의 통치를 받는다는 것은 곧 죄의 압제로부터 자유로워지는 것이다. 이밖에도 오웬은 "양심이 완전히 화인을 맞아 강퍅하게 되어 '아무런 감정도 느끼지 않게' 되지 않는 한, 영혼은 죄의 능력과 지배를 스스로 의식할 수 있다."라는 말로 죄의 지배가 지니는 네 번째 특징을 묘사했다.[45] 그 이유는 두 가지, 곧 죄가 인간의 생각 속에서 죄의식을 억제하고, 죄를 짓도록 부추기는 유혹으로 생각과 감정을 끊임없이 충동하기 때문이다.

2) 죄의 지배의 징후. 오웬은 자신의 책을 쓰게 된 목회적이고, 실천적인 동기를 진술함으로써 "죄가 우리를 지배하는지 아닌지를 어떻게 알 수 있는가?"라는 질문에 대답하기 시작했다. "이것은 일부 사람들이 반드시 물어야 할 질문이다. 물론, 이것은 모든 사람

---

43 Owen, *Dominion of Sin and Grace*, in *Works*, 7:512-13.

44 Owen, *Dominion of Sin and Grace*, in *Works*, 7:513.

45 Owen, *Dominion of Sin and Grace*, in *Works*, 7:515.

이 성경과 경험을 토대로 자신의 생각 속에서 옳게 헤아려 결정해야 할 문제이기도 하다. 왜냐하면 그 결정에 우리의 확실한 평화가 달려 있기 때문이다. 죄는 우리 안에 존재하며 정욕을 부추기고, 우리와 다투며, 우리를 유혹한다. 우리의 평화와 위로와 관련된 가장 큰 문제는 죄가 우리를 지배하느냐 지배하지 않느냐이다."[46]

오웬은 이 큰 문제에 대한 대답을 주의 깊게 제시하면서 사려 깊은 독자들에게 철저한 자기 점검을 요구했다. 그 징후가 명백한 경우가 있다. 즉 "공공연히 죄의 옷을 입고 다니는" 사람들은 죄의 지배를 받는 것이 분명하다.[47] 오웬은 대놓고 반역적이고 사악한 사람들의 경우는 그들이 그리스도인인지 아닌지를 굳이 구별하려고 애쓰지 않았다. 그런 사람들은 종교적인 고백을 하든 종교와 어떤 관계를 맺고 있든 상관없이 자타가 공인하는 죄의 종인 것이 분명하다.

그러나 어떤 사람들의 경우에는 그렇게 확실하게 단정하기가 좀 어렵다. 왜냐하면 "한편으로는 죄의 통치를 혐오하는 듯한 여러 가지 잡다한 징후를 드러내 보이지만" 실제로는 그렇지 않기 때문이다. 종교적인 지식을 알고 있고, 애정(affections)이 변화되고, 외적인 의무를 이행하고, 부분적으로 죄를 뉘우치고, 다시는 죄를 짓지 않겠다고 결심하면서도 여전히 죄의 노예 상태로 존재하는 것이

---

46 Owen, *Dominion of Sin and Grace*, in *Works*, 7:518.
47 Owen, *Dominion of Sin and Grace*, in *Works*, 7:518.

얼마든지 가능하다. 오웬은 "아무도 이런 것들을 이유로 죄의 지배에 복종하는 것을 눈감아 달라고 할 수 있는 사람은 아무도 없다."고 주장했다.[48]

그와는 달리, "실제로는 죄의 지배를 받고 있지 않은 것이 분명한데 마치 죄의 지배를 받는 것처럼 보이게 하는" 일들이 있을 수 있다.[49] 오웬은 마땅히 우려를 느끼면서 스스로를 점검해야 하지만 꼭 죄의 지배를 받고 있다는 것을 의미하지는 않는 위험한 징후들이 많다고 말했다. 이 문제를 다룬 대목에는 오웬이 쓴 글 중에서 영혼을 가장 깊이 뚫고 들어가 샅샅이 파헤쳐 분석한 내용이 포함되어 있다.

오웬은 그런 내용을 다루고 난 뒤에 죄의 지배를 받고 있다는 것을 보여주는 확실한 징후, 곧 "애써 증명하거나 설명할 필요가 없는" 징후를 열 가지로 나눠 제시했다.

(1) 의지가 죄에 속박되었다. 죄가 의지를 장악한 탓에 죄를 짓지 않도록 억제하는 힘은 본성에서 사라지고, 단지 죄의 결과만이 두려워 자제할 뿐이다.

(2) 죄를 떠벌리며 숨기지 않는다. 다수의 사람이 그렇듯 죄를 뽐내며 자랑한다.

(3) 술 취함, 불결함, 저주와 욕설 등, 명백한 죄를 스스럼없이 저지

---

48 Owen, *Dominion of Sin and Grace*, in *Works*, 7:519.
49 Owen, *Dominion of Sin and Grace*, in *Works*, 7:519.

른다.

(4) 혼자 있을 때나 가정에서 신앙의 의무를 소홀히 한다. 대중 앞에서
　　그런 의무에 관심을 기울이는 것은 한갓 위선일 뿐이다.

(5) 참된 거룩함과 경건의 능력을 싫어한다.

(6) 배교하라는 박해가 주어질 때 드러내 놓고 신앙을 저버리고 배교
　　를 선택한다.

(7) 복음의 거룩하게 하는 능력과 기독교 신앙에 무지하다.

(8) 회심의 수단을 멸시한다.

(9) 섭리적인 경고가 분명하게 주어지고, 회개하라는 부름을 들으면
　　서도 무사안일하게 살아간다.

(10) 세상 속에서 그리스도께서 영광을 받으시는 일에 무관심하다.[50]

이런 것들이 발견된다면 죄가 인간의 생각을 지배하고, 다스린
다는 확실한 증거다.[51]

3) 은혜를 통한 죄의 지배의 전복. 이것은 죄가 신자들을 지배하지 못
한다는 확신과 이유에 관한 오웬의 세 번째 질문을 다룬다. 오웬은
여기에서 우리가 "법 아래 있지 아니하고 은혜 아래에 있음이라"라
는 로마서 6장 14절의 약속을 깊이 있게 파헤쳤다.

50　Owen, *Dominion of Sin and Grace*, in *Works*, 7:541.
51　Owen, *Dominion of Sin and Grace*, in *Works*, 7:541 – 42.

오웬은 죄의 지배는 더 강력한 또 다른 힘으로만 정복되며, 그 힘은 율법에서 나오지 않는다고 가르쳤다. "영혼 안에 죄를 대적하고, 정복하고, 권좌에서 물러나게 만드는 영적인 힘과 능력이 없으면 죄를 내쫓거나 배격할 수 없다. 죄를 정복하지 않으면 죄가 지배권을 행사한다. 죄보다 우세한 강력한 힘이 없으면 그것을 정복할 수 없다. 율법은 그런 힘을 주지도 못하고, 줄 수도 없다."[52]

사실, "율법은 어떤 자유도 주지 못하고," 오히려 "속박으로 이 끈다. 따라서 우리를 그 어떤 지배로부터도 자유롭게 하지 못한다. 그런 자유는 오직 복음으로만 얻을 수 있다."[53] 율법은 "의무를 이 행하는 과정에서 죄의 지배를 물리치려고 노력할 수 있게 하는 효과적인 동기를 부여하거나 격려를 제공하지도 못한다."[54] 오웬은 "그리스도께서는 율법 안에 계시지 않는다. 율법은 그분을 제시하거나 전달하지 못한다. 율법으로는 그리스도 안에 참여할 수 없다."라고 선언했다.[55] 그런 것은 오직 복음의 은혜 안에서만 발견된다. "복음 안에 그리스도께서 계시되셨다. 복음은 그분을 우리에게 제시하고, 나타낸다. 우리는 복음으로 그분 안에 참여하고, 그분의

---

52 Owen, *Dominion of Sin and Grace*, in Works, 7:542. 오웬은 율법을 서로 다른 두 가지 의미로 이해했다. (1) 구약성경에 계시된 하나님의 온전한 뜻과 생각, (2) '이를 행하면 살리라'는 완전한 순종을 위한 언약적 규칙. 오웬은 우리가 "율법 아래 있지 않다"는 바울의 말을 두 번째 의미로 이해했다. 즉 그것은 죄로부터의 자유를 가져다줄 수 없는 언약적 의미를 지닌 율법을 가리킨다. 오웬은 의와 거룩함의 기준을 확립하는 율법의 규범적인 용도를 결코 부인하지 않았다.

53 Owen, *Dominion of Sin and Grace*, in Works, 7:549.

54 Owen, *Dominion of Sin and Grace*, in Works, 7:550.

55 Owen, *Dominion of Sin and Grace*, in Works, 7:551.

중보 사역의 모든 유익을 받아 누린다."[56]

오웬은 마지막 장에서 어떻게 하나님의 은혜가 죄를 정복하고, 신자들에게 자유와 해방을 가져다주는지를 밝혔다. 독자들은 특별히 세 가지에 주목할 필요가 있다.

(1) 이 자유를 획득한 공로는 예수 그리스도의 죽음과 피다.

(2) 이 자유의 내적 유효인(有效因), 곧 우리 안에서 죄의 권세와 지배를 파괴하는 힘은 성령에게서 비롯한다.

(3) 이 자유의 도구인(道具因)은 죄를 멸하기 위한 신자들의 의무 이행이다.[57]

오웬은 이 세 가지 진술을 통해 성화와 거룩함에 관한 신학을 수립하는 데 없어서는 안 될 좌표를 설정했다. 그는 특히 《죄 죽임》이라는 책과[58] 《성령론》 제4권[59]에서 이 신학을 다루었다. 그는 교리와 의무, 진리와 실천을 결합해 어떻게 하나님의 거룩하게 하는 은혜가 그리스도의 십자가와 성령의 사역을 통해 우리에게 주어져 그리스도를 믿고, 성령을 의지함으로써 하나님께 대한 순종을 실천할 수 있는 능력을 제공하는지를 설명했다. 오웬은 51년 후에 작

---

56 Owen, *Dominion of Sin and Grace,* in *Works,* 7:551.

57 Owen, *Dominion of Sin and Grace,* in *Works,* 7:553 - 54.

58 Owen, *Of the Mortification of Sin in Believers,* in *Works,* 6:1 - 86.

59 Owen, Book 4 of *Pneumatologia: A Discourse Concerning the Holy Spirit,* in *Works,* 3:366 - 565. 또한 이 책의 6장을 보라.

시된 찰스 웨슬리(1707-1788)의 은혜로운 찬송가의 노랫말에 기꺼이 동의할 것이 틀림없다.

> 그분은 내 죄의 권세를 깨뜨리신다,
> 그분은 갇힌 자를 해방하신다;
> 그분의 피가 가장 추한 자도 깨끗하게 만들 수 있다,
> 그 분의 피로 정하게 되었다.[60]

---

60 Charles Wesley, "O For a Thousand Tongues to Sing," 1739.

성찰과 논의를 위한 질문

1. 당신의 영적 생활은 "냉혹한 율법주의와 냉랭한 형식주의의 위험이 도사리고 있는 얼어붙은 북쪽"과 "나태하고 관능적인 방종과 방탕의 위험이 도사리고 있는 질퍽질퍽한 남쪽" 중에서 어느 쪽으로 더 치우치는 경향이 있다고 생각하는가?

2. 값 없는 은혜(칭의)와 은혜가 가져다주는 자유(성화)의 차이를 당신 자신의 말로 설명해 보라. 칭의와 성화가 구별될 뿐, 결코 분리되지 않는 이유는 무엇인가?

3. 당신 자신의 삶을 살펴볼 때 죄의 지배를 나타내는 곤혹스러운 징후들이 발견되는가? 만일 그렇다면 믿음과 회개 안에서 지체하지 말고 그리스도께로 돌이키라.

Thriving in Grace

06
청교도들은 우리의 의지를 독려해 실천적인 거룩함을 추구하도록 이끈다

"성화와 거룩함은 특별히 복음의 교리, 진리, 은혜와 밀접하게 결합되어 있고, 오직 그것들을 통해서만 이루어질 수 있다. 그 이유는 복음을 우리의 영혼 안에 심고, 기록하고, 구현하는 것이 곧 거룩함이기 때문이다."—**존 오웬**[1]

18세기 뉴잉글랜드의 청교도 조나단 에드워즈는 자신의 《문집》에서 이렇게 말했다. "거룩함은 가장 아름답고, 사랑스러운 것이다. 우리는 어렸을 때부터 거룩함이 마치 우울하고, 침울하고, 유쾌하지 못한 것인 양, 그것을 이상한 개념으로 생각해 왔다. 그러나 거룩함 안에는 지극히 사랑스럽고, 감미로운 것만이 존재할 따름이다."[2]

---

1   John Owen, *Pneumatologia: A Discourse Concerning the Holy Spirit,* in *The Works of John Owen* (1850 – 1853; repr., Edinburgh: Banner of Truth, 1965 – 1968), 3:370 – 71.

2   Jonathan Edwards, *The Miscellanies: a–500,* Thomas A. Schafer, ed., *The Works of*

에드워즈의 말은 사람들이 성화와 거룩함에 관해 느끼는 혼란스러운 생각과 감정을 적절하게 포착하고 있다. 어떤 사람들은 거룩함을 침울하고, 완고한 종교적 태도와 결부시키고, 또 어떤 사람들은 "거룩한"이라는 말을 들으면 즉시 그리스도를 닮은 것이 아니라 바리새주의를 추구하는 듯 보이는 태도, 곧 "내가 너보다 더 거룩하다"라는 식으로 스스로를 의롭게 여기는 태도를 떠올린다.

그러나 에드워즈의 말이 옳다. 우리의 마음속에 잠복해 있는 "이상한 개념"에도 불구하고 참된 거룩함은 "지극히 사랑스럽고, 은혜롭다." 토머스 브룩스(1608-1680)는 "거룩함은 행복과 명칭만 다를 뿐 성격은 조금도 다르지 않다. 거룩함은 행복의 싹이고, 행복은 거룩함이 만개한 것이다. 행복은 거룩함의 정수(精髓)다."라고 말했다.[3] 이 인용문을 읽고서도 청교도주의를 "누군가가 어딘가에서 행복할까봐 노심초사하는 것"으로 생각하는 오해가 불식되지 않는다면[4] 그 무엇으로도 생각을 바르게 하기가 어려울 것이다.

청교도들은 거룩함의 필요성, 본질, 원천, 기본 틀, 수단 등 거룩함에 관해 많은 것을 가르쳤다.

Jonathan Edwards (New Haven, Conn.: Yale University Press, 1994), 13:163.

3   Thomas Brooks, *The Crown and Glory of Christianity,* or *Holiness the Only Way to Happiness,* in Alexander B. Grosart, ed., *The Works of Thomas Brooks* (Edinburgh: Banner of Truth, 2002), 4:37.

4   H. L. Mencken, *A Mencken Chrestomathy* (New York: Vintage Books, 1982), 624.

거룩함의 필요성

거룩함이 절대적으로 필요하다는 것이 청교도의 글에서 공통적으로 나타나는 주제다. 그들은 성화가 칭의의 필연적인 결과이자 천국에서 지복직관의 축복을 누리기 위한 전제 조건이라고 생각했다. 그들은 종종 "모든 사람과 더불어 화평함과 거룩함을 따르라 이것이 없이는 아무도 주를 보지 못하리라"(히 12:14)라는 말씀을 인용했다. 브룩스는 이 성경 말씀을 다룬 책에서 이렇게 가르쳤다. "참된 거룩함이 행복에 이르는 유일한 길이다. 세상에서 거룩하게 되지 못한 사람은 지복직관의 축복을 누릴 수 없고, 천국에서 하나님의 영광스러운 즐거움에 참여하지 못할 것이다."[5] 오웬도 "인간이 빠져들기 쉬운 생각 가운데 이 세상에서 정결하게 되고, 성결하게 되고, 거룩하게 되지 않은 사람이 나중에 하나님을 즐거워하는 축복의 상태에 들어갈 수 있다는 생각보다 더 어리석고, 해로운 생각은 없을 것이다."라고 말했다.[6]

청교도들은 성화의 필요성을 강조했을 뿐 아니라 복음의 진리, 곧 "경건에 관한 교훈"(딤전 6:3, 딛 1:1 참조)을 거룩함의 필요성을 뒷받침하는 근거로 삼았다. 그들은 율법폐기론을 논박하며 실천적인 거룩함과 하나님의 도덕법에 대한 순종의 필요성을 역설했고, 소시누스주의와 교황주의(로마 가톨릭교회)를 논박하며 거룩함이 하

---

5 Brooks, *Crown and Glory of Christianity*, in *Works*, 4:37.
6 Owen, *Pneumatologia*, in *Works*, 3:574.

나님의 주권적인 선택의 은혜, 그리스도의 대리 속죄, 믿음을 통해 그리스도의 의가 전가됨으로써 이루어지는 칭의, 회심과 중생을 일으키는 성령의 유효적 사역, 성도의 견인과 보존과 같은 복음적인 개혁파 교리의 필연적 결과라고 가르쳤다.[7] 오웬은 "성경은 이런 진리들을 참되고, 실질적인 거룩함의 근거로 삼는다. 따라서 이것들을 믿지 않거나 우리의 생각이 이것들에 영향을 받지 않으면 그 어떤 것도 거룩함으로 일컬어질 수 없다."라고 말했다.[8] 그는 《성령론》 제5권을 거룩함의 필요성을 다루는 데 할애했다. 그는 다섯 가지 각도(하나님의 본성, 영원한 선택, 하나님의 명령, 그리스도의 사역, 이 세상에서의 우리의 상태)에서 거룩함의 필요성을 주장했다.

오늘날의 교회는 율법폐기론의 바다에서 표류하고 있다. 빈껍데기만 남은 20세기 복음주의, 극단적 세대주의의 "값 없는 은혜"의 신학으로 인한 영향, 복음주의 이후의 진보적인 성경관의 도발로 인해 그리스도인을 자처하는 많은 사람들이 "너희는 거룩하라 이는 나 여호와 너의 하나님이 거룩함이니라"(레 11:44-45, 19:2, 20:7, 26, 21:8, 신 23:14, 벧전 1:15-16)라는 성경의 명령을 등한시하고 있다. 이런 공허한 상황 속에서 성경의 권위에 근거해 명확하고, 설득력 있게 실천을 호소하는 청교도들의 가르침은 큰 울림을 전하고 있다. 오웬은 "이 세상에서 우리가 이행해야 할 근본 의무는

---

7 특히 Owen, *Pneumatologia*, in *Works*, 3:566–651을 보라.
8 Owen, *Pneumatologia*, in *Works*, 3:567.

거룩한 것이 무엇이고, 실제로 그렇게 되는 것이 무엇인지를 아는 것이다."라고 말했다.[9] 이 말은 다음의 주제로 자연스레 이어진다.

거룩함의 본질

청교도들도 칼빈과 종교개혁자들처럼 칭의와 성화를 주의 깊게 구별했다. 칭의는 구원의 법정적(법률적) 측면과 관련이 있는 반면에 성화는 윤리적(도덕적) 측면과 관련이 있다. 칭의는 죄책과 죄의 형벌을 면제하고, 재판관이신 하나님 앞에서 우리의 법률적 신분을 "죄인"에서 "의인"으로 바꾸어 놓는다. 그와는 달리 성화는 죄의 권세와 오염을 극복하고, 죄의 지배를 단번에 무너뜨려 우리를 자유롭게 할 뿐 아니라 점진적으로 죄의 더러움을 정화함으로써 우리가 지닌 하나님의 형상을 새롭게 회복시킨다. 성화의 결정적인 측면과 점진적인 측면 모두 부정적인 차원과 긍정적인 차원을 내포한다.

청교도는 성화와 관련된 모든 것을 다루었다. 물론, 그들이 그것을 항상 한 번에 다 다룬 것은 아니다. 예를 들어, 그들의 책 가운데는 죄의 극복과 회개를 비롯해 심지어는 한 가지 특정한 죄를 다루면서 성화의 점진적이거나 부정적인 측면 가운데 하나에만 초점을 맞춘 것들이 많다. 대표적인 사례는 토머스 왓슨의《회개의 교리》및 죄의 극복과 유혹과 내주하는 죄를 다룬 존 오웬의 세 권

---

9   Owen, *Pneumatologia,* in *Works,* 3:370.

의 책을 통합한《죄와 유혹》이다.[10]

다른 책들도 경건과 거룩함의 긍정적인 측면 가운데 한두 가지를 강조한다. 여기에는 제레마이어 버러스의《기독교적 만족이라는 진귀한 보화(Rare Jewel of Christian Contentment)》를 비롯해 경건한 습관이나 하나님과 동행하는 삶의 태도를 배양하는 "방법"을 다룬 소책자들과 같이 믿음이나 사랑이나 만족과 같은 특정한 "은혜"나 미덕을 다룬 책들이 포함된다. 예를 들면, 리처드 로저스(1551-1618)의《경건한 삶을 돕는 거룩한 수단들(Holy Helps for a Godly Life)》, 헨리 스쿠더의《그리스도인의 매일의 삶(The Christian's Daily Walk)》, 루이스 베일리(1585-1652)의《경건의 실천(The Practice of Piety)》등이다. 이밖에도 다양하고, 광범위한 사례 연구를 토대로 유익한 조언을 제시하는 책들이 많다.[11] 그런 내용을 담고 있는 가장 유익하고 고무적인 책 가운데 하나는 성경적이고, 목회적인 차원에서 우울증을 다룬 윌리엄 브리지의《회복》이다.[12] 아울러, 최근에 재출판된 또 다른 두 권의 책을 소개하면 존 플라벨의《두려움의 극복(The Cure for Sinful Fear)》과 존 다우남(1571-1652)의《불의한 분노의 극복(The Cure

---

10 John Owen, *Overcoming Sin and Temptation*, ed. Kelly M. Kapic and Justin Taylor (Wheaton, Ill.: Crossway, 2015).

11 더 많은 정보를 위해서는, "Puritan Casuistry: An Interview with Tim Challies by Joel Beeke," https://banneroftruth.org/us/resources/articles/2014/puritan-casuistry/. Accessed October 31, 2019, and "Puritan Casuistry," in Joel R. Beeke and Mark Jones, *A Puritan Theology: Doctrine for Life* (Grand Rapids: Reformation Heritage Books, 2012), 927-45을 보라.

12 유혹에 관한 오웬의 논의, 만족에 관한 버러스의 논의, 침체에 관한 브리지의 논의는 10장을 참조하라.

for Unjust Anger)》이다.

한편, 청교도들은 칭의와 성화, 율법과 은혜, 믿음과 실천의 상관관계를 다룬 거룩함에 관한 책들을 저술하기도 했다. 가장 훌륭한 사례 가운데 하나는 월터 마샬(1628–1680)의 《성화의 복음적 신비(*The Gospel Mystery of Sanctification)*》이다. 이 책은 아래에서 좀 더 상세하게 다룰 생각이다. 청교도들의 책을 읽을 때는 그 책의 의도와 범위를 파악하는 것이 중요하다.

청교도들은 (1) 죄의 오염과 더러움으로부터 우리의 본성을 정화하는 것, (2) 하나님의 형상을 따라 전인(정신, 영혼, 육체)을 혁신하는 것, (3) 하나님의 도덕법을 통해 진술되고, 주 예수 그리스도의 거룩한 인격 안에서 예시된 하나님의 거룩한 성품을 닮아가는 것, (4) 성령의 능력으로 하나님께 순종하고, 개인 생활(생각, 감정, 욕구, 습관, 언행)과 가정 생활(남편과 아내와 부모와 자녀들의 상호 의무)과 공적 생활(교회 및 국가와의 관계)를 비롯한 삶의 모든 영역에서 경건을 실천하는 것으로 거룩함을 정의했다.

거의 모든 주제를 포괄적으로 다룬 것으로 유명한 존 오웬은 《성령론》 제4권에서 거룩함의 본질을 철저하게 분석했다. 그의 정의는 성경적, 신학적 범주(하나님과 그리스도와 성령과 언약에 관한 교리)라는 날줄과 실천 신학, 목회 신학(죄로부터의 정화, 영적 갱신, 하나님께 대한 복종)이라는 씨줄로 구성되었다. "성화는 신자들의 영혼에 미치는 성령의 직접적인 사역으로 죄의 오염과 불결함을 씻어내 그들의 본성을 깨끗하게 정화하고, 그들 안에서 하나님의 형상을 회복하며, 영적이고 습관적인 은혜의 원리를 작동시켜 예수 그리스도의 삶과 죽음의 효력을 통해 이룩된 새 언약의 취지와 조건에 따라 하나님께 순종할 수 있게 만든다."[13]

성화에 관한 오웬의 정의는 정화, 혁신, 그리스도를 닮음, 순종과 같은 다양한 개념을 포괄하고 있을 뿐 아니라 다음에 살펴볼 주제(거룩함의 원천)와도 자연스레 연결된다.

거룩함의 원천

주 예수 그리스도 안에 계시된 하나님의 구원 은혜는 복음을 통해 선포되고, 성령을 통해 적용되며, 믿음을 통해 받아 누릴 수 있다. 이 은혜야말로 모든 거룩함의 원천이다. 청교도들은 상황이나 주제에 따라 성화를 이루는 하나님의 은혜로운 사역의 다양한 측면들을 강조했지만 "성화는 하나님의 값 없는 은혜의 사역이다."라는 〈웨스트민스터 소교리문답〉의 진술에 한목소리로 동의했다.[14]

오웬은 복음이 성화에서 차지하는 역할에 특별한 관심을 기울였다. 그는 "성화와 거룩함은 특별히 복음의 교리, 진리, 은혜와 밀접하게 결합되어 있고, 오직 그것들을 통해서만 이루어질 수 있다. 그 이유는 거룩함이란 다름 아니라 복음을 우리의 영혼 안에 심고, 기록하고, 구현하는 것이기 때문이다."라고 말했다.[15] 이것

---

13 Owen, *Pneumatologia,* in *Works,* 3:386.
14 웨스트민스터 소요리문답 35문.
15 Owen, *Pneumatologia,* in *Works,* 3:370 – 71.

이 그가 "복음적인 거룩함(gospel holiness)" 같은 표현처럼[16] "복음"이라는 명사를 자주 형용사로 사용했던 이유다. 그는 "복음적인 진리(gospel truth)가 복음적인 거룩함이 자라나오는 유일한 뿌리다."라고 말했다.[17] 오웬에게 "복음적인 거룩함"이란 하나님의 은혜로운 선택의 목적, 그리스도께서 중보자로서 완성하신 사역, 구원받은 자들을 거듭나게 하고, 거룩하게 하고, 그들 안에 내주하시는 성령의 유효적 사역을 모두 포괄하는 은혜의 온전한 언약적 계획에 근거해 복음적인 관점에서 성화를 다룬다는 의미를 지녔다. 오웬은《성령론》에서 성화와 관련된 성령의 특별한 사역에 초점을 맞추었다. "성령께서는 모든 신자의 성화에 직접 개입하신다. 그분은 그들 안에서 이루어지는 모든 거룩함의 원천이시다."[18]

월터 마샬의 개인적인 고뇌와 의심을 통해 성화에 관한 가장 중요한 청교도 저서 가운데 하나가 탄생했다. 그는 거룩함과 구원의 확신의 문제를 해결하기 위해 오랫동안 영적 갈등에 시달려야 했다. 마샬은 거룩한 삶을 다룬 리처드 백스터의 책들을 많이 읽었지만 아무런 도움도 얻지 못했다. 그는 마침내 자기보다 스물여덟 살 연장자였던 토머스 굿윈에게 자신의 죄와 고민을 털어놓고 나서야 비로소 도움을 발견할 수 있었다. 굿윈은 마샬의 고백을 듣고 나서

---

16 예를 들어, John Owen, *The Nature of Apostasy from the Profession of the Gospel and the Punishment of Apostates Declared,* in *Works,* 7:162, 164, 166, 168, 170, 173 – 175, 177, 179, 181 – 182, 188, 192, 201, 226, 237, 239, 250, 256, 258을 보라.

17 Owen, *The Nature of Apostasy,* in *Works,* 7:188.

18 Owen, *Pneumatologia,* in *Works,* 3:385.

모든 죄 중에 가장 큰 죄인 불신앙을 고백하는 것을 잊었다고 지적했다. 마샬은 굿윈의 지도 아래 그리스도의 인격과 사역에 생각을 집중하기 시작했다. 그로 인해 그의 삶과 사역이 변화되었고, 그는 더욱 거룩하게 되어 양심의 참된 평화를 얻기에 이르렀다.

마샬은 그런 경험을 토대로 《성화의 복음적 신비》라는 책을 저술했다. 이 책은 그가 세상을 떠난 지 12년이 흐른 뒤에 출판되었다. 존 머레이(1898-1975) 교수는 이 책을 "지금까지 저술된 성화에 관한 책 중에 가장 중요한 책"으로 일컬었다.[19] 신자와 그리스도의 연합의 교리가 그 책의 요지였다. 그는 열네 가지 "지침"을 제시하면서 예수 그리스도께서 이루신 사역과 성령을 통해 그분과 나누는 교제로부터 복음적인 성화가 비롯한다고 주장했다. 신자는 거룩함을 추구해야 하고, 또 그 목적을 위해 모든 은혜의 수단을 활용해야 하지만, 거룩한 삶의 원천은 결코 다함이 없는 그리스도의 충만함에 있다.

우리의 영혼이 율법을 즉각 실천할 수 있도록 이끌어 주는 거룩한 기질과 성향이 그리스도의 충만함을 통해 이루어진다. 곧 우리를 위해 그리스도 안에 이미 준비되어 존재할 뿐 아니라 그분 안에 간직되어 있는 것을 통해 이루어진다. 이는 하나의 큰 신비가 아닐 수 없다. 그

---

19 Bruce H. McRae, "Introduction," in Walter Marshall, *The Gospel Mystery of Sanctification, A New Version, Put into English* (Eugene, Ore.: Wipf & Stock Publishers, 2005), 5.

리스도 안에서 이루어진 의가 우리에게 전가됨으로써 그 의를 통해 의롭다 하심을 받는 것처럼 그리스도 안에서 먼저 이루어지고, 완전하게 된 거룩한 기질과 능력이 우리에게 전가됨으로써 우리의 성화가 이루어진다…이것은 너무나도 큰 신비인지라 복음의 모든 빛에도 불구하고 우리는 우리 스스로 거룩한 기질을 새롭게 만들어내고, 그것이 우리 마음에서 스스로 형성되어 이룩되는 것처럼 생각할 때가 많다. 그런 이유로 진정으로 경건한데도 자신의 힘으로 부패한 본성을 죽여 없애고 거룩한 심령 상태를 이루기 위해 죄의 정욕을 다스리려고 노력하고, 마음에 경건을 추구하는 동기를 부여하려고 안간힘을 쓰고, 부싯돌에서 기름을 짜내기라도 하듯 선한 능력을 짜내려고 끈덕지게 노력하는 사람들이 많다. 그들은 그리스도께서 이룩하신 의를 통해 의롭다 하심을 받았을지라도 성화는 자신들의 노력으로 이룩해 내는 거룩함을 통해 이루어야 한다고 생각한다.[20]

마샬도 오랫동안 그런 식으로 율법적인 노력을 기울여 거룩함을 추구하는 것을 삶의 목표로 삼았던 것으로 보인다. 그런 노력이 지닌 문제점은 그것이 거듭난 심령의 "거룩한 기질"에서 비롯한 것이 아니라는 사실에 있다. 마샬은 다섯 번째 지침을 제시하면서 "새로운 상태에 참여하지 않고서, 곧 믿음을 통해 그리스도와 연합함으로써 그분과 교제를 나누지 않고서 자연 상태 그대로 머물러

---

20 Walter Marshall, *The Gospel Mystery of Sanctification* (Grand Rapids: Reformation Heritage Books, 1999), 27-28.

있는 한, 우리는 그 어떤 노력을 기울이더라도 참된 경건의 실천에 도달할 수 없다."고 말했다.[21]

그러나 이것은 자기 점검, 묵상, 기도와 같은 은혜의 수단을 전혀 활용할 필요가 없다는 의미와는 거리가 멀다. 마샬은 열세 번째 지침을 통해 그런 수단을 모두 활용하라고 권장했다. 그러나 그는 많은 사람이 은혜의 수단을 옳게 활용하는 법을 알지 못하는 것을 우려했다. "부지런히 큰 열정을 기울여 은혜의 수단을 활용하면서도 그것들을 올바로 활용하는 법을 몰라 그런 수단들이 가져다주는 유익을 누리지 못하고, 헛된 노력을 일삼을 뿐 아니라 그것들을 그릇 왜곡하는 탓에 멸망을 자초하는 사람들이 많다."[22]

이것이 마샬이 그리스도와 신자의 연합이라는 신비를 거룩한 삶의 첫 번째 원리이자 토대로 제시하며 성화의 문제를 다루려고 했던 이유다. 우리는 그리스도의 충만하심으로부터 "생명과 경건에 속한 모든 것"(벧후 1:3)을 받는다. 그리스도 안에 "지혜와 지식의 모든 보화가 감추어져 있다"(골 2:3). 거룩한 삶을 살기 위한 첫 단계는 우리의 사역이 아닌 그리스도의 사역이다. 이런 이유로 마샬은 "우리가 그리스도와 더불어 노력하는 이유는 우리 안에서 거룩한 기질을 만들어 내기 위해서가 아니라 이미 우리의 손에 주어진 그것을 받아들여 거룩한 삶을 실천하는 데 사용하기 위해서다. 우리

---

21 Marshall, *The Gospel Mystery of Sanctification*, 53.
22 Marshall, *The Gospel Mystery of Sanctification*, 186.

는 그리스도와의 교제를 통해 원래 그분 안에 있었던 거룩한 영적 기질을 물려받는다."라고 주장했다.[23]

이것이 신앙생활의 순서다. 은혜가 행위에 앞선다. 칭의가 먼저이고, 성화가 그다음이다. 믿음이 믿음의 열매에 선행한다. 마샬은 여덟 번째 지침에서 "온당한 순서에 따라 마음과 삶의 거룩함을 추구하라. 하나님이 정하신 대로 그리스도와 연합한 후에 칭의와 성령의 선물이 주어진다. 그런 순서대로 믿음으로 구원의 필수 요소인 거룩함을 진지하게 추구해야 한다."라고 말했다.[24]

거룩함의 기본 틀

예수 그리스도의 죽음과 부활을 통해 그분과 연합한 신자의 상태가 거룩함을 이루는 주형, 곧 기본 틀을 이룬다. 로마서 6장 5-9절에 근거한 이 기본 틀이 〈웨스트민스터 소교리문답〉 제35문에 잘 명시되어 있다. "성화는 하나님의 값 없는 은혜의 사역이다. 우리는 그것을 통해 하나님의 형상을 따라 전인이 새롭게 되며, 갈수록 죄에 대해서는 더 많이 죽고 의에 대해서는 더 많이 살 수 있게 된다." 새뮤얼 러더포드의 교리문답도 표현은 약간 다르지만 똑같은 내용을 가르치고 있다. "문 : 성화의 요소는 무엇인가? 답 : 돌같이 굳은 마음을 제거하고, 죄를 죽여 없애고. 사랑과 의를 실천

---

23 Marshall, *The Gospel Mystery of Sanctification*, 28.
24 Marshall, *The Gospel Mystery of Sanctification*, 96.

하도록 독려하는 것이다(겔 36:26, 27)."[25] 죄에 대해서는 죽고, 의에
대해서는 사는 것을 통해 그리스도의 죽음과 부활 안에서 그분과
하나로 연합된 것을 실천적으로 적용하는 것, 그것이 바로 복음적
인 거룩함의 기본 틀이다.

많은 사람이 알고 있다시피 존 오웬은 죄를 죽여 없애는 것에 관
한 책을 썼다. 그는 그 책에서 "죄를 죽이는가? 그렇게 하려고 날
마다 힘쓰는가? 사는 동안 항상 그래야 한다. 그 일을 단 하루도 중
단해서는 안 된다. 죄를 죽이지 않으면 죄가 우리를 죽일 것이다."
라고 말했다.[26] 오웬의 책은 그의 《전집》에서 불과 86쪽에 불과할
만큼 분량이 적지만 마음과 영혼을 철저하게 살피고, 점검해야 할
필요성을 강력하게 일깨운다. 그러나 오웬은 마샬이 크게 우려했
던 위험에 빠져들지 않았다. 그는 죄를 죽이는 것이 오직 참 신자
만이 감당할 수 있는 사역이라고 강조했다. 그는 "신자가 아니면,
즉 그리스도께 진정으로 접붙임이 된 사람이 아니면 단 한 가지의
죄도 죽일 수 없다."고 말했다.[27]

더욱이 오웬은 "우리가 죄를 죽여 없애는 것은 모두 그리스도의
선물이다. 그리스도의 선물은 모두 그분의 영을 통해 우리에게 주
어지고, 전달된다."고 분명하게 밝혔다.[28] 따라서 성령과 무관하게

---

25 Samuel Rutherford, *Rutherford's Catechism: Containing the Sum of Christian Religion*
    (Edinburgh: Blue Banner Productions, 1998), 56.
26 Owen, *Of the Mortification of Sin in Believers*, in *Works*, 6:9.
27 Owen, *Of the Mortification of Sin*, in *Works*, 6:33.
28 Owen, *Of the Mortification of Sin*, in *Works*, 6:19.

죄를 죽여 없애려고 하는 것은 어리석음의 극치가 아닐 수 없다. "자기 의를 추구할 목적으로 스스로가 고안한 방식에 따라 혼자의 힘으로 죄를 죽여 없애려고 하는 것이야말로 세상에 있는 모든 거짓 종교의 실체이자 본질이다."[29] 그렇다면 성령께서는 어떻게 신자들에게 죄를 죽여 없앨 능력을 허락하실까? "성령께서는 죄인이 믿음으로 그리스도의 십자가를 마음속에 받아들이게 하고, 그리스도의 고난과 죽음에 참여해 그분과 교제하고, 교통하도록 인도하신다."[30] 오웬은 이렇게 권고했다.

믿음으로 그리스도를 의지함으로써 죄를 죽여 없애라. 그분의 보혈은 죄의 병에 걸린 영혼을 치유하는 특효약이다. 이것으로 살아나면 정복자가 되어 죽을 것이다. 하나님의 선한 섭리를 통해 자신의 정욕이 발아래 죽어 널브러져 있는 것을 보게 될 것이다…특별히 그리스도의 죽음과 보혈과 십자가, 곧 십자가에 못 박혀 죽으신 그리스도를 믿음으로 굳게 의지하라. 죄를 죽여 없애는 힘이 그리스도의 죽음에서 비롯한다…복음이 증언하는 대로 우리를 위해 십자가에 못 박혀 죽으신 그리스도를 믿음으로 바라보라. 우리가 지은 죄의 무게를 짊어지고, 피를 흘리며 기도하며 죽어가신 분을 바라보라. 그런 고난을 받으신 그분을 믿음으로 마음속에 받아들이고, 그분이 흘리신 피를 부패한

---

29 Owen, *Of the Mortification of Sin,* in *Works,* 6:7.
30 Owen, *Of the Mortification of Sin,* in *Works,* 6:19.

본성에 적용하라. 이 일을 하루도 쉬지 말고 계속하라.[31]

죄를 죽여 없애는 것 외에 성화의 필수 요소가 하나 더 있다. 그것은 바로 의에 대해 살아나는 것이다. 우리는 죄에 대해 죽어야 할 뿐 아니라 의에 대해 살아나야 한다. 우리는 새로운 삶을 살기 위해 그리스도와 함께 살리심을 받았다. 오웬은 이를 "신자의 성화와 관련된 성령의 긍정적인 사역"으로 간주했다.[32] 그는 여기에서도 신자들의 마음속에서 이루어지는 성령의 효과적인 사역에 근거해 거룩함을 추구하라고 권고했다. 예를 들어, 오웬은 "복음적인 성화와 거룩함을 선언하고 옹호하면서" 다음과 같이 두 가지 주장을 제시했다.

1) 하나님의 성령을 통해 모든 신자의 생각과 영혼 속에 하나님의 초자연적인 원리, 즉 은혜와 거룩함의 습관이 자리를 잡아 보존되고 있다. 신자들은 그로 인해 하나님을 위해 살 수 있는 능력을 얻어 그분이 은혜 언약 안에서 그리스도를 통해 요구하고, 받으시는 순종의 의무를 이행하게 된다. 이 습관은 자연적인 습관, 곧 그 어떤 지성적, 도덕적 수단을 통해 획득했거나 향상시킨 습관과는 본질적으로 명확하게 구별된다.

2) 사랑과 믿음을 통해 내적으로나 외적으로 거룩한 순종의 행위가 이

---

31   Owen, *Of the Mortification of Sin,* in *Works,* 6:79, 83, 85.
32   Owen, *Pneumatologia,* in *Works,* 3:468.

루어질 때마다, 곧 우리의 오성과 의지와 감정을 통해 하나님 앞에서 모든 순종의 의무가 실천될 때마다 은혜로 말미암는 성령의 직접적인 사역이나 유효적 활동이 필요하다.[33]

오웬은 이런 토대를 구축하고 나서 우리에게 요구되는 세 가지 의무를 설명했다.

1) 우리는 "우리의 마음속에 있는 성령의 거룩하게 하는 사역의 원리와 영적 생활의 습관을 잘 보존하기 위해서 모든 은혜의 수단들을 주의를 기울여 부지런히 활용해야 한다."
2) 우리는 "이 세상에서 부패한 정욕과 감정을 죽이고, 거룩함과 의로움과 사랑과 경건의 의무를 이행함으로써 열매를 맺어 그런 원리를 구체적으로 나타내야 한다."
3) 우리는 "우리가 받은 모든 것에 대해 감사하는 마음을 가져야 한다."[34]

거룩함의 수단

이런 논의는 마지막으로 거룩함의 수단으로 이어진다.[35] 청교도

---

33 Owen, *Pneumatologia, in Works*, 3:472.
34 Owen, *Pneumatologia, in Works*, 3:482.
35 이 섹션의 여러 부분은 리처드 로저스의 책, *Holy Helps for a Godly Life* (Grand Rapids: Reformation Heritage Books, 2018), vii–xxiv에 대한 브라이언 헤지스의 서문에서 따온 것이다.

들은 성화의 교리의 구성요소는 물론, 거룩함을 증진하는 수단에 관해서도 많은 책을 썼다.

그 가운데 한 사람은 리처드 로저스다. 그는 《일곱 가지 권면》의 세 번째 권면을 "경건한 삶을 도와 주고, 계속 유지해 주는 수단들"을 다루는 데 할애했다.[36] 존스턴(1927-1985)이 말한 대로 로저스의 책은 매우 중요하다. 그 이유는 그가 성경적인 은혜의 수단에 해당하는 묵상의 본질과 목적을 명쾌하게 설명한 최초의 인물로 보이기 때문이다.[37] 사실, 로저스는 은혜의 수단을 체계적으로 일관성 있게 다룬 최초의 청교도였다. 칼빈과 다른 종교개혁자들도 기도와 성례에 대해 많은 글을 남겼고, 경건한 습관을 독려하는 내용이 윌리엄 퍼킨스(1558-1602)와 리처드 그린햄(1535-1594)과 같은 사람들의 설교와 책에 산재해 있지만, 공적, 사적 은혜의 수단을 낱낱이 다루어 경건함을 추구하는 그리스도인들을 유익하게 한 최초의 개신교 신자는 바로 로저스였다.

로저스는 서론에서 "신앙생활은 은혜의 수단들을 통해 유지되고 계속된다. 신앙생활을 하는 사람은 누구나 이런 수단들을 올바로 사용하는 방법을 알아야 한다. 그 이유는 신앙생활을 방해하는 심각한 장애와 어려움이 많기 때문이다. 따라서 이런 수단들이나 방편들에 관해 내가 이해한 것을 전하는 것이 매우 적절해 보인

---

36 Richard Rogers, *Seven Treatises* (London: Felix Kynston, for Thomas Man, 1616) from "The Sum of all the Seven Treatises, and the contents of every chapter in them," 35.

37 O. R. Johnston, "The Means of Grace in Puritan Theology," *The Evangelical Quarterly* 25, no. 4 (1953): 202–23.

다…신앙생활은 은혜의 수단들이 없으면 시작될 수도, 또 성장해 나갈 수도 없다."라고 말했다.[38]

로저스는 그런 수단들과 방편들을 정의하면서 "하나님이 자기 백성이 경건한 삶을 유지하며 성장을 이루도록 돕기 위해 정하신 수단들은 그리스도인들을 도와 경건한 삶을 실천할 능력을 갖추게 하는 영적 훈련에 해당한다."고 말했다.[39] 그는 이런 수단들을 일반적인 것들과 특별한 것들, 공적인 것들과 사적인 것들로 나누었다. 공적이며 일반적인 수단들에는 설교, 성례, 공기도, 시편 찬송 부르기가 포함되고, 사적이며 일반적인 수단들에는 깨어 경성하기, 묵상, 영적 갑주 입기, 개인적인 영적 경험 성찰하기, 다른 신자들이나 가족들과 나누는 경건한 대화, 개인 기도, 성경과 경건 서적 읽기 등의 일곱 가지가 포함된다. 그러고 나서 로저스는 마지막으로 진지한 감사와 금식이라는 두 가지 특별한 수단을 언급했다.

윌리엄 홀러(1885-1974)는 "(로저스의 책은) 영국 칼빈주의자들의 행위 규범, 또는 좀 더 폭넓게 말하면 영적, 도덕적 삶에 관한 청교도의 개념을 상세하게 설명한 최초의 책이다. 그의 책은 그 자체로 아무리 과장해도 지나치지 않을 정도의 영향력과 범위를 갖춘 새로운 분야를 개척했다."라고 평가했다.[40]

---

38 Rogers, *Holy Helps for a Godly Life*, 1.
39 Rogers, *Holy Helps for a Godly Life*, 2.
40 William Haller, *The Rise of Puritanism* (New York: Columbia University Press, 1938), 36.

그 후 100년에 걸쳐 실천적 관점에서 거룩함을 다룬 수십 권의 책이 세상에 모습을 드러냈다. 그 가운데 특별히 눈에 띄는 책이 몇 권 있다. 그 가운데 하나는 토머스 왓슨의 《천국을 침노하라》이다. 이 책은 "그리스도인들이 격렬한 열정으로 영광을 추구해야 한다."고 강조한다.[41] 왓슨은 천국을 추구하는 그리스도인이 어떻게 격렬한 열정으로 자기 자신과 사탄과 세상을 공격해야 하는지를 설명하면서 한 장을 온전히 할애해 말씀 읽기, 말씀 듣기, 기도, 묵상, 자기 점검, 주일 성수, 다른 신자들과의 거룩한 대화를 그 방법으로 제시했다.

또 하나의 유익한 책은 헨리 스쿠더의 《거룩한 평화와 안전함 속에서 매일의 삶을 살아가는 그리스도인(The Christian's Daily Walk in Holy Peace and Security)》이다. 이 책은 젊은 오웬에게 강한 인상을 심어 주었다. 스쿠더는 하나님과 동행하는 삶의 중요성에 대해 논하면서 하나님과 하루를 시작하고, 온종일 그분과 동행하고, 혼자 있을 때나 다른 사람들과 함께 있을 때 그분과 교통하고, 역경과 번영 속에서 그분을 의지하는 방법을 구체적으로 제시했다.

청교도들이 그리스도와의 연합과 은혜를 강조한 이유는 신자들이 율법주의에 치우쳐 자기의 의를 추구하는 잘못을 저지르지 않게 하기 위해서였고, 그들이 거룩함을 증진하는 수단을 강조한 이

---

41 Thomas Watson, *Heaven Taken by Storm: Showing the Holy Violence a Christian Is to Put Forth in the Pursuit After Glory* (Grand Rapids: Reformation Heritage Books, 1992).

유는 신앙생활에 있어 수동성의 함정에 빠지지 않게 하기 위해서였다. 그리스도와의 연합과 내주하시는 성령의 능력이 없이는 거룩해질 수 없다. 그러나 성령께서는 은혜의 수단들, 특히 말씀과 기도를 통해 역사하신다. 거룩함을 추구하려면 주님을 충실하게 의지하면서 적극적인 태도로 그분의 말씀을 활용하며 말씀에 순종해야 한다. 오웬은 "성령의 역사가 일어날 수 있는 적절한 조건이 갖추어져야만 그분이 우리 안에서, 또한 우리에게 역사하실 수 있다. 이는 우리의 자유를 보존하고, 자발적인 순종이 이루어지게 하기 위해서다. 성령께서는 우리의 지성과 의지와 양심과 감정의 상태에 적합하게 역사하신다. 그분은 우리를 거스르거나 우리를 배제하지 않고, 우리 안에서, 우리와 함께 역사하신다. 그분의 도우심은 그 일을 촉진하기 위한 격려일 뿐, 그 일을 소홀히 하기 위한 빌미가 될 수 없다."라고 적절하게 말했다.[42]

마지막으로 이번 장을 마무리하면서 당신이 하나님과 어떻게 동행하고 있는지를 점검해 보라고 권하고 싶다. 당신은 거룩함을 추구하는가? 당신은 그리스도의 죽음과 부활이 의미하는 복음의 진리를 실천하는가? 당신은 거룩한 열정으로 자신의 죄와 세상과 육신과 마귀를 사정없이 공격하는가? 당신은 경건하고, 거룩한 삶을 살도록 도와주는 경건의 수단을 활용하는 법을 알고 있는가? 당신은 믿음과 성령의 내주하심을 통해 그리스도와 연합한 상태인

---

42 Owen, *Of the Mortification of Sin,* in *Works,* 6:20.

가(이것이 가장 중요하다)? 천성을 향하는 순례의 길에서 어느 지점을 통과하고 있든 간에 청교도들을 여행의 동반자이자 믿음의 선한 싸움을 싸우며 거룩함을 추구하는 과정을 함께 헤쳐나갈 동료로 삼기 바란다.

성찰과 논의를 위한 질문

1. 거룩함을 추구하는 것은 신앙생활의 중요한 측면 가운데 하나다. 당신은 이 일과 관련하여 "이상한 개념"이나 그릇된 오해에 사로잡힌 적이 있었는가? 이번 장을 통해 당신은 거룩함에 관한 이해가 어떻게 교정되었고, 또 어떻게 더 발전했는가?

2. 거룩함을 추구하는 것과 그리스도와의 연합은 어떤 관계가 있는가? 그리스도와 성령을 의지하지 않고 거룩함을 추구하려는 노력이 실패할 수밖에 없는 이유는 무엇인가?

3. "은혜의 수단들"을 강조한 청교도의 가르침은 어떻게 수동적인 태도에서 벗어나도록 도와주는가? 당신은 그리스도를 의지하며 은혜의 수단을 충실하게 활용하고 있는가?

Thriving in Grace

07
청교도들은
세상과 육신과 마귀와의 전투를 위해 성도들을 구비시킨다

"영적 싸움을 할 때는 방어용 무기만이 아니라 공격용 무기가 필요하다. 다시 말해 믿음의 방패는 물론, 죄를 파괴하고, 죽여 없애고, 유혹을 물리치고, 사탄을 도망치게 만드는 성령의 검이 필요하다."-**토머스 맨튼**[1]

참 신자들은 불신자들이 전혀 알지 못하는 평화를 누린다. 그들은 또한 불신자들이 경험하지 못하는 방식으로 전쟁을 치른다. 신자들은 객관적인 차원에서 하나님과의 화평을 소유한다 "그러므로 우리가 믿음으로 의롭다 하심을 받았으니 우리 주 예수 그리스도로 말미암아 하나님과 화평을 누리자"(롬 5:1). 아울러, 성도들은 주관적인 차원에서 그들 안에 하나님의 평화를 소유한다. 이것은 그

---

1   Thomas Manton, *Sermons Upon the CXIX. Psalm* in *The Complete Works of Thomas Manton* (London: James Nisbet, 1871), 8:62.

리스도 예수를 통해 그들의 마음과 생각을 지켜준다(빌 4:7). 평화가 있다고 해서 전쟁이 없다는 의미는 아니다. 그것은 전쟁의 와중에서 누리는 평화다. 하나님과의 평화는 곧 그분의 원수들과의 전쟁을 의미한다.

이 전쟁은 객관적 현실이다. 신자는 날마다 세상과 마귀에 맞서 싸운다. 그러나 이것은 또한 주관적 현실, 곧 육신과 벌이는 주관적(내적) 싸움이기도 하다. 그리스도께서는 자기 백성이 이 싸움에서 "넉넉히 이기도록" 도와주시지만(롬 8:37), 우리는 종종 죄라는 머리 셋 달린 괴물과 싸우면서 흠씬 두들겨 맞아 온통 상처를 입고 기진맥진한 상태에 이를 때가 많다. 우리는 날마다 이 괴물의 엄청난 힘에 맞서 싸워야 한다. 그것은 유한한 육신으로는 물리치기가 도저히 불가능하다. 따라서 하나님의 능력을 의지해야 한다. 그분의 능력은 우리의 연약함 속에서 온전해진다(고후 12:9). 우리는 하나님이 이 싸움에서(단지 작은 전투만이 아니라 모든 전쟁에서) 승리를 허락하겠다고 약속하셨다는 사실을 기억하고 희망을 잃지 말아야 한다.

기쁨과 평화, 전투와 전쟁이 우리의 의식 속에서 시시각각 변동하며 순간순간 달라진다. 믿음의 경주를 달려가는 동안 영적 싸움이 계속된다. 그리스도인으로 살아간다는 것은 곧 전쟁을 치르는 것이다. 신자는 거룩해지려는 열망과는 달리 이런저런 유혹에 굴복할 때마다 큰 슬픔을 느끼게 된다. 그럴 때면 신자는 바울처럼 "내가 원하는 것은 행하지 아니하고 도리어 미워하는 것을 행함이라"(롬 7:15)라고 탄식하며 "오호라 나는 곤고한 사람이로다"(롬 7:24)라고 부르짖지 않을 수 없다. 죄와 싸우는 삶은 진정 고달프기 짝이 없다.

존 번연은 이를 "맨소울 성"에서 일어나는 거룩한 전쟁으로 일컬었다. 싸움은 성의 문을 중심으로 이루어진다. 사탄은 신자를 실족하게 하려고 눈이라는 문과 귀라는 문을 통해 유혹과 죄의 군대를 이끌고 들어온다.[2] 청교도들은 영적 전쟁이라는 주제에 큰 관심을 기울였다. 그들은 싸움에서 승리할 수 있도록 신자들을 무장시켜야 할 필요성을 절감했다. 이번 장에서는 그들이 어떻게 우리를 무장시켜 세상과 육신과 마귀를 대적할 수 있게 도와주는지를 잠시 살펴볼 생각이다.

세상과의 싸움

어떤 점에서 그리스도 안에 있는 참 신자는 이미 믿음으로 세상을 이겼다고 할 수 있다. 요한일서 5장 4절은 "무릇 하나님께로부터 난 자마다 세상을 이기느니라 세상을 이기는 승리는 이것이니 우리의 믿음이니라"라고 말한다. 그러나 성경은 또한 충실한 인내로 세상을 이기려고 노력함으로써 은혜 안에서 성장하라고 명령한다(계 2:7, 17; 3:12, 21). 참된 믿음은 끝까지 인내하고, 견딜 것이 틀림없다(벧전 1:5). 참된 믿음은 마땅히 그래야 한다(마 24:13). 약속은

---

2   John Bunyan, *The Holy War* (Ross-shire, Scotland: Christian Focus, 1993), 21.

확실하지만 그렇다고 우리의 책임이 면제되지는 않는다. 이 싸움을 하는 동안 "세속에 물들지 않도록" 우리 자신을 지키라는 명령이 주어졌다(약 1:27).

기독교적 삶은 두 끝단 사이의 중간 길이 아니라 절벽 사이의 좁은 길이다(마 7:13-14). 그 길을 가려면 자기를 부인하고 믿음으로 살아야 하며(눅 9:23), 적대적인 세상의 한복판에서 거룩한 싸움을 해야 한다(고후 10:4). 세상을 사랑하든 성부 하나님을 사랑하든 둘 중 하나다(요일 2:15). 이 두 사랑은 상호 배타적이다. 세상은 우리에 대한 공격을 잠시도 멈추지 않고, 온갖 유혹으로 우리를 미혹하고, 갖가지 박해로 우리를 핍박할 것이다.

세상을 이기는 법을 알고 싶다면 윌리엄 그린힐(1598-1671)의 《세상을 사랑하지 말라》보다 더 좋은 지침서를 찾기는 어려울 것이다.[3] 그린힐은 요한일서 2장 15절을 본문으로 세상과 그것을 사랑하는 것이 무슨 의미인지를 이렇게 정의했다. "세상을 사랑하지 말라"는 것은 "세상의 것들, 세상의 관습과 유행, 세상의 화려함과 허식과 영광과 명예를 사랑하지 말라"는 뜻이다.[4]

그렇다면 요한일서 2장 15절의 "사랑"은 무슨 의미일까? 세상을 사랑하지 않는다는 것은 어떤 의미일까? 그린힐은 열 가지 설명을 제시했다. 세상을 사랑한다는 것은 (1) 세상을 높이 존중하며 그리

---

3   William Greenhill, *Stop Loving the World* (Grand Rapids: Reformation Heritage Books, 2011).

4   Greenhill, *Stop Loving the World*, 5.

스도의 부르심보다 그것을 더 중요하고, 존귀하게 여기는 것이다. (2) 오직 세상만을 생각하는 것이다. ("사람은 자신이 사랑하는 것을 많이 생각하기 마련이다"). (3) 세상을 향한 강한 욕망을 갖는 것이다. (4) 세상에 마음과 애정(affections)을 집중하는 것이다. (5) "세상의 것에 우리가 가진 힘의 대부분을 쏟아 넣는 것이다." (6) "세상의 것을 얻을 기회를 찾기 위해 모든 주의를 집중하는 것이다."(예를 들면, 재물을 우리의 보화로 삼으려는 태도). (7) 주일 예배와 같은 하나님의 규례는 귀찮게 여기면서도 세상을 위해서라면 어떤 어려움도 기꺼이 감내하려는 것이다. (8) 항상 세속적인 말을 하면서 세상에 대한 애착심을 드러내는 것이다. (9) 재산이나 명예나 세상의 특권과 같은 속된 것들을 잃었을 때 심히 슬퍼하는 것이다. (10) 부자가 되어 세상의 풍요로움을 마음껏 누리는 것을 삶의 최우선 목표로 삼는 것이다.[5]

그린힐은 세상을 사랑해서는 안 되지만 그렇다고 해서 "세상을 완전히 도외시하고, 그것과 아무런 관계도 맺지 않을 수는" 없는 노릇이라고 말했다. 그는 "세상과 합법적인 관계를 맺어야 한다"고 말했다.[6] 하나님의 행사는 존귀하고, "이를 즐거워하는 자들이 다 기린다"(시 111:2).[7] 일반 계시를 살펴보면 하나님에 관한 진리를 알 수 있고, 그분의 위대하심에 놀라게 된다. 우리는 또한 기도로 "세상의 것," 곧 육체의 생명을 유지하는 데 필요한 것을 구해야 하

5   Greenhill, *Stop Loving the World*, 3–14.
6   Greenhill, *Stop Loving the World*, 29.
7   Greenhill, *Stop Loving the World*, 29.

고,[8] 노동이나 결혼과 같은 소명을 추구해야 한다.[9] 마지막으로 우리는 고린도전서 7장 31절의 말씀대로 "세상의 것을 남용하지 말고 적절하게 사용하는" 사람이 되어야 한다.[10] 그리스도인들은 헛되고, 일시적인 세상의 것을 초월하는 하늘의 거룩한 소명을 추구해야 한다.[11]

그린힐은 세상의 것을 남용하지 않고 적절하게 사용하는 법에 관한 실천적인 지혜를 제공했다. 그의 조언은 모두 여섯 가지다.

1) "모든 것을 하나님이 그것을 만드신 목적에 맞게 사용하라." 잠언 16장 4절은 "여호와께서 온갖 것을 그 쓰임에 적당하게 지으셨나니"라고 말한다. 우리는 우리의 육체든 감정이든 재물이든 창조된 모든 것을 하나님의 영예와 영광을 위해 사용해야 한다.[12]

2) "세상에서 살면서 하나님과 동행하고, 그분이 주신 소명을 기꺼이 이행하라." 우리는 에녹처럼 하나님과 동행해야 하고, 우리의 주님을 극진히 섬겨야 할 분으로 여겨 주어진 소명을 충실히 이행하며, 세상보다는 하늘을 늘 생각하며 살아야 한다.[13]

3) "세상의 것을 사용해 우리 자신과 다른 사람들을 영적으로 유익하

---

8   Greenhill, *Stop Loving the World*, 31.
9   Greenhill, *Stop Loving the World*, 32.
10 Greenhill, *Stop Loving the World*, 33.
11 Greenhill, *Stop Loving the World*, 15.
12 Greenhill, *Stop Loving the World*, 33.
13 Greenhill, *Stop Loving the World*, 34.

게 하라." 예를 들면, 사사로운 유익을 얻기 위해 다른 사람들을 짓 밟지 말고, 불의한 재물로 친구를 사귀라.[14]

4) "세상의 것에는 관심을 조금만 기울이고, 하나님의 일과 나의 영혼을 위한 일을 중시하라." 일시적인 것이 아닌 영원한 것을 쌓으려고 노력하라.[15]

5) "세상의 것은 적당히 사용하고, 당신의 애정을 계속 점검하라." 세상의 것을 향하는 욕구와 애정을 성부 하나님을 사랑하는 마음으로 적당하게 다스리고 점검해야 한다.[16]

6) "세상에서 우리에게 주어진 것에 대해 하나님께 기뻐하며 보고를 드리라." 하나님은 각 사람에게 각자의 분깃을 나누어주신다. 우리는 마지막 날에 기뻐하며 하나님께 결산 보고를 할 수 있도록 우리의 분깃을 선한 청지기의 원리에 따라 잘 사용해야 한다.[17]

위의 목록은 개인적인 영적 상태를 점검하는 데 매우 유익하다. 스스로에게 "세상을 향한 나의 심적 성향이 이 여섯 가지 지침에 잘 부합하는가?"라고 물어 보라.

그린힐은 책의 나머지 부분에서 세상의 것을 부당하게 사랑하지 않고 온당하게 사랑하는 법에 대해 조언하면서, 세상을 사랑하

---

14 Greenhill, *Stop Loving the World*, 34 – 35.

15 Greenhill, *Stop Loving the World*, 35.

16 Greenhill, *Stop Loving the World*, 35 – 36.

17 Greenhill, *Stop Loving the World*, 36.

는 마음을 끊어 버리고, 하나님에게 속한 것들에 마음을 두라고 권고했다. 또한 그는 세상을 사랑하는 마음을 버리고 하나님의 영광을 추구해야 하는 이유를 제시했고, 마지막에는 하나님에 대한 사랑을 세상을 향한 과도한 애정을 대체할 가장 뛰어난 감정으로 높이 칭송했다. "하나님을 더 많이 사랑할수록 우리의 마음은 세상으로부터 더욱 멀어질 것이다…하나님의 아름다우심을 바라보라. 하나님의 탁월하심은 인간의 영혼을 황홀하게 해 그분께로 가까이 끌어당긴다."[18]

청교도의 글들을 읽고, 그것을 믿음과 거룩함을 독려하는 방편으로 삼아 실천하라고 권고하고 싶다. 그들의 책을 의도를 가지고 기도하고 묵상하면서 천천히 읽는 법을 습득하라. 그러면 큰 유익을 얻을 수 있을 것이다. 예를 들어, 그린힐의 열 가지 지침을 자기 점검의 수단으로 활용할 수 있다. 기도하는 마음으로 그것들을 곰곰이 생각하면서 세상을 향한 무절제한 욕망이 당신의 내면에 도사리고 있지는 않은지 점검하라. 그것들을 활용해 스스로의 부족함을 찾아내고, 성령을 통해 마음속에 하나님의 사랑을 더욱 풍성하게 부어 주시길 기도하라(롬 5;5).

청교도들이 우리에게 실천적이며, 경험적인 경건을 가르칠 수 있는 이유는 자신들이 깨달은 진리를 명쾌하게 설명하면서, 거룩함을 추구하는 데 도움이 되는 많은 실천적인 방법들을 제시하고

---

18 Greenhill, *Stop Loving the World*, 72–73.

있기 때문이다. 성경은 "거룩함을 따르라 이것이 없이는 아무도 주를 보지 못하리라"(히 12:14)라고 말씀한다. 세상과 싸우려면 제레마이어 버러스의 《세상에 속하지 말라》나 《모세의 자기 부정》과 같은 책들도 함께 읽는 것이 좋다.[19] 청교도를 삶의 동반자로 삼고, 내세를 향한 여행길을 가는 동안 그들과 교제를 나누어라. 스스로가 직접 겪은 깊은 고민과 갈등을 토대로 말씀을 전했던 그들은 신병들이 세상이라는 전쟁터를 승승장구하며 잘 헤쳐나갈 수 있도록 그들이 겪게 될 여러 가지 일을 꼼꼼하게 잘 가르쳐줄 전투 경험 많은 백전노장과도 같다.

육신과의 싸움

바울은 로마서 7장 14-23절에서 자신의 영혼 가장 깊숙한 곳으로 우리를 인도해 들인다. 그 내면 깊은 곳에서는 성령과 육신, 즉 위대한 사도의 마음속에 거하는 서로 반대되는 두 가지 원리(새로운 본성과 옛 본성의 잔재)가 끊임없이 싸움을 벌이고 있다. 그는 22-23절에서 "내 속사람으로는 하나님의 법을 즐거워하되 내 지체 곳에

---

19 Jeremiah Burroughs, *A Treatise on Earthly-Mindedness* (1649; repr., Grand Rapids: Soli Deo Gloria, 2013); *Moses' Self-Denial* (1641; repr., Grand Rapids: Soli Deo Gloria, 2010). 버러스의 책은 다른 많은 청교도의 책에 비해 읽기가 비교적 수월하다. 그의 설교는 "평이한" 형태의 청교도적 설교가 무엇인지를 보여주는 대표적인 사례이고, 그의 책은 대부분 평범한 신자들에게 전한 설교를 활자로 인쇄한 것이다. 많은 사람이 알고 있는 그의 《기독교적 만족이라는 진귀한 보화》는 주님 안에서 만족을 누린다는 것이 무슨 의미인지를 다룬 뛰어난 책이다(이것은 오늘날 절실히 필요한 주제가 아닐 수 없다). 그의 다른 책들도 실천적이고, 읽기 쉽기는 마찬가지다. 그것들 안에는 거룩함을 추구하는 데 도움이 되는 경험적인 신학이 가득 담겨 있다.

서 한 다른 법이 내 마음의 법과 싸워 내 지체 속에 있는 죄의 법으로 나를 사로잡는 것을 보는도다"라고 말했다.

바울 사도는 두 가지 법, 곧 하나님의 법과 죄의 법을 언급했다. 십계명에 요약된 하나님의 법은 거룩하고, 의롭고, 선하다(롬 7:12). 이 법은 신령하기 때문에(롬 7:14) 하나님의 성령께서는 그에 따라 그분의 거룩하게 하시는 영향력을 나타내신다. 그러나 죄의 법은 길들어지지 않은 야생마가 기수에게 저항하듯 하나님의 법과 정면으로 충돌을 일으키며 그것을 강력하게 거부하는 원리로 작용한다. 이 두 법은 서로를 대적하며 신자 안에서 싸움을 벌인다. 이 싸움에서 벗어나는 길은 내가 죽거나 (오웬이 말한 대로) 죄를 죽여 없애는 것뿐이다.

우리 안에 있는 죄와 싸우는 것을 주제로 다룬 청교도의 저서 가운데 가장 유명한 것은 존 오웬이 쓴 세 권의 책, 《죄 죽임(*On the Mortification of Sin*)》, 《유혹에 대하여(*Of Temptation*)》, 《내재하는 죄(*Of Indwelling Sin*)》이다.[20] 오웬은 인간의 본성을 꿰뚫어보는 날카로운 통찰력으로 신자 안에 내재하는 죄의 내적 작동 원리를 깊이 있게 파헤쳤다. 그는 "죄의 법"을 "신자 안에 내재하며 그 자체의 본성에 부합하는 행위를 갈망하고 이행하도록 충동하는 강력하고 효과적인 원리"로 정의했다.[21] 오웬은 그것이 "법"으로 불리는 이유는 "신

---

20 이 세권이 현대의 독자들을 위해 한 권으로 출판되었다. John Owen, *Overcoming Sin and Temptation*, ed. Kelly M. Kapic and Justin Taylor (Wheaton, Ill.: Crossway, 2015).

21 Owen, *Overcoming Sin and Temptation*, 234.

자 안에 내주하는 죄의 잔재가 끊임없이 악을 부추기는 엄청난 효력과 힘을 갖추고 있기" 때문이라고 설명했다.[22] 내주하는 죄는 끊임없이 힘을 발휘하며 항상 역사한다. 그 영향력은 신자를 유혹하고, 함정에 빠뜨리는 효과적인 결과를 만들어낸다는 점에서 매우 효율적이다.

위선자들은 죄의 법의 지배를 받는다. 참 신자의 경우는 죄의 법이 이따금 막강한 힘을 발휘하며 강력한 영향력을 행사할 수 있지만 결국에는 서서히 죽어가며 결정적으로 약해진다. 그 이유는 죄의 지배가 중생의 은혜로 인해 이미 파괴되었기 때문이다. 신앙생활이란 성령의 능력과 은혜의 수단을 통해 죄를 계속해서 더 많이 죽여 없애는 성전(聖戰)을 치르는 것을 의미한다. 육신은 우리를 타락시키려는 시도를 결코 멈추지 않는다.

이런 의미에서 "육신"은 하나님이 창조하신 인간의 본성이 아닌 죄에 오염되고, 속박된 인간의 본성을 개념화한 것, 곧 신자의 내면에서 역사하는 죄의 원리를 가리킨다. 우리에게 전능한 힘을 지닌 은혜의 초자연적인 주권적 역사가 필요한 이유는 바로 이런 선천적인 본성의 부패 때문이다. 예수님은 "육으로 난 것은 육이요 영으로 난 것은 영이니"(요 3:6)라는 말씀으로 육신을 영과 상반되는 선천적 원리로 규정하셨다. 윌리엄 베이츠(1625-1699)는 이 말씀이 중생의 절대적 필요성을 강조하는 이유는 육신의 부패함 때문

---

22 Owen, *Overcoming Sin and Temptation*, 234.

이라고 설명했다.

육신은 부패한 원리다. 따라서 자연인의 성향과 기능과 목적은 전적으로 육신적일 수밖에 없다. 그 질병이 그에게 체질화되었다. 그는 영적 생명에 대해 죽었기 때문에, 그에 합당한 행위와 즐거움을 전혀 알지 못한다. 그의 내면에는 영적 생명에 대항하는 적개심의 원리가 살아남아 있기 때문에 그는 하나님께 대해 철저히 냉담할 뿐 아니라 그분을 지독하게 싫어하며, 자신의 방탕한 쾌락을 방해하는 하나님의 임재를 싫어하고, 그것을 항상 거부한다. 천국에 관한 것은 그에게는 지옥의 고통과도 같다. 그런 순수한 기쁨에 직면하면 그의 내적 성향은 가장 저급한 관능적 쾌락을 향해 질주한다. 따라서 거룩하지 못한 사람 안에 깊이 도사리고 있으면서 주도권을 행사하는 이런 상반되는 힘이 제거되기 전까지는 하나님을 만족스럽게 즐거워하기가 불가능하다.[23]

복음이 구원과 변화의 강력한 능력을 발휘하는 이유는 하나님의 능력 외에는 그 어떤 것으로도 변화시킬 수 없는 타락한 상태를 치유하는 치유책이기 때문이다. 청교도들은 복음을 통해 주어지는 성령의 능력을 계속해서 상기시킴으로써 육신에 대항하여

---

23 William Bates, *The Four Last Things: viz. Death, Judgment, Heaven, Hell, Practically Considered and Applied, in The Whole Works of the Rev. William Bates*, ed. W. Farmer (Harrisonburg, Va.: Sprinkle Publications, 1990), 3:420–21.

싸울 준비를 갖추도록 도와준다. 그리스도인은 더 이상 육신 가운데서 행하지 않지만 육신은 여전히 살아남아 있다. 오직 성령님만이 생명이 없는 육신의 상태에서부터 영적 생명을 산출하실 수 있기 때문에 신자를 거룩하게 해 잔존하는 죄의 흔적을 극복하게 하는 일도 오직 성령님만이 하실 수 있다. 중생과 지속적인 갱신은 성령의 은혜로 말미암는 초자연적인 역사를 통해 이루어진다.

청교도들은 내주하는 죄의 현실만을 논하지 않았다. 그들은 어떤 사람들이 경멸조로 말하는 것처럼 "비참한 사고방식"에 빠져 허우적거리지 않았다. 그들의 영성은 희망적인 이상주의와 결부된 실천적인 현실주의를 지향했다. 로마서 7장은 기독교적 삶을 있는 그대로 현실적으로 묘사하지만, 로마서 8장은 그것을 이상적으로 묘사한다. 청교도들은 그 둘의 긴장 관계와 균형을 올바로 유지함으로써 기독교적 삶에 대한 건전한 이해를 추구해야 한다고 가르쳤다. 우리는 그들을 통해 복음의 영광을 간과하지 않으면서 맑은 정신으로 우리 자신을 솔직하게 평가하는 법을 배울 수 있다.

오늘날의 그리스도인들은 죄의 능력을 과소평가할 때가 많다. "복음 중심주의"를 외치는 것은 좋지만 우리 안에 존재하는 죄의 현실을 간과해서는 안 된다. 물론, 우리는 복음에 주로 초점을 맞춰야 한다. 청교도들도 그리스도의 영광, 복음의 충족성, 천국의 경이로움에 대한 묵상을 강조했다. 그러나 내주하는 죄를 피상적으로 이해하면 복음이 어떻게 우리에게 효과적으로 역사해 죄를 십자가에 못 박게 하는지도 피상적으로 이해할 수밖에 없다. 썩은

것을 미화하고, 죽여 없애야 할 것을 오히려 먹여 살찌우는 일을
해서는 안 된다.

토머스 왓슨은 "내면의 원수"에 관해 경고하면서 에둘러 말하지
않았다.

육신은 마귀보다 더 악한 원수다. 그것은 품 안의 변절자다. 내면의
원수가 가장 사악하다. 만일 마귀가 유혹하지 않으면 육신이 또 다른
하와가 되어 금단의 열매를 먹도록 유혹할 것이다. 육신에 굴복하지
않도록 조심하라. 육신이 아니라면 어디에서 불만족을 느낄 수 있겠
는가? 육신은 세상을 무절제하게 추구하도록 부추기고, 안일함과 풍
요를 요구한다. 육신이 만족하지 않으면 불만족이 싹트기 시작한다.
육신이 주도권을 잡게 하지 말라. 육신을 죽이라. 육신은 영적인 일에
는 굼뜨고, 속된 일에는 거머리처럼 "다고, 다고"라고 졸라댄다. 육신
은 고난을 싫어한다. 육신은 사람을 순교자가 아닌 아첨꾼으로 만든
다. 육신을 제어하라. 그 목에 그리스도의 멍에를 씌우라. 그리스도의
십자가에 육신을 못 박으라. 육신 안에 갇혀 있다면 정신적인 만족을
얻기를 기대하지 말라.[24]

이것이 전형적인 청교도의 권고다. 우리의 귀에 아름다운 음악

---

24 Thomas Watson, *The Select Works of the Rev. Thomas Watson, Comprising His Celebrated Body of Divinity, in a Series of Lectures on the Shorter Catechism, and Various Sermons and Treatises* (New York: Robert Carter & Brothers, 1855), 730.

처럼 들리지 않고, 오히려 우리의 마음을 찌르는 칼, 곧 우리의 내적 불결함을 도려내고, 우리의 부패함을 뿌리째 잘라내는 칼처럼 느껴지는 말이 아닐 수 없다.

왓슨은 육신이 마귀보다 더 악한 원수라고 말했다. 그 이유는 마귀는 우리 밖에 있지만 육신은 우리 안에 있기 때문이다. 그러나 청교도들은 우리 밖에 있는 원수의 능력도 과소평가하지 않았다. 이제 우리가 날마다 싸워야 할 세 번째 원수에 대해 잠시 생각해 보자.

마귀와의 싸움

청교도는 실제로 존재하는 인격적인 마귀를 하나님의 백성의 최대의 적으로 간주했다.[25] 마귀가 인격적인 존재라는 사실은 성경에 언급된 그의 이름들을 통해 분명하게 확인된다. "사탄"은 "고발자, 대적자, 저항하는 자"를 뜻하는 히브리어에서 유래했다. 이 용어는 구약성경에 모두 19회 사용되었는데 그 가운데 14회가 욥기 1, 2장에 집중되어 나타난다. 신약성경은 대개 사탄을 "마귀(디아볼로스)"로 일컬었다. 이 용어는 "비방자, 중상자"를 의미한다. 마귀는 하나님 앞에서 사람을 비방하고, 사람 앞에서 하나님을 비방하며, 사람 앞에서 사람을 비방한다. 마귀를 가리키는 또 다른 신약성경

---

25 이 섹션은 Joel R. Beeke, *Striving Against Satan: Knowing the Enemy—His Weakness, His Strategy, His Defeat* (Bridgend, Wales: Bryntirion Press, 1996)에서 따온 글이다. 약간의 수정을 가했으며 허락하에 사용하였다.

용어로는 참소하는 자(계 12:10), 대적(벧전 5:8), 아볼루온(계 9:11), 바알세불(마 12:24), 용(계 12:7), 이 세상의 신(고후 4:4), 공중의 권세 잡은 자(엡 2:2), 이 세상의 임금(요 12:21), 뱀(계 20:2), 시험하는 자(마 4:3), 우는 사자(벧전 5:8) 등이 있다.

어떤 사람들은 사탄에게 집착한다. 그들은 자기들이 곳곳에서 암약하는 귀신들을 본다고 생각한다. 그러나 청교도는 균형 잡힌 견해를 지녔다. 현대인들 가운데는 귀신이 존재한다고 믿지 않는 사람들이 많다. 이런 태도는 심지어 교회에까지 깊이 침투했다. 스펄전은 "요즘 어떤 신학자들은 사탄의 존재를 믿지 않는다…그러나 사랑하는 신자들이여, 그리스도인은 자신의 삶 속에서 역사하는 사탄의 세력을 고려해야 한다. 그렇지 않으면 무지로 인해 실패하고 말 것이다."라고 말했다.[26]

청교도들은 사탄의 전략과 책략에 정통했다. 그들은 영적 전쟁을 깊이 있게 다룬 책을 자주 썼다. 그 가운데 최근에 다시 출판된 책을 몇 권 소개하면 다음과 같다.

- 토머스 브룩스의 《사탄의 책략을 물리치기》, "배너오브트루스 출판사"가 종종 재출판하는 유명한 고전이다.
- 리처드 길핀(1625-1700)의 《사탄의 유혹에 관한 논고》, "솔리데오

---

26 Charles H. Spurgeon, "The Warnings and the Rewards of the Word of God," in *The Metropolitan Tabernacle Pulpit Sermons* (London: Passmore & Alabaster, 1890), 36:160 – 161.

글로리아 출판사"가 최근에 재출판한 500쪽의 고전이다.

- 윌리엄 스퍼스터(1605-1666)의《사탄의 책략》, 드물지만 유익한 작은 책으로 최근에 "솔리데오글로리아 출판사"가 재출판했다.

- 윌리엄 거널(1616-1679)의《그리스도인의 전신갑주》, 에베소서 6장 10-20절을 상세하게 다룬 책으로 "배너오브트루스 출판사"가 재출판했다.

- 토머스 굿윈의《어둠 속을 걷는 빛의 자녀들》, 영적 어둠 속에서 이루어지는 사탄의 활동을 다룬 가장 유익한 내용을 포함하고 있다 (*Works of Goodwin*, 3:256-288).

　사탄의 공격을 인지하고, 저항함으로써 은혜 안에서 성장하는 법을 다룬 이런 책들에는 귀한 보화와도 같은 실천적인 지혜가 가득 담겨 있다.

　우리는 바울이 에베소서 6장 10-20절에서 가르친 성경적인 영적 전쟁을 회복함으로써 사탄과 맞서 싸워야 한다. 거널은 "은혜를 소유하는 것만으로는 충분하지 않다. 은혜를 힘써 활용해야 한다. 그리스도인의 갑주는 입으라고 만들어진 것이다. 싸움을 마치고, 모든 과정을 끝낼 때까지 우리의 갑주를 벗거나 내려놓아서는 안 된다."고 말했다.[27] 우리는 마귀와 싸울 때 우리를 방어하고, 성경적인 전략을 사용해야 한다. 다시 말해, 강력한 방어와 공격 전략

---

[27] William Gurnall, *The Christian in Complete Armour* (1662 – 1665; repr., Edinburgh: Banner of Truth, 2002), 1:63 – 64.

을 구축해야 한다.

강력한 방어 전략을 구축하라

에베소서 6장 14-17절은 "그런즉 서서 진리로 너희 허리띠를 띠고 의의 호심경을 붙이고 평안의 복음이 준비한 것으로 신을 신고 모든 것 위에 믿음의 방패를 가지고 이로써 능히 악한 자의 모든 불화살을 소멸하고 구원의 투구를…가지라"고 말한다.

"그런즉 서서"라고 말했다. 토머스 맨튼은 "이것은 군사 용어다…이 말은 인내를 암시한다."라고 말했다.[28] 이것은 적군이 어떤 공격을 가해와도 굳세게 버틸 각오를 하고 싸울 자세를 취함으로써 전투태세를 갖추는 것을 의미한다. 베드로도 "근신하라 깨어라 너희 대적 마귀가 우는 사자 같이 두루 다니며 삼킬 자를 찾나니 너희는 믿음을 굳세게 하여"(벧전 5:8-9)라고 당부했다. 사탄은 수천 년 전부터 성도를 삼킬 기회를 노려왔다. 그는 오늘날에도 삼킬 성도를 찾기 위해 끊임없이 활동하고 있다. 토머스 보스턴은 "사탄은 우리를 파멸시키려는 활동을 결코 중단하지 않는다."라고 경고했다.[29] 그는 항상 계획하고, 은밀히 활동하며, 늘 먹잇감을 찾고, 하나님의 자녀에게 달려들 기회를 기다리며, 독니로 우리의 급소를 물어 영적 활력을 없애려고 애쓴다.

---

28 Thomas Manton, *Eighteen Sermons on the Second Chapter of the Second Epistle to the Thessalonians,* in *Works,* 3:122.

29 Thomas Boston, *Discourses on Prayer,* in *The Whole Works of Thomas Boston,* ed. Samuel M'Millan (Aberdeen: George and Robert King, 1852), 11:19.

방어태세를 갖추고 영적으로 깨어 경계해야 한다. 주님은 "시험에 들지 않게 깨어 기도하라"(마 26:41)고 말씀했다. 조나단 에드워즈는 "깨어"가 무슨 의미인지를 생생하게 묘사했다.

우리의 마음을 부지런히 살피고, 지켜야 할 필요가 있다. 왜냐하면 사탄이 우리의 마음을 호시탐탐 노리고 있기 때문이다. 우리는 도둑들이 은밀히 엿보고 있는 보물을 지키려는 사람처럼 밤낮으로 우리의 마음을 지켜야 한다…늑대들이 우리를 엿보고, 들짐승들이 은밀한 장소에 몰래 숨어 기다리면서 불시에 먹잇감을 덮칠 기회를 노리는 것처럼, 마귀는 우리의 마음을 혼란스럽게 만들고, 그릇 치우치게 하려고 늘 기회를 노린다. 부주의한 여행자가 미처 의식하기도 전에 그를 불시에 습격해 무는 습성이 있는 뱀에 사탄을 빗댄 이유는 인간을 파멸로 몰아넣으려는 그의 방식이 매우 교활하고, 은밀하고, 비밀스럽기 때문이다. 마귀는 그런 기회, 곧 사람들이 잠에 취해 경계심이 가장 느슨하고 부주의해진 때를 엿본다.[30]

사탄은 우리가 가장 약할 때를 골라 공격을 가하는 전략을 구사한다. 에드워즈는 "마귀는 부패한 성향이 최고조에 달했을 때, 곧 사람들의 심령 상태가 세속적이거나 그들의 감정 상태가 격정적이

---

30 Jonathan Edwards, "Keeping Our Hearts with All Diligence," in *Jonathan Edwards Sermons,* ed. Wilson H. Kimnach (New Haven, Conn.: Jonathan Edwards Center at Yale University, 1728–1729), Proverbs 4:23.

고, 관능적이거나 가장 유혹받기 쉬운 환경이 조성되었을 때를 호시탐탐 노려 그것을 신중하게 이용한다."라고 말했다.[31] 굳세게 서서 버텨야 할 필요성이 가장 적게 느껴지는 바로 그때가 경각심을 가장 크게 곤두세워야 할 때다.

하나님의 전신 갑주를 구성하는 요소들 가운데 대부분이 방어용 장비에 해당한다. 그것들이 모두 중요하지만 여기에서 하나하나 상세하게 설명하기에는 지면이 부족하다. 전신 갑주의 구성 요소를 일목요연하게 설명한 내용을 원한다면 윌리엄 거널의《그리스도인의 전신 갑주》을 참조하라. 이 책의 상세함과 신학적 깊이와 경험적 적용성은 타의 추종을 불허한다.

강력한 공격 전략을 구축하라

굳게 서서 버티는 것만으로는 충분하지 않다. 앞으로 진격하는 것이 필요하다. 예수님은 지옥의 권세(지옥의 문)가 교회를 이기지 못할 것이라고 말씀하셨다(마 16:18). 고대 세계에서 성의 문은 공격을 가하는 군대가 방어막을 뚫기 위해 집중적으로 공격하는 목표물이었다. 맨튼은 "우리는 영적 싸움에서 방어만이 아닌 공격 무기가 필요하다. 곧 죄를 멸해 죽여 없애고, 유혹에 저항하며, 사탄을 물리치려면 믿음의 방패만이 아닌 성령의 검이 필요하다."라고 말

---

31 Edwards, "Keeping Our Hearts with All Diligence," in *Jonathan Edwards Sermons*, Proverbs 4:23.

했다.[32] 교회는 기도와 말씀으로 사탄과 싸워야 한다. 에베소서 6장 17-18절은 "성령의 검 곧 하나님의 말씀을 가지라 모든 기도와 간구를 하되"라고 말씀한다.

하나님의 말씀은 분명한 방향과 강력한 동기와 풍성한 용기와 교훈적인 사례들을 제시해 사탄을 대적할 수 있게 도와준다. 말씀을 매일 공부하고, 암기함으로써 성경에 정통해야 한다. 그러면 하나님의 검을 예리하게 유지할 수 있다. 매일 성경의 진리를 실천함으로써 그 검을 항상 반짝반짝하게 유지해야 한다. 쉬지 않고 기도함으로써 말씀의 검을 언제라도 사용할 수 있게 준비해야 한다. 성경의 진리를 전하고, 증언하라. 말씀의 빛으로 어두운 세상을 구석구석까지 환하게 비추라. 성령을 의지하면서 말씀의 검을 사용하라. 사탄에게 굳게 맞서며 힘껏 달려들어 그를 공격해 물리치라. 그를 싸움터에서 패퇴시키라. 번연이 겸손의 골짜기에서 크리스천이 겪었던 일을 아래와 같이 감동적으로 묘사한 대로, 말씀의 검은 사탄과의 싸움이 가장 치열할 때조차도 결코 우리를 실망시키지 않을 것이다.

아볼루온은 마지막 일격을 가해 이 선한 사람을 완전히 끝장내려고 했지만, 크리스천은 다행히도 하나님의 도우심 덕분에 민첩하게 손을 내밀어 자신의 검을 움켜쥐고, "나의 대적이여 나로 말미암아 기뻐

---

32 Manton, *Sermons Upon the CXIX. Psalm*, in *Works*, 8:62.

하지 말지어다 나는 엎드러질지라도 일어날 것이요"(미 7:8)라고 외쳤다. 그 말과 함께 치명적인 공격을 가하니 아볼루온은 심한 상처를 입고 움츠러들었다. 그런 사실을 눈치챈 크리스천은 "이 모든 일에 우리를 사랑하시는 이로 말미암아 우리가 넉넉히 이기느니라"(롬 8:37)라고 외치면서 재차 공격을 가했다. 그러자 아볼루온은 용의 날개를 펼치고 신속하게 도망쳤고, 그 후로 크리스천은 한동안 그를 보지 못했다(약 4:7).[33]

기도는 사탄을 대적하는 두 번째 공격 무기다. 기도는 매우 중요하다. 왓슨은 "기도는 하나님께 대해서는 마음을 열고, 죄에 대해서는 마음을 닫게 해준다. 기도는 하나님의 은혜의 보고를 여는 열쇠다."라고 말했다.[34] 거널도 "기도는 은혜와 축복과 위로의 샘물이 그것들의 원천이신 하나님으로부터 흘러나와 마음의 웅덩이에 고이게 만드는 통로다."라고 말했다.[35]

우리가 자주 싸움에서 지는 이유는 기도가 미약하기 때문이다. 스펄전은 "하나님을 의지하지 않고 시작한 싸움은 끔찍한 패배로 끝날 수밖에 없다. 기도라는 막강한 무기를 사용할 줄 알았더라면 많은 사람이 승리하는 그리스도인이 되었을 테지만 이 방법을 모

---

33 John Bunyan, *The Pilgrim's Progress,* in *The Works of John Bunyan,* ed. George Offor (1854; repr., Edinburgh: Banner of Truth, 1991), 3:113.

34 Thomas Watson, *Puritan Gems; or, Wise and Holy Sayings of the Rev. Thomas Watson, A.M.,* ed. John Adey (London: J. Snow, and Ward and Co., 1850), 107.

35 Gurnall, *Christian in Complete Armour,* 2:500.

르고 싸움에 뛰어든 탓에 아주 쉽게 이전보다 더 못한 상태로 전락하고 말았다."라고 말했다.[36]

기도가 없으면 그리스도의 전신 갑주를 구성하는 요소들이 모두 무용지물이 되고 만다. 기도는 기름과 같다. 엔진의 모든 부품이 기름을 치지 않으면 쓸모없게 되는 것처럼 그리스도인의 무기도 기도가 없으면 제 기능을 발휘할 수 없다.[37] 기도 없이 사탄과 싸우는 것은 다윗이 만군의 주님이신 여호와의 이름이 아닌 자신의 이름으로 골리앗과 싸우는 것과 같다. 만일 기도로 그리스도의 능력을 구하지 않으면 우리의 모든 능력과 학식과 기술이 사탄과 싸울 때 아무런 힘도 발휘하지 못할 것이다.

교회는 활력이 없고, 미온적이고, 무기력한 기도에서 재빨리 벗어나 전투적인 기도로 도움을 간절히 부르짖음으로써 하늘을 진동시켜야 한다. "먼저 자신의 마음을 울리는 기도를 드려야만 하늘을 진동시키는 기도를 드릴 수 있다."[38] 모세가 손을 들고 있을 때는 이스라엘이 우세했지만 그가 지쳐 손을 내렸을 때는 아말렉이 우세했다(출 17:1). 항상 "거룩한 손을 들고" 하나님께 기도해야만(딤전 2:8) 사탄과의 싸움에서 우세를 점할 수 있다. 다음 장에서는 기도에 관한 청교도의 가르침을 좀 더 살펴볼 생각이다. 마지막으로 샬

---

36 Charles H. Spurgeon, "All-Sufficiency Magnified," in *The New Park Street Pulpit Sermons* (London: Passmore & Alabaster, 1860), 6:483.
37 거널은 "기도의 기름으로 닦지 않으면 그리스도인의 전신갑주는 녹이 슬 것이다." 라고 말했다. *Christian in Complete Armour*, 2:288.
38 Watson, *Puritan Gems*, 109.

렛 엘리엇(1789-1871)이 작곡한 옛 찬송가의 감동적인 노랫말을 인
용함으로써 이번 장을 마무리한다.

그리스도인이여, 아직 휴식을 취하지 말라.

은혜로우신 구원자의 말씀에 귀를 기울이라.

너는 적들의 한복판에 있으니

깨어 기도하라.

정사와 권세들이

보이지 않는 진을 치고,

네가 경계를 늦출 때를 엿보고 있으니

깨어 기도하라.

하늘의 갑주를 단단히 붙잡아 매고,

밤이나 낮이나 그것을 벗지 말라.

악한 자가 매복하고 있으니

깨어 기도하라.

싸움에서 이긴 승리자들에게 귀를 기울이라.

그들은 지금도 각 전사가 가야 할 길을 알려주며,

다 함께 은혜로운 목소리로 힘껏 외친다.

깨어 기도하라.

무엇보다도 주님에게 귀를 기울이라.

그분은 우리가 순종하기를 원하신다.

마음속에 그분의 말씀을 간직하고,

깨어 기도하라.

오늘의 승패가 오직 깨어 있는 것에 걸려 있는 것처럼

항상 깨어 있고,

도움이 임하기를 기도하라.

깨어 기도하라.[39]

---

39 Charlotte Elliot, "Christian Seek Not Yet Repose" (1836).

성찰과 논의를 위한 질문

1. 세상을 사랑하는 것과 세상을 활용하는 것의 차이는 무엇인가? 청교도의 지혜를 받아들인다면 당신이 세상을 대하는 방식은 어떻게 달라질까?

2. 청교도들은 내주하는 죄와 육신의 지속적인 영향력과 본질에 관한 실천적, 실제적 현실주의와 복음의 진리와 성령의 능력에 근거한 희망적인 이상주의를 균형 있게 결합한 내용의 글을 썼다. 그 두 가지가 모두 필요한 이유는 무엇인가? 당신은 현실주의와 이상주의 중에서 어느 쪽으로 더 많이 기우는 성향이 있는가?

3. 당신은 하나님의 전신 갑주를 충실하게 입고 있는가? 세상과 육신과 마귀를 상대로 하는 싸움에서 막강한 "방어력"과 "공격력"을 갖추려면 어떤 실천 방법들이 필요할까?

08

청교도들은 기도로 하나님의 얼굴을
구하도록 우리의 마음을 고무한다

"자주 기도하라. 기도는 영혼을 보호하는 방패요, 하나님께 드리는 제사요, 사탄

을 응징하는 채찍이다."-**존 번연**[1]

성경은 엘리야가 "간절히 기도했다"고 말한다.[2] "엘리야는 우리
와 성정이 같은 사람이로되 그가 비가 오지 않기를 간절히 기도한
즉 삼 년 육 개월 동안 땅에 비가 오지 아니하고"(약 5:17). 〈킹제임
스 성경〉은 난외주에 이 구절을 "그의 기도 안에서 기도했다."라고
번역할 수도 있다고 표기했다. 다시 말해, 엘리야의 기도는 형식적
인 차원을 뛰어넘었다. 그는 자신의 모든 것을 기도에 쏟아부었다.

---

1   John Bunyan, *Mr. John Bunyan's Dying Sayings*, in *The Works of John Bunyan*, ed.
    George Offor (1854; repr., Edinburgh: Banner of Truth, 1991), 1:65.

2   이 장은 Joel R. Beeke, "Prayerful Praying Today," in *Taking Hold of God: Reformed
    and Puritan Perspectives on Prayer*, ed. Joel R. Beeke and Brian G. Najapfour (Grand
    Rapids: Reformation Heritage Books, 2011), 223 – 40을 약간의 수정을 가하고 축약
    한 것이다. 허락하에 게재하였다.

성경 주석학자 알렉산더 로스는 이 표현이 간절함의 의미를 담고 있다고 말했다. 그와는 대조적으로 "영혼의 간절한 소원 없이 입술로만 기도할 수도 있다."[3]

나는 청교도와 종교개혁자들의 기도 생활을 살펴보고 나서 "간절한 기도"가 없는 것이 현대 교회의 가장 큰 약점이라는 확신에 도달했다. 우리는 마땅히 천국의 가장 위대한 무기를 사용해야 하는데도 그렇게 하지 못하고 있다. 우리가 개인이나 가정이나 교회의 차원에서 드리는 기도는 간절함이 없는 기도일 때가 많다. 모든 그리스도인에게 기도하라는 명령이 주어졌다(골 4;2). 가장 절실히 필요한데도 가장 소홀히 되는 것 가운데 기도 외에 또 다른 무엇이 있는지 궁금하다. 교회사에 등장하는 거인들을 볼 때 우리가 왜소한 난쟁이처럼 되는 이유는 그들이 드렸던 참된 기도 때문이다. 그들은 기도로 하나님을 굳게 붙잡는 법을 알았던 기도의 사람들이었다(사 64:7). 은혜와 기도의 영에 온전히 사로잡혔던 그들은 개인적으로나 공적으로나 다니엘과 같은 기도의 용사들이었다.

기도하지 않는 우리의 현실이 더욱 비극적인 이유는 기도의 엄청난 잠재력 때문이다. 토머스 브룩스는 "오호라! 그리스도인들이여, 하나님이 기도를 시작할 때 입을 맞추고, 기도하는 도중에 평화를 말씀하고, 기도를 마무리할 때 기쁨과 확신으로 가득 채워주

---

3   Alexander Ross, *The Epistles of James and John*, The New International Commentary on the New Testament (Grand Rapids: Eerdmans, 1954), 102.

신 일이 얼마나 있었는가!"라고 탄식했다.[4] 조지프 얼라인의 아내
는 자기 남편에 대해 이렇게 말했다.

> 남편은 건강할 때는 항상 새벽 4시나 그 이전에 일어났고, 안식일에는
> 잠이 깨면 그보다 더 일찍 일어났다. 그는 자기가 하나님 앞에서 해야
> 할 의무를 하기 전에 대장장이나 제화공이나 상인들이 일하는 소리가
> 들리면 몹시 괴로워했다. 그는 내게 "오, 저 소리가 나를 참으로 부끄
> 럽게 하는구려. 나의 주님이 저들의 주인보다 더 존중받으실 자격이
> 있지 않소?"라고 자주 말했다. 그는 새벽 4시부터 오전 8시까지 기도
> 와 거룩한 묵상과 시편 찬송을 하면서 보냈다. 그는 그렇게 하는 것을
> 매우 좋아했으며, 혼자 있을 때나 가족들과 함께 있을 때나 그 일을
> 매일 실천했다.[5]

청교도들은 건강한 기도 생활을 통해 은혜 안에서 성장하는 법
을 가르쳤다. 이번 장에서는 이 점을 잠시 생각해 볼 생각이다. 만
일 우리가 참된 기도의 은혜와 은사를 좀 더 충실하게 활용하려고
노력한다면, 하나님이 자신의 도움을 구하는 우리를 외면하지 않고
자기를 굳게 "붙잡을 수 있도록" 도와주실 것이 틀림없다(사 64:7).
  문제를 해결하려고 애쓰기보다 기도하지 않은 것에 대한 죄책

---

4   Thomas Brooks, *Heaven on Earth,* in *The Works of Thomas Brooks,* ed. Alexander B.
   Grosart (1861-1867; repr., Edinburgh: Banner of Truth, 2001), 2:369.
5   Richard Baxter, et al, *The Life and Letters of Joseph Alleine* (repr., Grand Rapids:
   Reformation Heritage Books, 2003), 106.

감에 사로잡히기가 더 쉽다. 회개하고, 순종하기보다 아무런 능력도 없는 기도를 드린 것에 대한 자책감에 시달리기가 더 쉽다. 그러나 바울은 디모데전서 4장 7절에서 "경건에 이르도록 네 자신을 연단하라"고 말했다. 그는 디모데전서 6장 12절에서도 "믿음의 선한 싸움을 싸우라 영생을 취하라"고 당부했다. 나도 성경의 명령과 청교도들을 비롯해 과거의 모든 경건한 그리스도인들을 본보기로 삼아 더욱 간절하고, 충실한 기도 생활을 추구하라고 간절히 권하고 싶다. 그러려면 우리 자신을 제어하고, 하나님을 굳게 붙잡아야 한다. 청교도는 기도의 대가들이었다. 그들은 참된 기도를 드리는 법에 관해 유익한 조언을 제시한다.

기도하려면 스스로를 굳게 다잡으라

간절한 기도는 저절로 이루어지지 않는다. 그것은 힘든 일이다. 조지 스윈녹은 "기도에 진력하는가? 골로새서 4장 12절은 영혼 안에 존재하는 새 사람의 모든 관절을 구부려 단단하게 긴장시킨 상태로 하나님과 씨름해야만 그분을 이길 수 있다는 의미를 내포한다."라고 말했다.[6] 이것은 자기 절제를 요구한다. 자기 절제는 율법의 명령이 아닌 예수 그리스도의 십자가를 통해 주어지는 성령의 열매 가운데 하나다(갈 5:22-24). 우리는 포도나무이신 그리스도, 곧 우리 안에서 선한 열매를 맺으시는 주님을 바라보고, 우리

---

6 George Swinnock, *Heaven and Hell Epitomised,* in *The Works of George Swinnock,* (Edinburgh: James Nichol, 1868), 3:303.

자신을 굳게 다잡고, 규칙적인 기도 생활에 힘써야 한다.

다윗은 기도하기 위해 자기를 제어했다. 그는 우울함에 빠지지 않고, 자기 점검에 힘썼다. 그는 시편 42편 5절에서 "내 영혼아 네가 어찌하여 낙심하며 어찌하여 내 속에서 불안해하는가 너는 하나님께 소망을 두라 그가 나타나 도우심으로 말미암아 내가 여전히 찬송하리로다"라고 말했다. 다윗은 감사하지 않는 삶을 살지 않고, 시련의 와중에서도 하나님께 감사했다. 그는 시편 103편 2절에서 "내 영혼아 여호와를 송축하며 그의 모든 은택을 잊지 말지어다"라고 말했다.

기도하기 위해 자기 자신을 제어하려면 다음 일곱 가지 원리를 따라야 한다.

1) 기도의 가치를 기억하라. 응답받은 기도는 물론, 응답받지 못한 기도도 가치를 지닌다는 점을 기억하려고 노력하라. 윌리엄 캐리 (1761-1834)는 선교사로 인도에 가서 8년 동안 사역한 후에 비로소 힌두교 신앙을 버리고 그리스도를 믿겠다는 첫 회심자를 얻어 그에게 세례를 주었다.[7] 그는 그러기까지 오직 하나님의 영광을 위해 사는 법을 배웠다. 그는 "나의 영혼과 몸을 비롯해 나의 모든 것을 하나님의 손에 맡기는 것이 좋게 느껴졌다. 그러자 세상은 작아 보였고, 약속은 커 보였으며, 하나님이 온전한 만족을 가져다주는 분

---

7 Timothy George, *Faithful Witness: The Life and Mission of William Carey* (Birmingham, Ala.: New Hope, 1991), 131.

깃으로 여겨졌다."라고 말했다.[8] 하나님의 지체하심이 오히려 캐리의 영혼을 살찌우는 자양분이 되었다. 토머스 브룩스는 "지체와 거부를 구별해야 한다."라고 말했다.[9] "기도하는 사람은 자신의 상태가 어떻든 크게 절망하지 않는다. 왜냐하면 하나님의 귀가 그의 말을 듣고 있고, 성령께서 내면에서 그의 말을 받아 적고 계시며, 친구이신 주님이 하늘에 계시고, 하나님이 친히 그의 소원을 받아 주시기 때문이다. 내가 기도로 구한 은혜를 받지 못하더라도 기도하는 것 자체가 은혜다."라는 윌리엄 브리지의 말은 더더욱 의미심장하다.[10]

응답받지 못한 기도가 은혜롭다면 응답받은 기도는 그 얼마나 은혜로울 것인가! 조지프 홀(1574-1656)은 "올바른 기도를 드린 사람은 결코 울면서 돌아오지 않는다."고 말했다. 그는 또한 "내가 기도하는 것이나 마땅히 기도해야 할 것은 반드시 응답을 받을 것이라고 확신한다."고 말했다.[11] 하나님은 자신의 자녀들에게 무엇이 최선인지를 알고 계신다. 그분은 우리가 겸손한 태도로 자신의 뜻에 따라 구하는 것을 결코 거절하지 않으신다. 그러니 실망하지 말고 계속 기도하라. 주님을 홀로 내버려 두지 말라. 토머스 왓슨의

---

8 George, *Faithful Witness*, 104.

9 Brooks, *Heaven on Earth*, in *Works*, 2:371.

10 William Bridge, *A Lifting Up for the Downcast* (1648; repr., Edinburgh: Banner of Truth, 1990), 55.

11 John Blanchard, comp., *The Complete Gathered Gold* (Darlington, U.K.: Evangelical Press, 2006), 455에 인용되어 있음.

격려를 잊지 말라. 그는 "천사가 베드로를 감옥에서 구해냈다. 그러나 천사가 온 것은 기도 때문이었다."라고 말했다.[12] 주님께 존 녹스(1514-1572)의 시대가 다시 돌아오기를 기도하라. 그의 원수들은 그의 기도를 수만 명의 군대보다 더 두려워했다.

2) 기도를 우선시하라. 주님을 떠나서는 우리는 아무것도 할 수 없다(요 15:5). 존 번연은 "기도한 후에는 기도보다 더한 것을 할 수 있다. 그러나 기도하기 전에는 기도보다 더한 것을 할 수 없다."고 말했다.[13] 그는 또한 "자주 기도하라. 기도는 영혼을 보호하는 방패요, 하나님께 드리는 제사요, 사탄을 응징하는 채찍이다."라고 말했다.[14] 말씀과 더불어 가장 중요한 은혜의 수단으로서 기도보다 더 적절한 것은 없다. 토머스 보스턴은 "기도는 믿음의 의무이자 하나님이 정하신 가장 중요한 은혜의 수단이다. 그리스도께서는 기도를 통해 죄인들에게 구원의 은혜를 베푸신다."라고 말했다.[15] 기도는 그리스도께서 자기 백성을 위해 예비하신 풍성한 보화를 가득 담고 있는 하늘의 보물 창고를 여는 열쇠와도 같다.

---

12 Thomas Watson, *A Divine Cordial* (1663; repr., Wilmington, Del.: Sovereign Grace Publishers, 1972), 18.

13 I. D. E. Thomas, comp., *The Golden Treasury of Puritan Quotations* (Chicago: Moody Press, 1975), 210에 인용되어 있음.

14 John Bunyan, *Mr. John Bunyan's Dying Sayings,* in *The Works of John Bunyan,* ed. George Offor (1854; repr., Edinburgh: Banner of Truth, 1991), 1:65.

15 Thomas Boston, *An Illustration of the Doctrines of the Christian Religion,* in *The Whole Works of Thomas Boston,* ed. Samuel M'Millan (Aberdeen: George and Robert King, 1848), 2:526.

따라서 우리는 기도를 기독교적 의무를 이행하도록 돕는 가장 중요한 수단으로 받아들이고, 시간을 마련해 정기적으로 기도하고, 은혜의 보좌 앞에 나가 우리의 필요를 아뢰며 간구해야 한다. 또한, 개인적으로 기도하든, 공적으로 기도하든 열의 없는 기도를 하지 않도록 노력해야 한다. 기도가 생명력이 없더라도 멈추지 말라. 기도하기 싫은 마음을 즉시 극복하는 것이 힘들더라도 기도를 아예 하지 않는 것은 나태함과 자기만족과 교만의 소치가 아닐 수 없다. 형식적으로라도 기도하지 않으면 모든 것이 사라지고 만다. 순풍이 불어 돛단배가 잘 미끄러져 가는 것처럼 모든 것이 형통할 때는 기도하기가 쉽다. 그러나 쇄빙선이 북극해에서 한 번에 조금씩 얼음을 깨뜨리며 전진하는 것과 같은 상황에서도 기도를 중단해서는 안 된다. 어떤 상황이 닥치든 계속 기도해야 한다.

　3) 진심 어린 기도를 드리라. 시편 62편 8절은 "백성들아 시시로 그를 의지하고 그의 앞에 마음을 토하라 하나님은 우리의 피난처시로다"라고 말씀한다. 마음에도 없는 것을 입으로 기도하는 것, 곧 마음의 냉랭함을 고백하며 마음을 뜨겁게 해 줄 은혜를 구하지 않고 중언부언하는 기도는 위선이다. 번연은 "기도할 때 마음에도 없는 말을 하기보다는 차라리 아무 말 없이 마음을 쏟아내는 것이 더 낫다."고 말했다.[16] 때로 진지한 기도는 시편 119편처럼 조심스러

16　Bunyan, *Dying Sayings*, in *Works*, 1:65.

운 태도로 길게 이어질 수도 있고, 때로는 누가복음 18장 13절("하나님이여 불쌍히 여기소서 나는 죄인이로소이다")처럼 간결할 수도 있다. 어느 쪽이 되었든 기도할 때는 간절하고, 진지해야 한다.

토머스 브룩스은 다음과 같은 말로 진지한 기도를 독려했다.

> 하나님은 기도의 표현이 적절하고 고상하거나 기도가 길고 장황하거나 기도의 횟수가 많거나 기도가 음악처럼 감미롭거나 기도하는 목소리가 아름답거나 기도가 논리적으로 훌륭한 것에는 아무런 관심을 기울이지 않으신다. 그분의 관심은 기도의 진지함, 곧 얼마나 진정 어린 기도를 드리느냐에 있다. 하나님은 진정한 마음이 온전히 담겨 있는 기도가 아니면 인정하지도, 승인하지도, 받지도, 기록하지도, 보상하지도 않으신다. 진정한 어머니라면 둘로 나뉜 자식을 원하지 않을 것이다. 하나님은 상하고 통회하는 마음은 사랑하지만 둘로 나뉜 마음은 혐오하신다.[17]

4) 항상 기도하는 정신을 배양하라. 바울은 데살로니가 5장 17절에서 "쉬지 말고 기도하라"고 말했다. 이 말은 실제적인 기도 행위가 아닌 기도하는 정신, 습관, 상태를 의미한다. 다시 말해, 개인적으로 어떤 것을 간구하는 것이 아니라 항상 깨어 기도하는 태도를 유지하는 것을 뜻한다. 토머스 브룩스는 "실제로 기도하지 않더라도 습

---

17 Brooks, *The Privy Key of Prayer*, in *Works*, 2:256.

관적으로 항상 기도하는 태도를 유지해야 한다. 형통할 때나 어려울 때나 건강할 때나 아플 때나 강할 때나 약할 때나 부할 때나 궁핍할 때나 살거나 죽거나 어떤 상태나 조건 속에서도 항상 기도하는 마음 자세를 갖추어야 한다."고 말했다.[18] 토머스 맨튼은 설교를 통해 교인들에게 자주 기도로 하나님과 교제를 나누는 것이 얼마나 중요한지를 이렇게 일깨워 주었다.

기도는 사랑하는 영혼이 하나님과 나누는 대화다. 육체 안에 거하는 영혼은 기도를 통해 하나님과 가장 친밀한 교제를 나눌 수 있다. 그런 친밀한 사귐과 교제는 어쩌다 한 번 드물게 이루어지는 것이 아니라 계속해서 자주 이루어지기 때문에 "너는 하나님과 화목하고 평안하라"(욥 22:21)는 말씀대로 하나님과의 화목으로 일컬어진다. 화목하게 지내려면 자주 교제하며 교통해야 한다. 서로를 자주 방문하며 만나는 사람들은 화목하게 지낼 수 있다. 기도는 하나님을 방문하는 것과 같다. 이사야서 26장 16절은 "여호와여 그들이 환난 중에 주를 앙모하였사오며"라고 말씀한다. 현재에 위로를 받고, 미래에 하나님의 영접을 받으려면 항상 그분과 화목한 관계를 유지해야 한다.[19]

쉬지 않는 기도는 하나님과 교제를 나누는 기술이자 마음의 태

---

18 Brooks, *Heaven on Earth,* in *Works,* 2:494.
19 Thomas Manton, *Sermons on Several Texts of Scripture,* in *The Complete Works of Thomas Manton* (London: James Nisbet, 1872), 17:496.

도다. 그것은 하나님과의 친밀한 연합과 교제를 더욱 신장시키는 수단이다. 기도할 말이 생각나지 않을 때가 종종 있을지는 몰라도 하나님의 임재를 갈망하며 마음의 부르짖음을 통해 그 갈망을 표현하려는 마음 자세가 결여된 때가 있어서는 안 된다. 기도를 드릴 말이 생각나지 않더라도 항상 하나님을 향해 기도하는 심령 상태를 유지하라.

5) 질서와 체계를 갖춰 기도하라. 바울 사도는 온 세상의 신자들과 교회들을 위해 항상 기도했다. 그는 누구보다도 바쁜 사람이었고, 갈등과 시련이 많았던 삶을 살았지만 기도의 체계를 잘 유지했다.

청교도들은 기도의 질서와 "변론"에 관해 종종 말했다. 이 말은 논쟁적인 토론을 하라는 뜻이 아니라 논리적 체계를 갖춰 하나님께 간구하고, 탄원하라는 의미를 지닌다. 스티븐 차녹은 "기도의 변론은 하나님께 우리의 사정을 아뢰는 데 적합한 주제들에 근거해야 한다. 지금까지 말한 그런 주제들 가운데 기도의 변론으로 전환할 수 없는 것은 거의 없다."라고 말했다.[20] 스펄전도 메트로폴리탄 태버내클 교회에서 전한 "기도의 질서와 변론"이라는 훌륭한 설교에서 이 문제를 다루었다.[21] 어떤 간구를 드려야 할지, 어떤 말로

---

20 Charnock, "A Discourse Proving Weak Grace Victorious," in *The Complete Works of Stephen Charnock, B. D.* (Edinburgh: James Nichol, 1865; repr., Edinburgh: Banner of Truth, 2010), 5:252.

21 이 설교의 전제는 욥기 23장 3-4절에 근거한다. "여기에 기도에 필요한 두 가지 요소가 제시되어 있다. 하나는 우리의 사정을 체계적으로 질서 있게 아뢰는 것이고 다른 하나는 우리의 입을 변론으로 가득 채우는 것이다. Charles H. Spurgeon, "Order

기도해야 할지 알 수 없을 때가 많다면 이런 식의 체계적인 기도 방법을 습득하라. 그러면 기도 생활이 새롭게 혁신될 것이다.

기도 목록을 작성하면 그런 방법을 배울 수 있다. 하나님의 도우심을 구하면서 기도 목록을 활용하면 기도를 체계화하는 데 도움이 될 것이다. 때로는 어떤 기도 제목들은 기도하기가 여느 때보다 좀 더 힘들게 느껴질 수도 있지만 설혹 그런 느낌이 들더라도 끝까지 밀고 나가라. 존 뉴턴(1725-1827)은 자신의 가장 친한 친구들이 자기를 위해 항상 기도할 것이라고 믿었다. 교인 명부를 펼쳐 들고 하루에 기도할 수 있는 숫자로 적당히 나누어서 기도하라. 그 외에 다른 기도 명부도 효과적으로 활용해 교회나 교단이 지원하는 선교사들을 위해 기도하라.

우리는 또한 마르틴 루터(1483-1546)가 했던 것처럼 십계명을 이용하거나 사도신경과 주기도문을 이용해 기도할 수 있다. 개개의 계명과 문장을 발판으로 삼아 마음속으로 무엇을 부르짖어야 할 것인지를 명료하게 정리하라. 청교도들은 하나님의 속성과 같은 조직신학의 주제들이나 기독교 윤리의 구성 요소들을 활용해 일반적인 진리를 자신의 기도에 개인적, 구체적으로 적용하는 방법을 사용하기도 했다.

6) 성경을 읽으면서 기도하라. 청교도들은 성경 말씀을 인용하기도

---

and Argument in Prayer," in *The Metropolitan Tabernacle Pulpit Sermons* (London: Passmore & Alabaster, 1866), 12:385.

하고, 자신의 말로 설명하기도 하면서 성경을 통해 기도했다. 기도 생활이 활력이 없는 이유 가운데 하나는 성경을 소홀히 하기 때문이다. 기도는 쌍방향의 대화다. 하나님께 우리의 말만 하지 말고, 그분의 말씀에 귀를 기울여야 한다. 마음을 비워 놓고 어떤 생각이 저절로 떠오르기를 기다려서는 안 된다. 그것은 비기독교인들이 추구하는 신비주의에 해당한다. 우리는 마음에 성경 말씀을 가득 채워야 한다. 그 이유는 하나님이 성경을 통해 말씀하시기 때문이다. 우리 주 예수 그리스도께서는 요한복음 15장 7절에서 "너희가 내 안에 거하고 내 말이 너희 안에 거하면 무엇이든지 원하는 대로 구하라 그리하면 이루리라"라고 말씀하셨다.

성경을 읽을 때는 하나님의 말씀에 기도로 응답하면서 읽어라. 예를 들어, 교회와 결혼생활에 관한 에베소서 5장의 여러 가지 명령에 주의를 기울이면, 풍성한 기도 제목을 발견할 수 있을 것이다. 2절과 25절에 언급된 그리스도의 사랑을 생각하며 하나님을 찬양하고, 계명들을 읽을 때는 하나님의 거룩한 율법을 어긴 잘못을 고백하고, 하나님의 율법을 나와 다른 사람들의 마음에 기록해 달라고 기도하라. 모든 성경 구절이 기도의 불을 지피는 연료가 될 수 있다.

7) 기도의 성경적인 균형을 유지하라. 청교도들은 성경이 기도의 다양한 요소를 가르친다고 강조했다. 기도는 하나님의 영광을 찬양하기, 죄를 고백하기, 영적, 물리적 필요를 구하기, 하나님의 은혜

에 감사하기, 다른 사람들(가족, 친구, 교회, 국가, 세상)을 위해 중보 기도하기, 하나님이 우리가 기도한 것에 기꺼이 그리고 능히 응답하실 것이라고 확신하기 등으로 이루어진다. 우리는 이런 기도의 요소들 가운데서 어떤 것은 좋아하고, 어떤 것은 소홀히 하는 경향이 있다. 예를 들어, 중보 기도는 좋아하면서 감사는 소홀히 할 수 있다. 바울은 빌립보서 4장 6절에서 "아무것도 염려하지 말고 다만 모든 일에 기도와 간구로 너희 구할 것을 감사함으로 하나님께 아뢰라"라고 말했다.

또 어떤 사람은 하나님을 찬양하는 것은 좋아하지만 죄를 고백하는 것은 회피할 수 있다. 그런 사람은 죄를 고백하고, 하나님의 아들의 피를 통해 주어지는 용서를 구하는 것이 그분의 빛 가운데 행하는 표징 가운데 하나라는 요한 사도의 가르침을 기억해야 할 필요가 있다(요일 1:7-9). 정기적으로 자신의 기도를 살펴 균형을 잘 유지하고 있는지 확인하고, 소홀히 하는 기도의 요소에 좀 더 많은 시간과 노력을 할애하라.

하나님을 굳게 붙잡으라

우리는 우리 자신의 힘만으로는 기도하지 못하는 문제를 해결할 수 없다는 사실을 절실히 의식하고 있다. 기도의 신성함, 은사, 효력은 인간의 능력을 훨씬 넘어선다. 참된 기도를 드리려면 하나님의 은혜가 절대적으로 필요하다. 그러나 그렇다고 해서 하나님이 우리를 새롭게 하실 때까지 수동적으로 기다리고만 있어서는 안 된다. 주님을 먼저 구함으로써 은혜를 구해야 한다. 다윗은 시편 25편 1절에서 "여호와여 나의 영혼이 주를 우러러보나이다"라고 말했다. 바울은 골로새서 3장 1, 2절에서 "그러므로 너희가 그리스도와 함께 다시 살리심을 받았으면 위의 것을 찾으라 거기는 그리스도께서 하나님 우편에 앉아 계시느니라 위의 것을 생각하고 땅의 것을 생각하지 말라"라고 당부했다. 그리스도 안에서 마음과 생각을 언약의 하나님께 고정하고, 은혜의 보좌 앞에 가까이 나아가라. 야곱이 주님의 사자와 씨름하면서 축복을 받을 때까지 그분을 붙들고 놓아주지 않았던 것처럼 하나님이 축복하실 때까지 그분을 굳게 붙잡으라.

기도로 하나님을 붙잡으려면 다음 세 가지 지침을 기억하라.

1) 하나님의 약속에 호소하라. 하나님은 자신의 주권적인 뜻에 따라 우리에게 하신 약속을 통해 스스로 의무를 짊어지셨다. 아우구스티누스(354-430)는 자신의 어머니가 자기가 회심하기 오래전부터 하나님의 약속을 붙들고 기도했다고 말했다. 그녀는 "하나님이 친히 기록하신 약속에 의지해 그분을 설복시켰다." 그녀가 그렇게 했던 이유는 하나님이 언약의 은혜를 베풀어 "자신의 약속으로 스스로에게 의무를 지우기로" 결정하셨기 때문이다.[22] 시편 119편 25절은 "내 영혼이 진토에 붙었사오니 주의 말씀대로 나를 살아나게 하

---

22 Augustine, The Confessions of St. Augustine, trans. E. B. Pusey (New York: E. P. Dutton, 1950), 93 [V.ix.17].

소서"라고 말씀한다. 토머스 맨튼도 아우구스티누스와 비슷하게 "위로를 얻는 좋은 방법 가운데 하나는 기도로 하나님의 약속에 호소하는 것이다…하나님께 그분이 친히 기록하신 약속을 내밀라. 하나님은 자신의 말을 지키려고 힘쓰신다."라고 말했다.[23]

청교도들은 하나님의 약속에 의지해 기도하는 방법을 많이 사용했다. 존 트랩(1601-1669)은 "약속에 의지해 기도해야 한다. 하나님은 자신의 말로 (절박한 요구를 하면서) 자기에게 부담을 지우고 끈질기게 졸라대며, 자신이 약정한 사실을 근거로 간청하는 것을 좋아하신다. 기도는 하나님의 약속에 근거한 탄원이다. 하나님의 약속으로 그분께 부담을 지우는 것은 교만이나 주제넘은 행위가 아니다…그런 기도는 '주야로 우리 하나님 여호와께 가까이 있어서'(왕상 8:59) 하나님은 자기 자신을 부인할 수 없는 것처럼 그런 기도를 거부하지 못하신다."라고 말했다.[24]

윌리엄 거널도 "기도는 약속을 하나님께 되돌려 드리는 것이고, 그분의 말씀에 근거해 변론하는 것이며, 믿음으로 그분께 말대꾸하는 것이다."라고 말했다.[25] 그는 또한 "약속에 근거한 변론으로 기도를 강화하고, 그것으로 하나님을 설복하라. 약속은 믿음의 토

---

23 Manton, *Sermons Upon CXIX. Psalm,* in *Works,* 6:242. 여기에 맨튼은 라틴어로 아우구스티누스를 인용한다(cf. *Works,* 7:21).

24 John Trapp, *A Commentary on the Old and New Testaments,* ed. W. Hugh Martin (London: Richard D. Dickinson, 1867), 1:121 (on Gen. 32:9).

25 William Gurnall, *The Christian in Complete Armour* (1662-1665; repr., Edinburgh: Banner of Truth, 2002), 2:88.

대다. 강화된 믿음은 우리를 열성적으로 만들고, 그런 열성은 기도의 싸움터에서 신속하게 승리를 안고 돌아온다…하나님의 말씀에 강할수록 기도도 그만큼 더 강해진다."라고 말했다.[26]

2) 영광스러운 삼위일체를 바라보라. 우리의 기도가 무기력한 이유는 하나님을 생각하지 않기 때문이다. 우리는 위기가 닥치거나 즉각적인 필요가 발생했을 때 다급히 기도하거나 단순히 습관적으로 우리 자신을 향해 중얼거릴 때가 많다. 하나님을 가장 깊이 생각할 때 우리의 기도에 그분의 강력한 임재가 임한다. 따라서 기도할 때는 복음에 계시된 대로 죄인을 자기에게로 이끄시는 성부와 성자와 성령을 깊이 묵상하라. 기도 목록에 따라 급하게 구할 것만 아뢰지 말고, 하나님의 영광에 관해 말씀하는 성경 구절들을 생각하며 그 말씀들에 근거해 찬양을 드리라.

에베소서 2장 18절은 삼위일체의 세 위격께서 우리의 기도에 관여하신다고 말씀한다, "이는 그(그리스도 예수)로 말미암아 우리 둘이 한 성령 안에서 아버지께 나아감을 얻게 하려 하심이라." 기도는 성부로부터 비롯해 성자와 성령을 거쳐 다시 성부께로 이어지는 황금 사슬과도 같다. 성부께서 작정하셨고, 성자의 공로에 근거하며, 성령을 통해 말로 표현된 기도가 성자께로 다시 올라가고, 성자께서는 그것을 자신의 중보를 통해 하늘에 계시는 성부께서

---

26 Gurnall, *The Christian in Complete Armour*, 2:420–21.

받으실 수 있는 순수한 형태로 전달하신다. 따라서 올바른 말로 기도를 드릴 수 있도록 성령의 도우심을 의지해야 하고, 기도가 효력을 발휘할 수 있도록 그리스도를 신뢰해야 한다. 우리의 기도는 성자와 성령을 통해 만군의 하나님께 도달한다.

존 오웬은 고린도후서 13장 13절("주 예수 그리스도의 은혜와 하나님의 사랑과 성령의 교통하심이 너희 무리와 함께 있을지어다")을 근거로 성삼위 하나님 모두와 교제를 나누라고 권고했다.[27] 우리는 기도 생활을 통해 그리스도의 인격과 사역 안에 드러난 풍성한 은혜, 성부 하나님이 베푸신 선택과 양자의 사랑, 내주하시는 성령을 통한 하나님과의 교제의 위로를 경험적으로 더욱 깊이 알려고 노력해야 한다. 그런 식으로 단지 하나님의 축복을 받기 위해서가 아니라 그분 자신을 얻기 위해 기도해야 한다.

3) 하나님이 기도에 응답하신다는 것을 믿어 의심하지 말라. 안타깝게도 우리는 기도를 믿지 않을 때가 많다. 시편 65편 2절은 "기도를 들으시는 주여 모든 육체가 주께 나아오리이다"라고 말씀한다. 하나님이 자기를 구하는 자들에게 상을 주시는 분이라는 믿음이 있어야만(히 11:6) 진지한 마음으로 하나님께 나아갈 수 있다. 주 예수님은 구하면 (특히 성령을 선물로) 받을 것이라고 가르치셨다(눅 11:9-13).

---

27 John Owen, *Of Communion with God the Father, Son, and Holy Ghost* (1657), in *The Works of John Owen* (1850-1853; repr., Edinburgh: Banner of Truth, 1965-1968), 2:1-274. 이 뛰어난 책은 John Owen, *Communion with the Triune God*, ed. Kelly M. Kapic and Justin Taylor (Wheaton, Ill.: Crossway, 2007)로도 출간되었다.

자녀들에게 주는 것이 아버지이신 하나님의 본성이다. 야고보는 시련을 겪으면서도 하나님께 영적 지혜를 구하지도 않고, 후히 주시는 그분을 믿지도 않는 사람들을 엄히 꾸짖었다(약 1:2-8).

아무쪼록 "주의 이름을 부르는 자가 없으며 스스로 분발하여 주를 붙잡는 자가 없사오니"(사 64:7)라는 말을 듣는 사람이 없기를 바란다. 오히려 우리는 스스로 분발해 살아 계시는 하나님을 구해야 한다.

기도로 하나님의 얼굴을 구하라

기도는 놀랍고, 영광스럽고, 즐겁기 그지없는 일이다. 그러나 그리스도를 믿는 믿음이 없으면 기도는 힘들고, 부담스러울 뿐 아니라 사실상 불가능하다. 이 말에 공감하지 않을 신자는 아무도 없을 것이다. 나는 이번 장에서 이상적인 목표를 제시했지만, 나의 의도는 실망감을 안겨주기 위한 것이 아니라 기도가 부족하다고 느끼더라도 오히려 더욱 용기를 내도록 고무하는 데 있다.

나는 몇 가지 격려의 말로 이번 장을 마무리하고 싶다. 기도 생활에 낙심하지 말라. 당장에 다니엘과 같은 기도의 용사가 되려고 기대하지 말라. 단순히 기도할 의도를 굳게 다지거나 기도에 더욱 집중하거나 기도의 방법을 고안하는 것만으로는 참된 기도를 드리는 법을 배우기가 어렵다. 그런 기도를 드리려면 많은 시련과 싸움과 능력을 주시는 성령의 역사가 필요하다. 감사하는 마음으로 하나님과 교제를 나누고, 더욱 깊은 기도 생활을 하려고 노력하려면 불신앙과 절망과 싸우는 것이 무슨 의미인지를 알고 있었던 엘리야와 같은 기도의 사람이 되게 해달라고 하나님께 간구해야 한다. 야고보가 엘리야를 우리와 똑같은 인간으로 간주한 것이 흥미롭지 않은가? 그는 참된 기도를 드렸지만 깊은 절망에 빠지기도 했다.

내가 이런 말을 하는 이유는 우리가 이상주의에 짓눌려 끊임없는 불만족에 시달릴 수 있기 때문이다. 충분히 기도하지 못하고, 베풀지 못하고, 복음을 전하지 못한다고 괴로워하는 것이 신앙 생활의 전부는 아니다. 우리를 채찍질하는 것이 필요하지만 기독교를 매일 수많은 잡일을 처리해야 하는 것과 같은 율법적인 노역으로 전락시켜서는 안 된다. 감사, 특히 감사의 기도는 많은 점에서 모든 일에 더 나은 동기를 부여한다. 그리스도인이라면 불신자들에게 없는 귀한 것을 이미 소유한 상태이기 때문에 감사하며 하나님을 찬양해야 한다. 그리스도인은 모든 필요를 감사함으로 아뢸 수 있다. 언제든 은혜의 보좌 앞에 나갈 수 있는 것을 하나님께 감사하라. 하나님이 기도를 작정하고, 허락하고, 듣고, 응답하신다는 것을 믿고, 감사할 수 있는 은혜를 구하라. 이것을 진정으로 믿는다면 기도가 없는 삶에서 참된 기도의 삶으로 나아가 엘리야와 청교도처럼 놀라운 은혜를 베푸시는 삼위일체 하나님께 합당한 참된 기도를 드릴 수 있는 동기를 발견할 수 있을 것이다. 하나님은 영원토록 우리의 예배와 경외와 사랑을 받기에 지극히 합당하시다.

성찰과 논의를 위한 질문

1. 이번 장은 당신의 기도 생활에 어떤 자극을 주고 어떤 것을 알게 하였는가?

2. 청교도는 성경에 근거한 기도를 드리라는 말로 우리의 기도에 도움을 주었다. 기도 생활에 성경을 더 많이 적용하려면 어떻게 해야 할까?

3. 기도 생활을 강화하려면 하나님을 의지하는 믿음과 영적 훈련이 필요하다. 이번 장에서는 우리 자신을 굳게 다잡는 일곱 가지 방법과 하나님을 붙잡는 세 가지 방법을 논의했다. 그 가운데 당신이 활용할 필요가 있다고 느끼는 방법은 무엇인가?

Thriving in Grace

09
청교도들은 하나님의 주권적인 섭리로
고난 중의 신자를 지탱해준다

"그 복된 약속에 따라 선을 이루기 위해 모든 섭리가 실현되고, 집행된다. 규례, 은혜, 의무와 긍휼과 같이 그 자체로 선한 것들은 물론, 유혹, 고난, 죄, 부패와 같이 그 자체로 악한 것들까지 모두 그들을 유익하게 하고, 이롭게 하는 것으로 바뀐다…하나님은 가장 심각한 불행도 자기 백성을 유익하게 하는 것으로 바꾸실 수 있다."–**존 플라벨[1]**

존 메디나는 《브레인 룰스》라는 흥미로운 책에서 영국의 유명한 신경과 전문의 올리버 색스에게서 치료를 받았던 한 여성의 이야기를 전했다. 그 나이 든 여성은 지성적이고, 말도 잘했지만 뇌의 뒤쪽에 심각한 뇌경색이 발생한 상태였다. 그 결과, 그녀는 자신의 왼쪽에 있는 것은 아무것도 인식하지 못하게 되었다. 그녀의 인

---

1   John Flavel, *The Mystery of Providence* (repr., Edinburgh: Banner of Truth, 1995), 198.

식 능력은 시야의 오른쪽 절반에만 국한되었다. 이런 이유로 그녀는 거울을 보고 화장을 할 때는 얼굴의 오른쪽에만 볼연지와 립스틱을 발랐고, 식사할 때도 접시의 오른쪽 절반에 놓여 있는 음식만 먹었다. 그녀는 때로 간호사들에게 커피와 후식을 가져다주는 것을 잊었다거나 음식이 너무 적다고 불평하곤 했다.[2]

이따금 신자들의 영적 인식 능력에서도 그와 비슷한 증상이 발견된다. 번영과 축복의 때에는 하나님의 손길을 쉽게 인식하면서 역경과 시련의 때에는 그분의 손길을 전혀 인식하지 못한다. 하나님의 명료한 인도와 은혜로운 도움에는 감사하지만, 시련과 환난으로 어려움을 겪을 때는 하나님이 우리를 잊으셨다거나 돌보지 않으신다거나 미워하신다고 생각한다. "아내가 암에 걸렸을 때 하나님은 대체 어디에 계셨는가?" "왜 또 아이가 유산되었나?" "왜 하나님은 내 기도를 들어주지 않으셨을까?" 신자들은 고난의 와중에서 종종 이런 당혹스러운 질문들을 떠올리며 괴로워한다. 심지어 시편 저자도 "여호와여 어느 때까지니이까 나를 영원히 잊으시나이까 주의 얼굴을 나에게서 어느 때까지 숨기시겠나이까"(시 13:1)라고 부르짖었다. 아들들로부터 베냐민을 애굽으로 반드시 데려가야 한다는 소식을 전해 들은 늙은 야곱처럼, 우리도 하나님이 사람이 저지른 악을 선으로 바꾸어주신다는 진리를 기억하지 못한 채 눈앞의 상황만을 바라보며 "이는 다 나를 해롭게 함이로다"(창

---

2   John Medina, *Brain Rules: 12 Principles for Surviving and Thriving at Work, Home, and School* (Seattle, Wash.: Pear Press, 2008), 77.

42:36)라고 말하는 경향이 있다. 우리의 문제는 하나님의 섭리를 불완전하게 이해하는 것에 있다. 청교도들은 고난의 와중에도 하나님의 주권적인 섭리를 믿는 믿음을 통해 영적으로 성장할 수 있게 우리를 돕는다. 이번 장에서는 섭리의 범위, 섭리를 통한 하나님의 선한 목적, 섭리에 대한 우리의 반응을 잠시 생각해 볼 것이다.

섭리의 범위

일단 용어의 정의부터 살펴보기로 하자. 청교도는 하나님의 섭리를 어떻게 정의했을까? 〈웨스트민스터 신앙고백〉 안에서 가장 주의 깊게 작성한 진술문 가운데 하나가 발견된다. "만물의 위대한 창조주이신 하나님은 무오한 예지와 자유롭고 불변하는 뜻의 결정에 따라 가장 지혜롭고 거룩하신 섭리를 베풀어 가장 큰 것에서부터 가장 작은 것에 이르기까지 모든 피조물과 행위와 상황을 관리하고, 감독하고, 작정하고, 통치함으로써 그 지혜와 권능과 의와 선하심과 긍휼의 영광을 찬양하게 하신다."[3]

위의 내용은 세상에서 이루어지는 하나님의 섭리 사역의 범위

---

3 〈웨스트민스터 신앙고백〉 5장 1항. 이번 장의 나머지 부분에서는 하나님의 섭리와 이차적인 원인들의 관계를 자세하게 밝히는 한편, 다양한 수단들을 활용하시는 하나님(하나님은 그런 것들을 통해 역사하기도 하고, 또 "그런 것들을 초월하거나 그런 것들을 거슬러 역사하거나 그런 것들이 없더라도 그 기쁘신 뜻에 따라" 자유롭게 역사하는 능력을 지니고 계신다), "죄를 부추기거나 승인하는 것 없이" 인간의 죄를 다스리고 규제하시는 하나님, 자기 백성을 한동안 "그들 자신의 부패한 마음과 다양한 유혹에 버려둠으로써" 하나님이 이루고자 하시는 선한 목적, 악하고 경건하지 못한 자들을 강퍅하게 놔두시는 하나님의 의로운 행위, 하나님이 섭리를 통해 교회에 베푸시는 특별한 관심과 보호 등을 살펴볼 생각이다.

가 모든 것을 포괄한다고 진술한다. 하나님은 섭리를 통해 "가장 큰 것에서부터 가장 작은 것에 이르기까지 모든 피조물과 행위와 상황을 관리하고, 감독하고, 작정하고, 통치하신다." 겉으로 볼 때 아무리 사소한 것이라도 하나님의 뜻 안에 포함되지 않은 것은 아무것도 없다. 아무리 악하고, 반갑지 않은 죄나 불행이나 부패일지라도 하나님의 선하고, 은혜롭고, 지혜롭고, 주권적인 목적을 방해할 수 없다.

이것은 하나님의 섭리를 다룬 가장 뛰어난 청교도의 책들이 한결같이 긍정하는 사실이다. 오바댜 세즈윅(1600-1658)는 "하나님의 섭리란 만물을 지혜롭고, 거룩하고, 의롭고, 강력하게 보존하고 다스려 자신의 영광을 친미하게 하시는 그분의 행위를 의미한다." 고 말했다.[4] 존 플라벨은 《섭리의 신비》 1부에서 신자들의 삶 속에 나타난 "섭리의 증거"를 살펴보면서 우리의 탄생, 성장, 회심, 직업, 가정 생활, 악으로부터의 보호, 성화가 하나님의 섭리를 통해 어떻게 이루어지는지를 보여주었다.[5] 토머스 왓슨은 섭리를 "세상을 다스리는 여왕이자 총독"으로 일컬으며 "섭리는 세 가지, 곧 하나님의 예지, 하나님의 결정, 모든 것이 제각각 그 시대와 사건에 맞게 일어나도록 이끄는 하나님의 행위로 이루어진다. 세상에서 어떤 일이 일어나든 그것은 모두 하나님이 그렇게 되도록 허락하

---

4 Obadiah Sedgwick, *Providence Handled Practically,* ed. Joel R. Beeke and Kelly Van Wyck (Grand Rapids: Reformation Heritage Books, 2007), 8.

5 Flavel, *The Mystery of Providence,* 27 – 109.

202 은혜 안에서 번성하라

시기 때문이다."라고 말했다.[6] 이 말은 로마서 8장 28절("우리가 알 거니와 하나님을 사랑하는 자 곧 그 뜻대로 부르심을 입은 자들에게는 모든 것이 합력하여 선을 이루느니라")을 논한 왓슨의 유익한 책에서 발췌한 것이다.

왓슨은 이 구절을 설명하면서 "최상의 것들"(하나님의 속성, 약속, 긍휼, 성령의 은혜, 천사들의 사역. 그리스도의 중보 기도, 성도들의 교제와 기도 등)만이 아니라 "최악의 것들"까지도 경건한 신자를 유익하게 한다고 말했다.[7] 최악의 것들 가운데는 특히 네 가지 불행, 곧 고난, 유혹, 하나님의 외면(하나님이 일시적으로 은혜와 위로를 거두시는 것), 죄가 포함된다.

플라벨도 《섭리의 신비》에서 똑같은 가르침을 베풀었다. 그는 "(신자들에게는) 그 복된 약속에 따라 선을 이루기 위해 모든 섭리가 실현되고 집행된다. 규례, 은혜, 의무와 긍휼과 같이 그 자체로 선한 것들은 물론, 유혹, 고난, 죄, 부패와 같이 그 자체로 악한 것들까지 모두 그들을 유익하게 하고, 이롭게 하는 것으로 바뀐다…하나님은 가장 심각한 불행도 자기 백성을 유익하게 하는 것으로 바꾸실 수 있다."라고 말했다.[8]

청교도는 신중한 신학자들이었기 때문에 그런 불행이 그 자체

---

6   Thomas Watson, *All Things for Good* (Edinburgh: Banner of Truth, 2001 repr. of *A Divine Cordial*, 1663), 56.
7   Watson, *All Things for Good*, chs. 1 – 2.
8   Flavel, *The Mystery of Providence*, 198.

로 유익한 것은 아니라고 분명하게 밝혔다. 왓슨은 "(그런 것들은) 저주의 결과이다. 그것들은 본질적으로는 나쁘지만 그것들을 알맞게 정하고, 거룩하게 하시는 하나님의 지혜로운 다스림의 손길이" 그것들을 이용해 우리를 유익하게 한다고 말했다.[9] 그는 이 진리를 구체적으로 예시하기 위해 시계에 빗대었다. "톱니바퀴들이 서로 반대로 움직이는 것처럼 보이지만 모두 협력해 시계를 작동시키는 것처럼 경건한 자들을 거스르는 것처럼 보이는 것들도 하나님의 놀라운 섭리를 통해 그들을 유익하게 한다."[10] 세즈윅은 "모든 고난은 하나님의 섭리에 따라 이루어진다. 그것들은 우연이 아닌 명령과 작정의 산물이다."라고 말했다.[11]

만사가 합력해 신자들을 유익하게 하는 "이유는 하나님이 자기 백성에게 극진한 관심을 기울이시기 때문이다." 여기에서 왓슨은 하나님이 자기 백성에게 하신 언약적 약속("그들이 내 백성이 되겠고 나는 그들의 하나님이 될 것이며"-렘 32:38)을 언급했다. 그는 "이런 약속 때문에 만사가 합력해 그들을 유익하게 하고, 또 유익하게 할 수밖에 없다…'너희 하나님'은 성경에서 가장 은혜로운 표현이 아닐 수 없다. 이 말은 최상의 관계를 함축한다. 하나님과 그분의 백성이 이런 관계를 맺고 있는데 모든 것이 합력해 그들을 유익하게

---

9   Watson, *All Things for Good*, 25.
10 Watson, *All Things for Good*, 25.
11 Sedgwick, *Providence Handled Practically*, 53.

하지 않는 일이 일어날 리 없다."고 덧붙였다.[12] 왓슨의 설명에 따르면 "이런 관계" 안에 의원과 환자의 관계, 아버지와 자식의 관계, 남편과 아내의 관계, 친구 간의 관계, 몸의 머리와 지체의 관계가 포함되어 있다. 하나님은 주 예수 그리스도를 통해 자기 백성과 그런 특별한 관계를 맺고, 그들을 안전하게 보존하신다. 하나님은 우리의 의원이요 아버지이자 남편이요 친구이자 머리이시다. 따라서 하나님은 자기가 선택한 사랑하는 백성들, 곧 자신의 환자이자 자녀이자 신부이자 친구이자 지체인 신자들을 유익하게 하실 수밖에 없다.

그렇다면 하나님의 섭리, 특히 고난의 섭리에는 그분의 어떤 선한 목적이 숨어 있는 것일까?

섭리를 통한 하나님의 선한 목적

성경의 사람이었던 청교도들은 로마서 8장 28절 말씀, 곧 하나님이 고난을 통해서까지 자기를 사랑하는 자들을 유익하게 하신다는 데 전적으로 동의했다. 그들은 고난 속에서, 고난을 통해 이루어지는 하나님의 섭리적 사역을 다룬 많은 설교와 책을 통해 하나님의 선한 목적을 상세하게 설명했다.

대표적인 사례 가운데 하나는 토머스 케이스(1598-1682)가 저술한 《고통에 대한 논고》다. 이 책은 리처드 러싱이 새롭게 가다듬어

---

12 Watson, *All Things for Good*, 52.

《그리스도인들이 고난 받을 때》라는 제목으로 출판되었다. 이 두 껍지 않은 책은 "여호와여 주로부터 징벌을 받으며 주의 법으로 교훈하심을 받는 자가 복이 있나니"(시 94:12)라는 말씀을 설명하고 적용하는 내용으로 이루어져 있다. 케이스는 이 말씀을 "죄로 인한 고난이든 의로 인한 고난이든, 또 고난의 출처가 하나님이든 사람이든 사탄이든 상관없이 크고 작은 모든 종류의 고난에" 적용해[13] "하나님이 고난을 통해 자기 백성에게 가르치시는 스물한 가지 교훈"을 열거했다.[14] 항상 적용에 관심을 기울였던 다른 청교도 저술 가들도 비슷한 교훈들을 제시했다. 고난의 섭리 안에 숨어 있는 하나님의 목적을 다섯 가지만 간추려 말하면 다음과 같다.

1) 세상의 위로를 좀 더 깊이 감사하는 마음으로 적당히 사용하게 하기 위해. "하나님은 고난을 통해 외적인 긍휼과 위로를 소중히 여기면서도 그것에 온전히 매료되지 않도록 가르치신다."[15] 우리는 외적인 축복들이 우리에게서 사라지기 전까지는 그것들을 감사하게 생각하지 않을 때가 많을 뿐 아니라 그런 위로를 지나치게 의존하는 경향이 있다. "사람들은 하나님의 축복이 가득 흘러넘치면 축복을 베푸신 하나님을 소홀히 하기 쉽다."[16] 하나님이 징계의 섭리

---

13 Thomas Case, *When Christians Suffer* (Edinburgh: Banner of Truth, 2009), 13.
14 Case, *When Christians Suffer*, 14.
15 Case, *When Christians Suffer*, 15.
16 Case, *When Christians Suffer*, 15.

를 베풀어 그런 축복들을 잠시 거두어가시면 그것들을 감사하는 마음이 증대되고, 그것들을 무절제하고, 과도하게 사용하는 것을 자제하게 된다.

좀 더 건강한 식사를 하기로 마음먹고 음식을 적당히 섭취하면 식욕을 적절히 조절해 매번의 식사를 좀 더 온전하게 즐길 수 있다. 적게 먹으면 음식에 의존하려는 습관은 줄어들고, 음식에 대한 즐거움은 증대된다. 하나님의 징계도 그와 비슷한 효과를 나타낸다.

2) 죄를 징계함으로써 죄를 더욱 깊이 자각하게 하기 위해. 청교도들은 죄의 죄악됨(3장 참조)을 자주 강조했고, 역경을 신자들을 정결하게 하고, 죄를 깊이 자각하게 하기 위한 하나님의 회초리로 간주했다. 케이스는 "하나님은 고난을 통해 우리에게 죄의 죄악됨을 일깨워 주신다. 죄는 항상 악하지만 우리는 그런 사실을 심각하게 의식하지 않는 경향이 있다. 세상의 먼지가 우리의 눈에 가득 들어차 있는 탓에 죄 속에 감추어진 악을 분명하게 보지 못한다. 하나님은 죄를 분명하게 볼 수 있도록 예리하고, 호된 고난의 파도로 그 먼지를 씻어내 눈을 깨끗하게 해주신다."라고 말했다.[17] 하나님의 징계는 감당하기 어렵지만 우리를 유익하게 하고, 우리의 자녀됨을 확증하며, 우리를 거룩하게 한다(히 12:5-11).

---

17 Case, *When Christians Suffer*, 58.

청교도들은 신자들에 대한 하나님의 징계가 "보복적인 정의"가 아닌 "부성적 긍휼"에서 비롯된 것이라고 분명하게 밝혔다.[18] 하나님은 죄를 징계하기 위해 우리의 삶 속에 시련을 허락하시지만, 그 목적은 자신의 정의를 만족하게 하기 위해서가 아니라 우리를 책망하고 경고하심으로써 저지른 죄를 슬피 뉘우치고, 그런 잘못을 되풀이하지 않도록 조심하게 만들기 위해서다."[19]

그리스도께서 죄의 징벌을 짊어지셨고, 하나님은 신자들의 죄를 용서하시지만, 그분은 아버지로서 자기 백성의 잘못을 바로잡아 주신다. 이 점을 항상 기억해야 한다. 그리스도께서는 엄청난 진노의 소낙비, 곧 죄에 대한 하나님의 불쾌감이 무한히 드러났던 어둡고, 암울한 시간을 온전히 감당하셨다. 그 덕분에 우리에게 빛의 소낙비가 임함으로써 우리는 하나님의 따뜻한 사랑으로 흠뻑 젖은 채 그 따스함 속에서 열매를 맺고, 겸손해진다. 그리스도께서 그 쓴 잔의 찌끼를 들이키셨던 것은 우리가 받아야 할 저주가 그만큼 컸기 때문이고, 우리가 마실 잔을 그렇게 많이 남겨두신 이유는 우리의 죄를 깨닫고 겸손하게 하기 위해서다. 신자가 죄 때문에 겪는 고통은 보복적인 정의에서 비롯한 형벌이 아닌 부성애에서 비롯한 치료제다. 그것은 유죄 선고나

---

18 Samuel Bolton, *The True Bounds of Christian Freedom* (Edinburgh: Banner of Truth, 1994), 122.
19 Bolton, *True Bounds of Christian Freedom*, 122.

정죄가 아닌 징계다.[20]

3) 그리스도의 성품을 닮게 하기 위해. 고난을 통한 하나님의 목적 가운데 또 다른 하나는 자기의 아들 예수 그리스도를 더욱 닮게 하기 위해서다. 바울은 로마서 8장 28절이 말하는 하나님의 목적을 바로 다음 구절("하나님이 미리 아신 자들을 또한 그 아들의 형상을 본받게 하기 위하여 미리 정하셨으니 이는 그로 많은 형제 중에 맏아들이 되게 하려 하심이니라"–롬 8:29)을 통해 적절하게 설명했다.

토머스 왓슨은 "하나님의 회초리는 우리에게 그리스도의 형상을 좀 더 생생하게 그려 넣는 연필과도 같다."고 말했다.[21] 이 점과 관련해 성경에서 가장 자주 사용된 비유 가운데 하나는 용광로의 불이다. 베드로의 말을 기억하는가? 그는 고난받는 신자들에게 그들이 받게 될 유업에 관해 이렇게 말했다.

"너희는 말세에 나타내기로 예비하신 구원을 얻기 위하여…하나님의 능력으로 보호하심을 받았느니라 그러므로 너희가 이제 여러 가지 시험으로 말미암아 잠깐 근심하게 되지 않을 수 없으나 오히려 크게 기뻐하는도다 너희 믿음의 확실함은 불로 연단하여도 없어질 금보다 더

---

20 Bolton, *True Bounds of Christian Freedom*, 122 – 23. 볼턴은 하나님이 자기 백성을 징계하시는 이유를 다섯 가지로 나눠 제시했다. (1) 악인들을 두려워해 멀리하게 하시기 위해, (2) 자신의 정의를 나타내시기 위해, (3) 수치스러운 죄를 제거하시기 위해, (4) 다른 사람들에게 경고하시기 위해, (5) 그들을 유익하게 하고, 그들의 구원을 증진하시기 위해.

21 Watson, *All Things for Good*, 28.

귀하여 예수 그리스도께서 나타나실 때에 칭찬과 영광과 존귀를 얻게 할 것이니라 예수를 너희가 보지 못하였으나 사랑하는도다 이제도 보지 못하나 믿고 말할 수 없는 영광스러운 즐거움으로 기뻐하니 믿음의 결국 곧 영혼의 구원을 받음이라"(벧전 1:5-9).

토머스 케이스는 "하나님은 고난을 통해 우리의 은혜를 더욱 증대시키신다."라고 말했다.[22]

은혜로운 성부께서는 우리의 고난을 통해 항상 선하고, 은혜로운 목적을 이루신다. 그분이 우리를 징계하시는 목적은 자신의 거룩함에 참여해 그리스도의 영광스러운 형상을 더욱 본받게 하기 위해서다. "내 주 예수님의 망치와 줄과 용광로에 그 얼마나 많은 신세를 지고 있는가! 주님 덕분에 나는 그리스도의 맷돌에 갈려 그분의 화덕에 들어가 그분의 식탁에 올려질 빵이 되어 나올 그분의 밀이 되는 것이 얼마나 좋은지를 깨닫게 되었다. 시련을 통한 은혜는 단순한 은혜보다 더 낫고, 더 풍성하다. 그것은 첫 시작부터 영광스럽다."[23]

4) 하나님과 더욱 친밀하고, 은혜로운 교제를 나누게 하기 위해. "하나님은 징계를 통해 영혼을 자기에게로 더 가까이 이끌어 친밀하고 은

---

22 Case, *When Christians Suffer*, 31.
23 John Flavel, *The Fountain of Life*, in *Works*, 1:331에 인용되어 있음.

혜로운 교제를 나누게 하신다."[24] 하나님은 고난을 통해 자기를 아는 기쁨을 더욱 크게 하신다. "세상이 하나님과 우리의 마음 사이를 비집고 들어오도록 허용하면,"[25] 시련이 찾아와 하나님을 소홀히 하고 욕되게 한 죄를 깨우쳐 준다. 케이스는 "하나님의 백성은 합법적인 위로를 즐길 때 가장 큰 잘못을 저지른다. 왜냐하면 추잡한 죄만큼 유혹의 덫이 뚜렷하게 보이지 않기 때문이다. 형통함으로 우리의 마음이 즐거울 때, 우리는 작은 죄는 큰 해를 끼칠 수 없다고 생각할 때가 많다. 하지만 그것은 큰 착각이다."라고 말했다.[26] 케이스는 계속해서 이렇게 덧붙였다.

가장 작은 한 방울의 독액도 독인 것처럼 가장 작은 죄도 죄의 본성을 고스란히 간직하고 있다. 작은 죄가 하나님을 더욱 욕되게 하는 이유는 우리가 사소하게 생각하는 것, 곧 감각적인 작은 만족을 위해 그분을 노엽게 하고, 불쾌하게 만드는 행위를 서슴지 않는 것이기 때문이다. 큰 죄는 양심에 깊은 상처를 냄으로써 영혼이 피를 흘리며 은혜의 보좌 앞에 나가 슬퍼하고, 애통해하며, 새롭게 뿌려지는 그리스도의 피를 통해 안식을 얻어 하나님과의 평화와 교제를 회복할 수 있게 해주지만, 작은 죄는 별다른 후회 없이 침묵으로 일관하게 함으로써 자기도 모르는 사이에 예수 그리스도로부터 마음이 멀어지고, 소외되는

---

24 Case, *When Christians Suffer*, 29.
25 Case, *When Christians Suffer*, 29.
26 Case, *When Christians Suffer*, 29 – 30.

결과를 가져온다.[27]

5) 천국을 더 간절히 사모하게 하기 위해. 고난과 시련을 통한 하나님의 또 다른 목적은 "천국을 소중히 여겨 사모하도록" 가르치기 위해서다.[28]

하나님은 징계를 통해 우리의 마음이 차츰 현세에서 돌이켜 본향을 향하도록 이끄신다. 그분은 하늘의 위로가 지극히 탁월하다는 것을 깨닫게 하고, 영혼이 자신의 임재를 온전히 사모할 수 있게 하기 위해 세상을 높이 평가하는 마음을 약화시키신다. 고난은 천국의 영광을 보여 준다. 천국은 지친 자들에게는 안식을 주고, 쫓겨난 사람들에게는 거할 집을 주고, 멸시받는 자들에게는 영광을 안겨 주고, 포로된 자들에게는 자유를 주고, 고통스러워하는 자들에게는 사랑을 주고, 승리한 자들에게는 생명의 면류관을 주고, 굶주린 자들에게는 감추어진 만나를 주고, 목마른 자들에게는 생명의 샘물과 희락의 강수를 주고, 슬퍼하는 영혼에게는 충만한 기쁨을 주고, 애곡하는 자들에게는 영원한 즐거움을 준다. 고난받는 영혼에게 천국은 진정 사랑스럽기 그지없다.[29]

---

27 Case, *When Christians Suffer*, 30.
28 Case, *When Christians Suffer*, 56.
29 Case, *When Christians Suffer*, 57.

하나님의 섭리에 대한 우리의 반응

우리의 삶 속에서 이루어지는 하나님의 섭리에 어떻게 반응해야 할까? 청교도들은 이 문제와 관련해서도 많은 가르침을 주었다. 그들의 가르침을 복종과 묵상이라는 두 가지 제목으로 나눠 간단히 요약하면 다음과 같다.

복종

첫째, 우리는 삶의 상황을 이끄시는 하나님의 지혜와 뜻에 복종해야 한다. 토머스 브룩스는 "이 세상에서 마주치는 가장 큰 고난과 가장 슬픈 섭리와 가장 혹독한 시련 속에서도 묵묵히 침묵하는 것이 은혜로운 영혼이 감당해야 할 큰 의무이자 과제다."라고 말했다.[30] 묵묵히 감수하는 것이 우리의 의무일지라도 참된 복종은 또한 우리 안에서 이루어지는 성령의 역사이기도 한다. 플라벨은 "의무는 우리의 것이지만 그것을 실행하는 힘은 하나님의 능력에서 비롯한다. 우리는 성령의 역사에 힘입어 행동한다."고 말했다.[31]

고난 중에 하나님께 복종해야 한다는 주제를 가장 잘 다룬 책 가운데 하나는 토머스 보스턴의 《운명의 굴곡(*The Crook in the lot*)》이다 (한국어 번역서의 제목은 《고통 속에 감추인 은혜의 경륜》이다-번역주). 이 유익한 책의 내용은 전도서 7장 13절("하나님께서 행하시는 일을 보라 하나

---

[30] Thomas Brooks, *The Mute Christian under the Smarting Rod*, in *The Works of Thomas Brooks*, ed. Alexander B. Grosart (1861 – 1867; repr., Edinburgh: Banner of Truth, 2001), 1:287.

[31] Flavel, *The Mystery of Providence*, 211.

님께서 굽게 하신 것을 누가 능히 곧게 하겠느냐")의 해설과 적용으로 이루어져 있다. 보스턴은 "그리스도인들이 고통스러운 사건들을 경험할 때 올바른 태도를 지니려면 그것들을 바라보는 올바른 관점이 반드시 필요하다. 그런 관점은 감각이 아닌 믿음을 통해 얻을 수 있다."고 말했다.[32] 그는 이 점을 설명하기 위해 세 가지 지침을 제시했다.

> 지침 1. 개인에게 닥친 시련은 무엇이든 하나님에게서 비롯한 것이다.
>
> 지침 2. 하나님이 합당히 여겨 굽게 하신 것은 무엇이든 개인의 힘으로는 곧게 할 수 없다.
>
> 지침 3. 시련을 하나님에게서 비롯한 것이나 그분의 사역으로 생각하는 것이 그런 상황 속에서 그리스도인이 올바른 태도를 지닐 수 있는 길이다.[33]

보스턴의 책 제목은 약간의 설명이 필요하다. 이 제목은 "개발되지 않은 땅에 숨어 있는 사기꾼"이라는 의미와는 거리가 멀다.[34] 보스턴이 사용한 용어(lot)는 개인의 운명, 즉 하나님이 작정하고,

---

32 Thomas Boston, *The Crook in the Lot* (Edinburgh: Banner of Truth, 2017), 1.

33 Boston, *The Crook in the Lot*, 3.

34 J. I. 패커는 이 고전의 서문에서 사뭇 익살스럽게 그런 말을 제시하였다. 오늘날 많은 사람들은 그렇게 생각한다. J. I. Packer, *Puritan Portraits* (Fearn, Scotland: Christian Focus Publications, 2012), 105을 보라.

결정하신 그 사람의 특정한 상황과 갖가지 관계("하나님이 인생의 여정을 걸어가는 자신의 종들을 위해 섭리를 통해 결정해 놓으신 길")를 의미한다.[35] 또 다른 용어(crook)는 "역경," 특히 "일정한 시간 동안 지속되는 역경"을 가리킨다.[36] 다시 말해, 이것은 "불편하고, 불만족스럽고, 굴곡진 삶의 측면으로 청교도들은 이를 손실과 십자가로 일컬었다. 요즘의 표현을 빌리면, 신발 속에 있는 성가신 돌조각이요, 침대에 붙어 있는 가시요, 안장 밑에 낀 깔쭉깔쭉한 이물질이다."[37] 이런 불운하고, 불쾌한 삶의 측면이 우리 모두를 괴롭히며, 개인의 신체적인 능력과 기능, 직업적 소명이나 신분, 다른 사람들과의 관계를 포함한 삶의 모든 영역에 영향을 미친다.

보스턴은 가족들과의 관계에 관해서는 "그들은 인간에게 위로를 제공하는 원천이지만 종종 가장 큰 불행의 원인이 되기도 한다."고 말했다.[38] 가정에 시련이 닥치거나 사랑하는 사람을 잃은 것이 그런 상황에 해당한다. 그러나 "때로는 그들 자신의 기질이나 성향이나 삶의 방식이 그릇 왜곡되어 곤란한 상황이 발생함으로써 인생의 굴곡이 찾아오기도 한다."[39] 보스턴은 욥의 불충실하고 심술 궂은 아내(욥 19:17), 무례하고 성질이 고약한 아비가일의 남편(삼상 25:25), 고집스럽고 삐뚤어진 엘리의 아들들(삼상 2:25), 분노를

---

35 Packer, *Puritan Portraits,* 105.
36 Boston, *The Crook in the Lot,* 6.
37 Packer, *Puritan Portraits,* 105.
38 Boston, *The Crook in the Lot,* 14 – 15.
39 Boston, *The Crook in the Lot,* 15.

조절하지 못하는 요나단의 아버지 사울(삼상 20:30, 33)을 예로 들었다. "죄는 피조 세계 전체를 혼란스럽게 만들었고, 모든 관계를 왜곡시켰다."[40] 인간의 불행은 참으로 다양하기 그지없다.

그러나 보스턴이 분명하게 말한 대로 그런 역경과 불행, 곧 인생의 굴곡은 모두 하나님에게서 비롯한다. "하나님이 행하시는 일을 보라 하나님께서 굽게 하신 것을 누가 능히 곧게 하겠느냐 형통한 날에는 기뻐하고 곤고한 날에는 되돌아보아라 이 두 가지를 하나님이 병행하게 하사 사람이 그의 장래 일을 능히 헤아려 알지 못하게 하셨느니라"(전 7:13-14). 보스턴은 이렇게 말했다.

섭리에 관한 성경의 가르침을 통해 하나님이 모든 사람의 운명과 그 모든 과정을 결정하신다는 사실이 분명하게 드러난다. 하나님은 인간사를 온전히 통제하며, 그것을 자신이 원하는 대로 이끄신다…우리에게 닥치는 일 가운데 그분의 통제에서 벗어난 것은 아무것도 없다. 우리를 모태에서 나오게 했던 그 섭리가 또한 우리를 인도해 "우리의 연대를 정하시며 거주의 경계를 한정하시는"(행 17:26) 하나님이 우리에게 할당하신 장소와 상황 속에 머물러 있게 한다. 하나님의 섭리가 우리와 관련된 가장 작고, 가장 일상적인 일, 심지어는 머리카락 한 올까지도 모두 통제한다(마 10:29-30). "제비는 사람이 뽑으나"(잠 16:33)라는 말씀대로 우리는 자유로운 의지의 행위를 통해 스

---

40 Boston, *The Crook in the Lot*, 15. 우리의 인간 관계와 관련된 하나님의 섭리에 대해서는, *Providence Handled Practically*, 77도 보라.

스로 선택하지만, "왕의 마음이 여호와의 손에 있음이 마치 봇물과 같
아서"(잠 21:1)라는 말씀대로 하나님이 모든 것을 작정하고, 인도하신
다. "삶의 길이 자신에게 있지 아니하니 걸음을 지도함이 걷는 자에게
있지 아니하나이다"(렘 10:23)라는 말씀대로 우리가 걷는 모든 발걸음
과 다른 사람들이 우리와 관련해 행하는 모든 일이 하나님의 통제를
받는다.[41]

보스턴은 "고난은 물론, 본질상 중대하고, 부정한 죄에 해당하
는 사악하고, 불순한 운명의 굴곡"조차도 하나님의 "거룩한 섭리를
통해 주어진 것"으로 그분이 그것들을 "강력하게 통제하고, 지혜
롭게 다스려 선한 목적을 이루고, 신적 완전함에 도달하도록 이끄
신다."라고 말했다.[42] 따라서 우리는 운명의 굴곡을 겪더라도 하나
님께 기꺼이 복종해야 한다. "운명의 굴곡은 하나님이 결정하신 것
이기 때문에 그 안에서 그분의 손길을 발견하고, 어떤 일이 닥치든
그것을 기꺼이 받아들여, 그 아래 복종해야 한다. 운명의 굴곡 안
에서 하나님의 손길을 발견하는 것이 중요하다. 만일 그렇지 않으
면 그런 굴곡을 기꺼이 감수한다고 해도 하나님이 인정하시는 기
독교적 복종이 될 수 없다.[43]

---

41 Boston, *The Crook in the Lot*, 16 – 17.
42 Boston, *The Crook in the Lot*, 19 – 21.
43 Boston, *The Crook in the Lot*, 35.

묵상

둘째, 우리는 하나님의 섭리를 묵상하는 법을 배워야 한다. 이것이 플라벨이 저술한 《섭리의 신비》의 요지다. "어떤 상태에 처하든, 어떤 인생의 단계를 거치든, 특별히 시련에 직면했을 때 섭리를 묵상하는 것이 성도의 의무다."라고 말했다.[44] 플라벨의 책은 신사들의 삶에 작용하는 하나님의 섭리의 증거를 분명하게 진술하고 나서 2부에서는 그런 묵상의 유익과 이유와 지침을 제시했다.

플라벨이 구체적으로 제시한 지침은 모두 네 가지다.

• 가능한 한 자신에 관한 섭리를 처음부터 끝까지 철저하고, 온전하게 인식하려고 노력하라.

• 하나님의 섭리를 묵상할 때는 특별히 하나님의 말씀이 어떻게 성취되어 자신을 유익하게 하는지에 관심을 집중하라.

• 섭리를 되짚어보며 묵상할 때는 하나님이 그 모든 것을 작정하고, 결정하신다는 것을 기억하라(잠 3:6).

• 당신과 관련된 하나님의 구체적인 섭리가 요구하는 심령 상태를 유지하고, 그에 걸맞는 거룩한 애정(affections)을 발현하려고 노력하라(전 7:14).[45]

---

44 Flavel, *The Mystery of Providence*, 20.
45 Flavel, *The Mystery of Providence*, 117-38.

플라벨은 또한 하나님을 섬기다가 지쳐 실망하거나 "지나친 호기심을 가지고 섭리의 비밀을 파헤쳐" 교만한 태도로 "그 계획을 판단하고, 비난함으로써" 섭리의 교리를 오용하는 잘못을 저지르지 않도록 주의하라고 경고했다.[46]

플라벨은 이런 지침들을 제시하고 나서 "섭리를 묵상하는 데서 비롯하는" 열 가지 유익을 길게 논의했다.[47] 그런 유익들 가운데는 하나님과의 교제, 믿음의 강화, 내적 평화와 고요함, 개인적인 거룩함의 향상, 임종에 대한 대비 등이 포함된다. 그는 "임종을 앞둔 상태에서 삶의 시작부터 끝까지 하나님의 특별한 사랑과 보호하심을 상기시키는 일들을 몇 가지 곰곰이 되짚어 보고, 사는 동안 내내 우리와 늘 함께해 온 은혜를 묵상하면 죽음을 은혜롭게 맞이할 수 있다."고 말했다.[48]

플라벨은 삶 속에서 경험한 하나님의 섭리를 "신앙 일지에 기록해 자신과 다른 사람들이 유익하게 사용할 수 있게 하라"는 권고를 끝으로 자신의 책을 마무리했다.[49] 그리스도인의 자서전을 통해 유익을 얻은 경험이 있는 사람이라면 누구나 익히 알다시피 이것은 참으로 지혜로운 조언이 아닐 수 없다. 하나님이 칼빈, 번연, 스펄전과 같은 고난받은 성도들을 충실하게 보살피신 이야기를 읽고

---

46 Flavel, *The Mystery of Providence*, 141.
47 Flavel, *The Mystery of Providence*, 143.
48 Flavel, *The Mystery of Providence*, 174.
49 Flavel, *The Mystery of Providence*, 219.

도움을 얻은 신자들이 헤아릴 수 없이 많다. 우리가 우리 자신과 가족들을 도울 수 있는 방법 가운데 하나는 우리를 충실하게 보살피신 하나님에 관한 경험을 글로 남기는 것이다.

플라벨 자신도 많은 고난을 겪었다. 그의 부모는 뉴게이트 감옥에 갇혔다가 나와 1665년에 역병에 걸려 세상을 떠나고 말았다. 플라벨이 다른 2,000명의 청교도 목회자들과 함께 1662년에 설교권을 박탈당한 지 얼마 지나지 않아 그런 일이 일어났다. 아마도 플라벨의 가장 큰 고난은 결혼 생활을 통해 겪은 일일 것이다. 1655년, 그의 첫 번째 아내 조안이 첫 아이를 낳다가 세상을 떠났다. 아이도 결국 죽고 말았다. 따라서 플라벨은 1678년에 《섭리의 신비》를 집필했을 때 이미 고난에 관해 잘 알고 있는 상태였다. 그는 그후로도 두 차례나 더 아내와 사별해야 했고, 비국교도 목회자로서 많은 박해를 받아야 했다.

그러나 플라벨은 신비로운 섭리를 통해 나타나는 하나님의 선하고, 은혜로운 목적을 이해하고, 기꺼이 받아들였다. 그는 "우리는 두려움으로 맞이했던 시련들과 여러 차례 작별 인사를 나누었다."[50]고 말하고 나서 이렇게 덧붙였다.

주님은 우리의 산술 방식으로 자기가 사역할 때를 계산하거나 헤아리지 않으신다…하나님은 가장 혹독한 시련을 통해서도 자기 백성을 유

---

50 Flavel, *The Mystery of Providence*, 169.

익하게 하신다…하나님이 행하시는 일들을 보고 그분의 생각과 마음을 이해하기는 어렵다…하나님의 지혜는 그분이 선택하시는 회초리를 통해 대부분 드러난다. 그 어떤 종류의 시련도 모든 죄에 작용해 그것을 모두 정화할 수는 없다. 그러나 하나님은 우리를 위해 마치 약을 처방하듯 우리의 영혼을 아프게 하는 질병에 적합한 고난의 종류를 선택하신다. 그것이 곧 하나님의 사랑이요 보살핌이다…작고한 한 저술가는 그리스도인이 고난 없이 2, 3년만 지내면 거의 아무짝에도 쓸모가 없는 사람이 되고 만다고 말했다…결과적으로 하나님을 더 많이 사랑하게 만드는 것은 무엇이든 우리를 향한 그분의 사랑에서 비롯된 것이다.[51]

하나님이 우리를 위해 작정하신 고난을 겪고 있다면 그분의 주권적인 섭리에 좀 더 기꺼운 마음으로 복종하게 해달라고 기도하자. 그분은 결코 실수를 저지르지 않으신다.

---

51 Flavel, *The Mystery of Providence*, 191, 198, 199, 200 – 1, 202.

성찰과 논의를 위한 질문

1. 청교도들은 성경의 가르침에 따라 하나님이 축복이나 시련을 막론하고 모든 인생사를 섭리로 다스리신다고 옳게 믿었다. 이 점을 고려하면 우리의 고난과 시련을 어떤 관점에서 바라봐야 하겠는가?

2. 이번 장에서는 하나님이 섭리로 인한 고난을 통해 이루고자 하시는 목적을 다섯 가지로 나눠 제시했다. 과거에 겪은 시련 가운데서 이런 목적들을 발견해 본 적이 있는가? 하나님이 고난을 통해 세상을 멀리하고, 죄를 정화하고, 그리스도의 형상을 본받게 하고, 자기와 더 친밀한 교제를 나누게 하고, 천국을 더욱 사모하게 하신 일을 구체적으로 경험한 적이 있는가?

3. 하나님의 섭리에 대한 우리의 반응에는 복종과 묵상이 포함된다. 기도로 주님을 구할 때는 그분의 지혜에 복종하는 마음을 갖게 하고, 그분의 선한 섭리에 관한 올바른 신념들로 생각을 가득 채워달라고 간구하라. 혹시 시련을 겪고 있거든 보스턴의 《고통 속에 감추인 은혜의 경륜》이나 플라벨의 《섭리의 신비》나 왓슨의 《모든 것이 합력하여 선을 이룬다》를 읽으라.

10

청교도들은 심오한 심리적 통찰력으로
우리의 영혼을 샅샅이 탐색한다

"청교도들은 영적 통찰력은 물론, 탁월한 지적 능력을 갖춘 사람들이었다. 건전한 관계를 통해 그들 안에 형성된 정신적 습관은 하나님을 향한 뜨거운 열정과 인간의 마음에 대한 세밀한 지식을 겸비한 것이었다. 그들의 저서는 은사와 은혜가 하나로 융합된 독특한 특성을 유감없이 드러내고 있다."–**제임스 패커**[1]

문제가 있다는 것을 아는 것과 그것을 해결하는 방법을 아는 것은 큰 차이가 있다. 이것은 삶의 모든 영역에서 확인되는 것으로 의학적인 영역에서는 특히 더 그렇다.[2]

나의 맏아들은 열 살 때 심한 병을 앓았다. 아내와 나는 아들이 식

---

1   J. I. Packer, *The Quest for Godliness: The Puritan Vision of the Christian Life* (Wheaton, Ill.: Crossway, 2012), 29.
2   이번 장의 서두에 언급한 내용은 다음의 책에 덧붙인 추천의 글을 개작한 것이다. John Downame, *The Cure for Unjust Anger* (Grand Rapids: Reformation Heritage Books, 2020)

욕을 잃은 채 무기력한 상태로 갈수록 기력을 잃고, 아픈 증세를 보이는 것을 알아차렸다. 아내는 즉시 녀석을 소아과 의사에게 데려갔다. 의사는 아들이 일시적으로 가벼운 바이러스에 감염되었다고 진단했다. 그는 아들이 며칠만 지나면 괜찮아질 것이라고 말했다.

그러나 그렇지가 않았다. 아들의 증세는 갈수록 악화되었고, 아내는 녀석을 다시 병원에 데려갔다. 의사는 두어 가지 검사를 했지만 아무런 증세가 없었기 때문에 아들을 그냥 집으로 돌려보냈다. 금요일이 되자 아들은 앙상하게 여윈 상태가 되고 말았다. 성격도 활달하고, 놀기도 좋아했던 열 살 소년이 식욕과 활력을 완전히 잃은 채로 침대에서 일어날 줄을 몰랐고, 얼굴도 며칠 전보다 훨씬 더 창백하게 변했다. 우리는 매우 염려스러웠다. 아내는 다시 소아과 의사에게 전화를 걸었고, 주말 동안 기다릴 필요 없이 그 날 오후에 당장 아들을 데려가겠다고 주장했다. 이번에는 나도 아내를 따라갔다.

대기 중인 의사는 다시 진찰을 시도했지만 여전히 아무런 문제를 발견하지 못했다. 결국 의사는 소변 검사를 하기로 결정했다. 그녀는 몇 분 뒤에 당뇨 가족력이 있느냐고 묻고 나서 몇 분간 우리를 남겨둔 채 사라졌다. 깜짝 놀란 우리는 의학 정보 사이트에서 당뇨병의 증세를 찾아 읽기 시작했다. 우리는 결국 의사가 돌아오기 전에 아들이 당뇨병케톤산증을 앓고 있다는 사실을 알게 되었다.

아들의 생명이 위태로웠다. 아들의 췌장은 체내에서 탄수화물을 처리하고, 당을 활용하는 데 필요한 호르몬인 인슐린을 더 이상

배출하지 않았다. 아들의 혈당과 케톤의 수치가 위험할 정도로 높았다. 녀석의 혈액은 산성이었고, 내부 장기들은 제 기능을 발휘하지 못했다. 의사는 "집에 돌아가서 병원비를 챙겨올 생각도 하지 말고 서둘러 곧바로 가세요."라고 말하면서 큰 병원의 소아과를 찾아가라고 권고했다. 심지어 진찰 예약을 하고, 허락을 기다릴 겨를조차 없는 화급한 상황이었다. 아들의 상태는 즉각적인 처리가 필요할 만큼 너무나도 심각했다.

우리는 정신을 차리고 황급히 병원으로 향했다. 우리는 누군가가 나타나서 아들이 괜찮다고 말해주기를 바라며 몇 시간 동안 초조하게 기다렸다. 마침내 확실한 진단 결과가 나왔다. 아들의 병명은 1형 당뇨병이었다. 우리는 이 질병을 다스리는 방법을 찾는 데 모든 관심을 집중하기 시작했다.

이 글을 쓰고 있는 지금, 아들의 나이는 열일곱이고, 지금까지 당뇨병을 잘 다스리고 있다. 녀석은 다시 모든 면에서 활달하고, 명랑한 성격을 되찾았다. 주님은 은혜로우셨고, 당뇨병을 통해 아들이 그리스도를 더욱 깊이 의지할 수 있게 이끄셨다. 우리의 경험은 모든 사람이 배워야 할 진리(올바른 치료가 이루어지려면 확실한 진단이 필수적이라는 것)를 새롭게 상기시켜 주었다. 우리 아들이 거의 일주일 동안 당뇨병케톤산증을 앓으면서 수척하게 변해갔던 이유는 그를 처음 진찰한 의사와 간호사들이 증세를 옳게 진단하지 못했기 때문이다. 아내의 "모성적 감각"이 아들의 세 번째 진찰을 주저하던 그들을 강하게 밀어붙여 병의 원인을 좀 더 깊이 찾아보게끔 만들어서 참으로 다행이었다.

올바른 치료가 이루어지려면 확실한 진단이 필수적이다. 이 진리는 물리적인 삶은 물론, 영적 삶에도 똑같이 적용된다. 영혼의 질병을 오진하면 도덕적 해악과 피해가 발생할 수밖에 없다. 죽여 없애지 못한 죄는 더 많은 죄를 낳는다. 영혼을 잘못 돌보면 영적 죄악이 발생한다. 이것이 오늘날 청교도들의 가르침이 그토록 귀할 수밖에 없는 또 하나의 이유다.

교회의 역사상 영혼 돌보기를 주제로 다룬 책들이 청교도의 시대만큼 풍성하게 쏟아져 나온 시대는 지금까지도 여전히 존재하지 않는다. 청교도들은 매우 탁월한 목회자요 신학자들이었다. 그들은 신학자로서 성경의 신적 권위를 높이 우러르는 마음과 하나님의 백성을 위해 그분의 진리를 온전히 파헤쳐 드러내려는 진지한 열정으로 거룩한 성경을 깊이 있게 탐구했다. 또한 그들은 목회자로서 성경이 주어진 네 가지 목적("교훈과 책망과 바르게 함과 의로 교육하기"-딤후 3:16)을 한시도 잊지 않았다. 패커는 "청교도들은 영적 통찰력은 물론, 탁월한 지적 능력을 갖춘 사람들이었다. 건전한 관계를 통해 그들 안에 형성된 정신적 습관은 하나님을 향한 뜨거운 열정과 인간의 마음에 대한 세밀한 지식을 겸비한 것이었다. 그들의 저서는 은사와 은혜가 하나로 융합된 독특한 특성을 유감없이 드러내고 있다."라고 말했다.[3] 마크 데커드는 "청교도가 가르친 성

---

3   J. I. Packer, *The Quest for Godliness: The Puritan Vision of the Christian Life* (Wheaton, Ill. : Crossway, 2012), 29.

경적인 상담"을 주제로 다룬 최근의 책에서 "청교도들은 일반 심리학의 분야가 개척되기 이전에 이미 속사람에 관해 탐구했던 성경적인 심리학자들이었다."라고 말했다.[4]

이번 장에서는 우리의 영적 성장을 도와줄 청교도의 또 다른 가르침을 잠시 살펴볼 생각이다. 그들은 심오한 영적, 심리적 통찰력을 토대로 인간의 영혼을 깊이 파헤치는 책들을 펴냈다.

유혹을 극복하기

이런 통찰력을 보여주는 가장 탁월한 본보기 가운데 하나는 유혹에 관한 오웬의 짧은 책이다. 그의 책은 성숙한 목회적 경험과 예리한 영적 인식과 빈틈없는 심리적 통찰력을 하나로 융합시켜 유혹과 죄를 경계하는 방법에 관한 지침을 제시함과 동시에 우리를 보호하고, 방어해 주는 복음의 풍성한 진리를 분명하게 보여 준다. 오웬은 "시험에 들지 않게 깨어 기도하라"(마 26;41)라는 성경 본문을 근거로 논의를 전개하면서 그리스도의 말씀을 세 가지로 나눠 설명했다.

1) 경계해야 할 악, 즉 유혹

2) 유혹이 우리를 압도해 시험에 들게 만드는 수단

---

4   Mark Deckard, *Helpful Truth in Past Places: The Puritan Practice of Biblical Counseling* (Fearn, Scotland: Mentor, 2016), 9. 상담에 관한 청교도들의 글을 위해서는 Timothy J. Keller, "Puritan Resources for Biblical Counseling," in *Journal of Pastoral Practice* 9, no. 3 (1988): 11–44을 보라.

3) 유혹을 극복하는 방법, 깨어 기도하기[5]

오웬은 시험의 일반적인 본질을 고찰하며 유혹의 본질을 묘사하는 데서부터 시작했다. 그는 "유혹이란 어떤 이유로든 인간의 마음과 생각을 미혹해 하나님이 요구하시는 순종을 외면하고 죄를 짓도록 유도하는 것을 의미한다."라고 말했다.[6] 예수님은 "깨어 경계하라"는 말씀으로 제자들에게 이 악을 저지르지 않도록 주의하라고 당부하셨다.[7]

오웬은 단순히 시험을 받는 상태와 "시험에 드는 것"을 구별했다.[8] 신자들은 세상에서 살아가는 동안 유혹으로부터 온전히 자유로울 수 없다. 그러나 주님은 "시험에 들지 않도록" 깨어 기도하라고 권고하셨다(마 28:41, 눅 22:46). 그렇다면 시험에 든다는 것은 무엇일까? 오웬은 그런 경험을 이렇게 묘사했다. "사람은 누구나 여느 때보다 유혹이 더 강하게 느껴지고, 죄의 논리가 더 그럴듯하게 들리고, 죄의 외관이 더 화려하게 보이고, 회복의 가능성이 더 명확해 보이고, 기회의 문이 더 넓게 열려 있고, 악의 문이 이전보다 더 아름답게 보이는 시기를 경험하기 마련이다."[9]

---

5   John Owen, *Temptation Resisted and Repulsed: Abridged and made easy to read by Richard Rushing* (Edinburgh: Banner of Truth, 2007), 3.

6   Owen, *Temptation Resisted and Repulsed*, 10.

7   깨어 있음에 관한 청교도들의 글을 위해서는 브라이언 헤지스, 《깨어 있음》(개혁된 실천사, 2021)을 보라.

8   Owen, *Temptation Resisted and Repulsed*, 12.

9   Owen, *Temptation Resisted and Repulsed*, 15.

사람은 자신이 (1) "죄에 휘말리고,"[10] (2) 유혹의 힘에 "강하게 짓눌리고,"[11] (3) "마음이 은밀히 유혹을 즐기기 시작하고,"[12] (4) 삶의 상황이 "정욕을 일깨우고 부추길" 기회를 제공하고,[13] (5) 영적 의무를 "이행하는 데 무기력하거나 형식적이거나 게으르고." "아무런 즐거움이나 기쁨이나 만족이 없이 건성으로 대충 의무를 이행하는 시늉만 한다면,"[14] 스스로가 시험에 들었다는 것을 알 수 있다. 오웬은 "확실한 징후는 이것이다."라고 말하고 나서 이렇게 덧붙였다.

의무를 이행하거나 하나님을 예배할 때 내용이나 방식과 관련해 이전의 태도와는 다르게 마음이 냉랭해지고, 나태해지고, 형식적으로 변한다면 그것은 곧 시험에 들었다는 증거다. 그것은 세상, 교만, 불결함, 자기 추구, 악의, 시기와 같은 것에 사로잡혔다는 징후다…육신에 병이 들면 정신이 몽롱하고, 가슴이 답답하고, 머리가 무겁고, 온몸이 무기력해진다. 그런 경우는 열이 없어도 "열이 오를까 봐 두려워. 몸이 아프고 불편해."라고 말한다. 영혼에 병이 들어도 그런 증세가 나타난다. 예배의 의무를 이행할 때나 하나님과 교제를 나눌 때 영혼의 심장이 올바르고 고르게 뛰지 않고, 정신이 활력을 잃고, 마음이 미지

---

10 Owen, *Temptation Resisted and Repulsed*, 52.

11 Owen, *Temptation Resisted and Repulsed*, 53.

12 Owen, *Temptation Resisted and Repulsed*, 54.

13 Owen, *Temptation Resisted and Repulsed*, 56.

14 Owen, *Temptation Resisted and Repulsed*, 58.

근해진다면 정욕이 내면에서 거세게 불타오르거나 일렁이지 않는다고 해도 이미 시험에 든 상태라고 할 수 있다.[15]

시험에 들지 않도록 우리를 굳세게 하려면 어떻게 해야 할까? 그 대답은 "깨어 기도하라"는 주님의 말씀 안에 간단히 요약되어 있다. 오웬의 책 가운데 나머지 절반은 이 이중 명령을 묵상하면서 다양한 실천적 조언과 통찰력과 지침을 제시하는 내용으로 이루어져 있다.

그 가운데 몇 가지를 간추려 소개하면 다음과 같다.

- 시험에 들게 될 위험이 크다는 것을 항상 명심하라.[16]
- 유혹을 두려워하지 않으면서 죄를 두려워하는 척하지 말라.[17]
- 시험에 들지 않도록 우리 자신을 지키는 일은 우리의 힘으로 할 수 없다. 우리는 스스로를 지킬 수 없기 때문에 시험에 들지 않게 해달라고 기도해야 한다.[18]
- 시험에 들지 않으려면 기도를 많이 해야 한다.[19]
- 시험에 들지 않으려면 자신의 마음을 잘 파악해야 한다.[20]

---

15 Owen, *Temptation Resisted and Repulsed*, 59.
16 Owen, *Temptation Resisted and Repulsed*, 61.
17 Owen, *Temptation Resisted and Repulsed*, 62.
18 Owen, *Temptation Resisted and Repulsed*, 64.
19 Owen, *Temptation Resisted and Repulsed*, 67.
20 Owen, *Temptation Resisted and Repulsed*, 77.

- 마음의 성향을 알고…자신의 타고난 기질을 부추기거나 자신의 부패한 속성을 자극하기 쉬운 활동이나 기회나 상황이나 사교 활동이나 일이나 혼자 있는 시간을 조심하라.[21]
- 유혹이 다가올 때를 대비해 여러 가지 방책을 마련해 두라…그런 방책들은 모두 복음을 통해 우리에게 제공된다. 복음의 방책은 그리스도 안에 나타난 하나님의 사랑을 항상 생생하게 의식할 수 있도록 도와주는 능력이 뛰어나다. 이것이 세상에서 유혹의 힘을 물리칠 수 있는 가장 큰 예방책이다.[22]
- 유혹을 초기에 발견해 그 정체를 파악하기 위해 항상 깨어 경계하라.[23]
- 믿음으로 십자가의 그리스도를 생각함으로써 초기부터 유혹에 적극적으로 대항하라.[24]
- 우리의 구원의 대장이신 그리스도, 곧 우리에게 깨어 기도하라고 명령하신 주님이 항상 지켜보고 계신다는 사실을 기억하라.[25]

위의 발췌문을 통해 알 수 있는 대로 오웬의 책에는 영적 경험에 대한 깊은 통찰력, 유혹과 죄에 관한 강력한 경고, 성경적 명령의 정확한 적용, 그리스도 안에 나타난 하나님의 은혜의 능력(곧 우리

---

21 Owen, *Temptation Resisted and Repulsed*, 79.
22 Owen, *Temptation Resisted and Repulsed*, 80 – 81.
23 Owen, *Temptation Resisted and Repulsed*, 84.
24 Owen, *Temptation Resisted and Repulsed*, 86.
25 Owen, *Temptation Resisted and Repulsed*, 117.

의 영혼을 보존하고, 회복하고, 거룩하게 하는 능력)에 대한 명확한 이해가 강력하게 혼합되어 있다.

낙심을 물리치기

청교도 목회자들은 유혹을 물리치는 데 필요한 도움을 제공했을 뿐 아니라 낙심, 곧 "우울한 심령 상태"와 절망감에 사로잡힌 사람들을 종종 격려하곤 했다. 지금은 물론, 그 당시도 우울증의 원인은 사회적, 상황적, 육체적, 심리적, 영적 요인을 비롯해 매우 다양했다. 청교도 목회자들은 그런 사실을 알고 있었기 때문에 만병통치약과 같은 처방을 제시하지 않았다. 그들은 어떤 종류의 우울증에나 다 통하는 처방을 내리지 않고, 우울증의 여러 측면에 대한 경험과 이유를 깊이 살펴보고 나서 특정한 경우에 꼭 맞는 기독교 교리를 적용하려고 노력했다.

나는 오랫동안 우울증과 씨름해 오면서 윌리엄 브리지의 조언이 매우 유익하다는 사실을 거듭 확인할 수 있었다.[26] 브리지는 낙심한 그리스도인들을 위해 《회복》이라는 작은 책자를 저술했다. 그의 책이 매우 유익한 이유는 다양한 종류의 낙심을 매우 구체적으로 다루고 있기 때문이다. 그의 책에는 고난과 고통, 확신의 상실, 하나님께 버림받았다는 느낌, 유혹, "미약한 은혜," "큰 죄"와 같은 요인들 때문에 낙심한 사람들을 격려하는 내용이 담겨 있다.

---

26 다음의 섹션은 Brian G. Hedges, *Active Spirituality: Grace and Effort in the Christian Life* (Wapwallopen, Pa.: Shepherd Press, 2014), 63-64을 바탕으로 개작한 것이다.

브리지는 그리스도인이 낙심할 수 있는 이유를 최대한 많이 개괄하고, 개개의 사례에 능숙한 솜씨로 복음을 적용했다.

예를 들어, 신자들은 때로 외적인 고난 때문에 낙심한다. 브리지는 이 제목 아래 "국가적인 재난"과 "개인적인 고난"을 포함시켰다.[27] 그런 시련을 겪을 때는 낙심하는 것이 보통이지만 브리지는 "인간의 고난이 제아무리 극심하더라도 그리스도 안에 있으면서 하나님과 화목하게 된 상태라면 어떤 고난을 겪더라도 실망하거나 낙심해야 할 이유가 없다."라고 말했다.[28] 그는 "1) 성도의 고난과 고통은 무엇인가? 2) 그것들은 어디에서 비롯하는가? 3) 그것들은 무엇을 수반하는가? 4) 그것들 이후에는 무엇이 뒤따르고, 그것들을 통해 나타나는 결과는 무엇인가?"라는 질문을 중심으로 시련을 겪을 때 낙심하지 않아야 할 이유를 크게 네 가지로 나눠 제시했다.[29] 그는 자상한 논의와 흥미로운 예화와 복음의 진리를 능숙하게 조합시켜 유익한 조언을 제시했다. 그는 "하나님의 백성이 겪는 고난이 모두 신적 사랑, 곧 그리스도 안에서 그들에게 주어진 하나님의 사랑에서 비롯된 것이라면 아무리 많은 고통을 당하더라도 낙심해야 할 이유가 없다. 고난의 회초리는 모두 성부의 사랑에서 비롯하는 향긋한 열매요 로즈메리와 같다."라고 말했다.[30]

---

27 William Bridge, *A Lifting Up for the Downcast* (repr., Edinburgh: Banner of Truth, 1990), 192.
28 Bridge, *A Lifting Up for the Downcast*, 193.
29 Bridge, *A Lifting Up for the Downcast*, 193.
30 Bridge, *A Lifting Up for the Downcast*, 195.

브리지는 또한 "고난은 하나님의 비누와도 같다. 경건한 신자가 소유한 은혜는 고난을 받기 전까지는 죄와 혼합된 상태다. 즉 그의 믿음은 불신앙과 의심과 혼합되어 더럽혀진 상태이고, 그의 겸손은 교만과 섞여 있고, 그의 열정은 미온적인 상태다. 그러나 시련을 겪게 되면 그의 겉옷과 의복은 깨끗이 씻겨 하얗게 되고, 그는 더욱 고귀해진 영혼으로 왕의 예복을 입게 될 것이다."라고 말했다. [31]

브리지는 또한 자기 자신의 죄 때문에 낙심한 사람들에게 조언했다. 그는 "하나님의 백성이 저지르는 죄는 성령을 근심하게 하고, 예수 그리스도를 욕되게 하며, 하나님의 이름과 그리스도에 관한 고백을 더럽힌다."라고 말하면서도[32] 여전히 "성도는 낙심하거나 실망해야 할 이유가 없다."고 주장했다. [33]

왜 그럴까? 그 이유는 성도들은 "어떤 죄로든 죄의 정죄를 받지 않기" 때문이다.[34] 그들의 죄는 하나님과 그들의 사이를 갈라놓지 않는다. "성도들의 죄는 하나님과 그들 사이를 어색하게 만들 수는 있어도 반목을 조장하지는 않는다. 그들은 죄는 하나님이 그들에게서 자신의 얼굴을 감추게 할 수는 있어도 등을 돌리시게 만들지는 못한다. 하나님은 자기가 사랑하는 자들을 끝까지 사랑하신다."

---

31 Bridge, *A Lifting Up for the Downcast*, 208.

32 Bridge, *A Lifting Up for the Downcast*, 69.

33 Bridge, *A Lifting Up for the Downcast*, 69.

34 Bridge, *A Lifting Up for the Downcast*, 69.

라는 브리지의 말은 참으로 지당하지 않을 수 없다.[35]

그리스도인들이 낙심해서는 안 되는 또 하나의 이유는 "모든 것을 다스리는 은혜의 손길"이 그들의 죄를 "더 많은 은혜와 위로를 받는 기회로 만들어 주기 때문이다…하나님은 자기 백성이 죄의 나락에 떨어지도록 방치하지 않고, 그것이 더 많은 은혜와 위로를 받는 계기가 되도록 이끄신다."[36]

물론, 여기에는 회개에 이르는 슬픔이 뒤따르기 마련이다. 그러나 이것은 두려움에 질린 절망이나 불안에 사로잡힌 낙심의 상태가 아닌 겸손히 주님을 의지하는 데서 비롯하는 슬픔이다. 브리지는 낙심과 참된 겸손을 이렇게 구별했다. "진정으로 겸손해진 사람이 슬퍼하거나 탄식하거나 고뇌하는 이유는 죄를 지어 하나님을 욕되게 했기 때문이지만, 낙심의 이유는 자기 자신의 상태만을 생각하기 때문이다."[37]

바꾸어 말해, 낙심은 궁극적으로 하나님 중심적이 아닌 자기 중심적인 성격을 띤다. 우리 자신에게 초점을 맞추면 기쁨이 사라진다. 이것은 혁신적이면서도 유익한 통찰력이 아닐 수 없다. 브리지는 "참된 겸손은 영적 기쁨, 곧 하나님 안에서 즐거워하는 것을 방해하는 원수가 아닌 참된 친구다. 저지른 죄로 인해 자신을 더욱 겸손하게 낮추는 사람일수록 하나님 안에서 더 많은 기

---

35 Bridge, *A Lifting Up for the Downcast*, 70.

36 Bridge, *A Lifting Up for the Downcast*, 71.

37 Bridge, *A Lifting Up for the Downcast*, 81.

뺨을 누릴 수 있다. 그런 사람은 자신이 죄를 슬퍼할 수 있다는 사실을 기뻐한다."라고 말했다.[38] 브리지에 따르면 이런 사실은 심지어 큰 죄를 지은 경우에도 바뀌지 않는다. 우리는 항상 겸손해야 하고, 절대 낙심해서는 안 된다. "지은 죄가 아무리 작아도 자신을 겸손하게 낮춰야 하고, 지은 죄가 아무리 커도 결코 낙심해서는 안 된다."[39]

이런 구별은 경건한 근심과 세상 근심을 구별한 바울의 가르침과 일맥상통한다(고후 7장). 경건한 근심은 회개로 귀결되고, 세상 근심은 사망을 이룬다. 후자의 결과가 나타나지 않도록 주의해야 한다. 왜냐하면 특정한 죄를 짓고서 회개는 하지 않고 낙심에 사로잡히게 될 가능성이 크기 때문이다. 낙심은 자만심과 통할 때가 많다. "자신에 대해 실망하는 것은 자기 자신을 믿었기 때문이다."라는 글귀를 읽은 기억이 난다. 우리는 낙심과 낙심에 이르게 하는 자만심을 둘 다 경계하는 법을 배워야 한다. 우리의 눈은 우리를 보존하고, 거룩하게 하는 은혜와 그런 은혜를 베푸시는 하나님께 고정되어야 한다. 오직 하나님의 은혜만이 우리가 넘어지지 않도록 보호할 수 있다. 죄를 지은 뒤에도 오직 하나님의 은혜만이 우리를 다시 회복할 수 있다.

---

38 Bridge, *A Lifting Up for the Downcast*, 82.

39 Bridge, *A Lifting Up for the Downcast*, 83.

만족하는 법을 배우기

청교도들은 또한 기독교적 만족의 본질과 그것을 배양하는 법에 관해서도 유익한 지침을 제시했다. 우리는 역사상 전례 없는 소비지상주의의 시대를 살아가고 있기 때문에 만족하는 법을 배우는 것이 그 어느 때보다 더 절실히 필요하다. 도처에 만연한 소셜미디어 때문에 시기심과 불안과 절망에 사로잡힐 위험성이 가일층 심화되고 있다.

제레마이어 버러스의 《기독교적 만족이라는 진귀한 보화》는 이런 유혹을 극복할 수 있는 놀라운 방책을 제공한다. 이 책의 요지는 "기독교적 만족이라는 비밀에 정통하는 것이 그리스도인의 의무요 영광이요 미덕이다."라는 것이다.[40] 그는 기독교적 만족을 네 가지 제목으로 나눠 논의했다.

1) 기독교적 만족의 본질

2) 기독교적 만족의 기술과 비밀

3) 마음을 만족하게 하기 위해 배워야 할 교훈

4) 이 영광스럽고 탁월한 은혜의 주된 출처[41]

---

40 Jeremiah Burroughs, *The Rare Jewel of Christian Contentment* (Edinburgh: Banner of Truth, 1981), 19. 버러스의 저작에 대한 추가적인 묵상의 글을 보려거든 Sinclair B. Ferguson, "*The Mystery of Providence* by John Flavel (1628 – 1691)," in ed. Kelly M. Kapic and Randall C. Gleason, *The Devoted Life: An Invitation to the Puritan Classics* (Downers Grove, Ill.: InterVarsity Press, 2004), 211 – 24을 보라.

41 Burroughs, *Rare Jewel of Christian Contentment*, 19.

버러스는 청교도의 전형적인 형식에 따라 용어를 철저하게 정의하는 데서부터 출발한다. "기독교적 만족은 유쾌하고, 고요하고, 은혜롭고, 영적인 심령 상태, 곧 어떤 상황에 직면하든 부성애에서 우러나오는 하나님의 지혜로운 처사를 기꺼이 받아들여 복종하려는 마음가짐을 의미한다."[42]

버러스의 책은 빌립보서 4장 11절("어떠한 형편에든지 나는 자족하기를 배웠노니")에 기록된 바울의 말을 중심으로 만족의 본질을 깊이 파헤쳐 만족이 (1) 마음속에서 성령의 사역을 통해 이루어지는 은혜이자, (2) 습득해야 할 실천적 기술이라는 것을 보여주었다. 이 이중적인 접근 방식은 성경적인 균형을 잘 갖추고 있다. 이 두 가지를 하나씩 차례로 살펴보면 다음과 같다.

첫째, 버러스는 참된 만족의 은혜롭고, 내적인 특성을 강조했다. "만족은 감미롭고, 내적이며, 마음에 관한 현상이다. 그것은 내면에서 이루어지는 성령의 사역이다."라고 말했다.[43] 버러스는 만족이 마음의 은혜로운 성향을 의미한다고 지적함으로써 외재주의(externalism)와 자기 신뢰를 지양하도록 이끌었다. 만족은 단지 외적인 불평을 삼가는 것에 그치지 않고, 마음의 진정한 고요를 추구한다. 그것은 "영혼 전체에 두루 미치는 은혜"다.[44] 거기에는 판단, 생각, 의지, 감정 등이 모두 포함된다. "진실로 만족에는 모든 은혜

---

42 Burroughs, *Rare Jewel of Christian Contentment*, 19.
43 Burroughs, *Rare Jewel of Christian Contentment*, 20.
44 Burroughs, *Rare Jewel of Christian Contentment*, 26.

238 은혜 안에서 번성하라

가 혼합되어 존재한다."[45] 이 말은 만족이 차분한 기질을 타고난 결과이거나 자발적인 노력(버러스는 이를 "불굴의 결심"으로[46] 일컬었다)이나 이성적 능력으로 얻어지는 것이 아니라는 의미를 담고 있다. 참된 만족은 우리 안에서 이루어지는 성령의 거룩하게 하시는 사역의 결과이기 때문에 의지력을 기르거나 인지적 행동치료를 강화하는 것을 뛰어넘는 영적 행동을 요구한다. 바꾸어 말해, 참된 만족이 이루어지려면 마음이 은혜로 새롭게 변화되어야 한다.

둘째, 만족은 습득해야 할 실천적 기술이다. 바울은 만족하는 법을 배웠다. 우리도 그래야 한다. 마음이 변화되었다고 해서 수동적으로 머물러 있어서는 안 된다. 버러스는 그리스도께서 자기 부정, 세상 것의 공허함, 꼭 필요한 한 가지를 아는 법, 세상과의 관계를 옳게 파악하는 법, 세상 것의 진정한 유익이 무엇인지 아는 법, 자기 자신의 마음을 더욱 깊이 알아가는 법, 형통한 상황에서 감당해야 할 의무를 아는 법, 욕망을 따르는 삶의 그릇됨을 깨닫는 법, 하나님의 섭리에 관한 올바른 지식을 습득하는 법에 관한 교훈을 가르침으로써 만족하는 삶을 살도록 훈련하셨다고 말했다.[47]

그러나 이것은 버러스가 제시한 조언의 작은 일부분에 지나지 않는다. 그는 또한 만족의 비결에 관한 열다섯 가지 측면, 만족의 미덕을 보여주는 열 가지 방식, 불평하는 심령의 열세 가지 해악,

---

45 Burroughs, *Rare Jewel of Christian Contentment*, 29.

46 Burroughs, *Rare Jewel of Christian Contentment*, 29.

47 Burroughs, *Rare Jewel of Christian Contentment*, chs. 5 – 6

어떤 어려움 속에서도 만족하는 마음을 유지하는 데 필요한 열 가지 지침, 만족을 얻는 열두 가지 실천적인 제안을 제시했다. 버러스의 책을 기도하면서 주의 깊게 읽고 적용하면 거의 완벽에 가까운 영적 갱신의 프로그램을 소화할 수 있을 것이다.[48]

순례자들을 격려하기

가장 사랑받는 청교도들의 책 가운데 하나는 번연의《천로역정》이다. 전해오는 말에 의하면 스펄전은 번연의 이 유명한 우화를 백 번 넘게 읽었다고 한다. 참으로 읽으면 읽을수록 더 많은 유익을 안겨 주는 책이 아닐 수 없다. 이 책은 지금도 여전히 청교도들이 그리스도인의 경험에 대한 심오한 통찰력으로 우리를 돕고 있다는 것을 보여 주는 확실한 본보기로 손꼽히고 있다. 이번 장을 마무리하기에 앞서 내가 이 놀라운 책을 좋아하고, 추천할 수밖에 없는 이유를 몇 가지 제시하면 다음과 같다.[49]

첫째,《천로역정》은 참된 그리스도인의 영적 여정을 생생하게 묘사한다. 그리스도인이라면 누구나 신앙생활을 하는 동안 격려가 필요하다. 나도 마찬가지다. 나는 번연의 대표작을 읽거나 묵상하면서 종종 많은 용기를 얻곤 한다. 내가 그리스도인들에게 말하는 이유는 나도 그 가운데 한 사람이기 때문이다. 나는 그리스도인의

---

48 Thomas Watson's *The Art of Divine Contentment* (Morgan, Pa.: Soli Deo Gloria, 2001)도 보라.

49 이 섹션은 Brian G. Hedges, "Why We Should Read the Pilgrim's Progress," *The Banner of Truth Magazine*, no. 471 (December 2002): 23 – 27을 개작한 것이다.

승리와 실패를 잘 알고 있다. 나는 오직 그리스도의 십자가를 통해서만 제거될 수 있는 짐(죄책과 죄)을 짊어지고 살아간다. 나는 낙심의 수렁에 빠졌다가 "도움" 씨의 도움으로 구조되고, 의심의 성에서 "절망의 거인"에게 괴롭힘을 당하다가 약속의 열쇠 덕분에 그의 지하 뇌옥을 벗어난다. 나는 "크리스천"처럼 영적 나태함 때문에 "두루마리"를 잃어버리기도 하고,[50] 겸손의 골짜기에서 "우박처럼 쏟아지는"[51] 아볼루온의 창날을 마주하기도 하며, 다른 신자들을 통해 큰 힘을 얻기도 한다.

내가 번연의 책을 좋아하는 두 번째 이유는 그림을 보는 듯한 생생한 표현들이 많기 때문이다. 책 전체가 하나의 비유이기도 하지만 성경의 중요한 진리들을 구체적으로 표현한 놀라운 표현들이 곳곳에서 풍성하게 발견된다. 예를 들어, 해석자의 집을 방문한 크리스천은 그곳에서 청소를 하지 않아 먼지가 가득 쌓인 커다란 거실을 발견했다. 그때 한 남자가 들어와서 방을 청소하기 시작했다. 그런데 그가 청소를 시작하자 크리스천이 숨을 쉴 수 없을 정도로 많은 먼지가 일어났다. 그러고 나서는 한 처녀가 방에 물을 뿌렸다. "그녀가 그렇게 하자 깨끗이 청소되어 유쾌한 상태가 되었다." 크리스천은 해석자에게 "이것이 무슨 뜻인가요?"라고 물었다. 그러자 해석자는 이렇게 대답했다.

---

50 두루마리는 크리스천의 구원의 확신이었다. 번연은 "이 두루마리는 천국에서 받아들여질 것이라는 크리스천의 확신을 가리킨다."고 말했다. John Bunyan, *The Pilgrim's Progress* (Edinburgh: Banner of Truth, 1997), 44.

51 Bunyan, *The Pilgrim's Progress*, 62.

거실은 복음의 은혜로 거룩하게 되지 않은 인간의 마음을 가리킵니다. 먼지는 전인(全人)을 더럽힌 원죄와 내적 부패를 의미하지요. 처음에 청소를 시작한 남자는 율법이고, 물을 가져와서 뿌린 처녀는 복음입니다. 당신이 경험한 대로 첫 번째 사람이 청소를 시작하자 방은 청소되지 않고 먼지만 심하게 날려 거의 숨이 막힐 지경이 되고 말았습니다. 이것은 율법이 비록 죄를 깨우쳐 주고 금지하는 역할을 할지라도 정작 마음에서 죄를 깨끗하게 씻어내기는커녕 오히려 그것이 영혼 안에서 되살아나 힘을 얻고, 더욱 늘어나게 만든다는 뜻입니다. 율법은 죄를 없애는 능력이 없습니다…당신이 목격한 대로 처녀는 바닥에 물을 뿌려 먼지를 가라앉혔습니다. 그렇게 복음을 믿는 믿음으로 죄는 정복되어 제거되고, 영혼은 깨끗해져 영광의 왕이 거하시기에 합당한 상태가 되는 것이지요.[52]

이것은 번연의 책에서 발견되는 수많은 비유 가운데 하나에 지나지 않는다. 이런 비유는 성경의 교리와 기독교적 실천을 더 잘 이해하도록 도와준다.

셋째, 이 책은 참된 그리스도인과 거짓 그리스도인의 차이를 보여준다. 번연은 마음을 샅샅이 해부해 죄와 맞서 싸우는 참된 그리스도인과 영적 변화가 없는 거짓 신자의 차이를 분명하게 드러냈다. 크리스천이 마주친 많은 등장인물을 간단히 살펴보는 것만으

---

52 Bunyan, *The Pilgrim's Progress*, 26 – 27.

로도 참된 신자와 위선자의 차이를 쉽게 알 수 있다. 예를 들면, 크리스천에게 "쪽문(좁은 문)"을 알려준 "복음 전도자"나 "허영의 시장"에서 순교 당한 "신실" 씨를 비롯해 "미성"에 사는 "분별," "신중," "경건," "사랑"이라는 네 명의 덕스러운 여성들과 같은 긍정적인 인물들이 있다.

그와는 달리 천성을 향해 순례의 길을 떠나는 크리스천을 비웃었던 "옹고집이," 크리스천을 따라 여행길에 올랐다가 첫 번째 난관(낙심의 수렁)에 직면하자 그를 버리고 떠나 다시 돌아오지 않았던 "우유부단," 종교적인 일을 논하는 것만 좋아했던 "말쟁이"와 같은 부정적인 인물들도 있다. "(크리스천은) 말쟁이가 기도, 회개, 믿음, 새 탄생에 관해 말했지만 모든 것이 단지 말에 그칠 뿐이었고… 맛이 없는 달걀흰자처럼 그의 집도 경건함이 없다는 것을 발견했다."[53] 이밖에 "자신의 마음이 자기에게 그렇게 말하고 있다."라는 이유만으로 근거가 확실한 희망을 소유하고 있다고 믿었던 "무지"도 이 범주에 속한다. 그는 "의인은 없되 단 한 사람도 없다."라는 말을 듣고는 "나는 내 마음이 그렇게까지 나쁘다고 믿지 않는다."고 말했다.[54]

요즘 사람들의 생각 속에서 참 신자와 위선자의 차이는 매우 모호해졌다. 누군가가 "나는 예수님을 영접했어요."라고 말하기만

53 Bunyan, *The Pilgrim's Progress*, 86–87.
54 Bunyan, *The Pilgrim's Progress*, 168

하면 삶의 변화에 상관없이 "그리스도인"으로 간주된다. 하나님을 사랑하지도 않고, 거룩함을 추구하지도 않고, 성경에 관심을 기울이지 않아도 단지 그리스도의 이름을 고백하는 것만으로 구원을 확신한다. 번연에 따르면 그런 사람은 참 신자가 아닌 위선자에 지나지 않는다.

《천로역정》의 주요 주제는 성도의 견인이다. 성도의 견인 교리는 지난 한 세기를 거치면서 거의 사라졌다. 다행히 은혜의 교리와 개혁주의 신학에 관한 관심이 되살아난다면 그런 흐름이 역전될 수도 있다. 그러나 "성도의 견인"이라는 문구를 "성도의 보존"이라는 덜 포괄적인 개념이나 "한 번 구원은 영원한 구원이다"라는 반쪽 진리로 대체한 사람들이 많다. 하나님이 성도를 보존하신다는 것은 매우 귀하고, 참된 교리다. 우리는 "구원을 얻기 위해 믿음으로 말미암아 하나님의 능력으로 보호하심을 받는다"(벧전 1:5). 한 번 진정으로 구원받으면 그 구원을 잃지 않는다는 것도 사실이다. 이런 표현들이 지니는 문제는 그것들이 전하는 것이 아닌 전하지 않는 것에 있다. 어떤 사람들은 하나님이 자기 백성을 죄로부터가 아닌 죄 안에서 보존하신다고 믿는다. 요즘에는 "한 번 구원은 영원한 구원"이라는 개념을, 일단 예배당 앞으로 걸어나가 등록 카드에 서명하고 믿기로 결정하고 나서 교회에 나와 세례를 받고 그리스도를 마음속에 영접하면 어떻게 살든 상관없이 천국행 열차표를 소유하게 된다는 의미로 이해하는 사람들이 많다. 이것은 율법 폐기주의다. 번연과 성경이 전하는 메시지는 이와는 전혀 다르다.

성경은 "끝까지 견디는 자는 구원을 얻으리라"(마 24:13)라고 가르칠 뿐 아니라 "믿음의 선한 싸움을 싸우라 영생을 취하라"(딤전 6:12), "믿음과 오래 참음으로 말미암아 약속들을 기업으로 받은 자들을 본받는 자 되라"(히 6:12)고 권고한다. 예수님은 "나더러 주여 주여 하는 자마다 다 천국에 들어갈 것이 아니요 다만 하늘에 계신 내 아버지의 뜻대로 행하는 자라야 들어가리라 그 날에 많은 사람이 나더라 이르되 주여 주여 우리가 주의 이름으로 선지자 노릇하며 주의 이름으로 귀신을 쫓아내며 주의 이름으로 많은 권능을 행하지 아니하였나이까 하리니 그 때에 내가 그들에게 밝히 말하되 내가 너희를 도무지 알지 못하니 불법을 행하는 자들아 내게서 떠나가라 하리라"(마 7:21-23)라고 엄숙히 말씀하셨다. 욥은 "의인은 그 길을 꾸준히 가고"(욥 17:9)라고 말했고, 바울도 하나님과 화목한 자들은 "믿음에 거하고 터 위에 굳게 서서…복음의 소망에 흔들리지" 않는다고 말했다(골 1:23). 다시 말해 오직 믿음과 거룩함을 끝까지 추구하는 사람들만 진정으로 구원받는다. 그리스도의 양들 가운데 어느 하나도 영원히 멸망하지 않는다는 것도 사실이고(요 10:28), 그분의 양들이 모두 "그분을 따른다"는 것도 사실이다. 《천로역정》은 성도의 견인을 가르친다. 이것이 그 책의 주제이기 때문에 책의 제목을 《순례자의 견인》으로 짓는 것이 더 나았을 것이다.

크리스천의 위험한 여정에 관한 이야기는 참된 그리스도인의 견인을 구체적으로 묘사한다. 신앙 생활은 그리스도의 능력 안에서 싸워야 하는 영적 싸움의 연속이다. 크리스천이 낙심의 수렁에 빠지고, "세속 현자"의 말에 귀를 기울이고, 아볼루온에게 상처를 입고, 의심의 성에 갇힌 것처럼 때로는 실패가 뒤따르기도 한다. 그러나 번연의 순례자는 그런 장애물들을 하나씩 하나씩 극복하며 천성을 향해 "역정"의 길을 걸어갔다.

해석자의 집에서 펼쳐진 이상한 광경은 견인의 진리를 구체적으로 잘 설명한다. 크리스천은 "벽을 등진 채로 불이 활활 타오르고 있는데 어떤 사람이 그 곁에서 불을 끄려고 연신 많은 물을 붓는데도 불길이 더 높이 더 뜨겁게 타오르는" 광경을 목격했다.[55] 그는 다시 해석자에게 "이것이 무슨 의미인가요?"라고 물었다. 해석자는 "불은 마음속에서 일어나는 은혜의 역사입니다. 그것을 꺼서 없애려고 물을 붓는 사람은 마귀랍니다."라고 대답했다.[56] 그러고 나서 해석자는 불이 꺼지지 않고 오히려 더 높이 더 뜨겁게 타오르는 이유를 알려주기 위해 크리스천을 벽 뒤로 데리고 갔다. 크리스천은 그곳에서 한 남자가 대접으로 은밀하게 불에 계속 기름을 붓고 있는 것을 보았다. 해석자는 "이분은 그리스도이십니다. 그리스도께서는 은혜의 기름을 계속 공급해 마음속에서 이미 일어난 은혜의 역사를 유지하십니다. 그 덕분에 마귀가 무슨 짓을 하더라도 신자들의 영혼 안에는 여전히 은혜가 넘치지요."라고 말했다.[57]

우리가 견인하도록 도우시는 하나님의 사역을 참으로 아름답게

---

55 Bunyan, *The Pilgrim's Progress*, 29.
55 Bunyan, *The Pilgrim's Progress*, 29.
56 Bunyan, *The Pilgrim's Progress*, 29.
57 Bunyan, *The Pilgrim's Progress*, 29-30.

묘사한 내용이 아닐 수 없다. 이 놀라운 책을 꼭 읽기를 바란다. 한 번 이상 읽으라. 기도하면서 읽고 그 안에 담겨 있는 풍성한 영적 교훈을 깊이 마음에 새기라. 이 책을 통해 마음을 점검하고, 영적 순례의 길을 걸어나가겠다는 마음의 결심을 새롭게 하라.

청교도와 영혼의 돌봄

청교도들은 교회 역사상 타의 추종을 불허하는 영혼의 의원들이었다. 이번 장에서 다룬 내용은 광산과도 같은 이 풍성한 목회 자료를 깊이 살펴보기를 원하는 사람이라면 누구나 발견할 수 있는 놀라운 진리의 보고를 수박 겉핥기식으로 잠시 살펴본 것에 지나지 않는다. 마지막으로 세 종류의 독자들이 어떤 식으로 청교도들로부터 유익을 얻을 수 있는지를 간단히 언급하면 다음과 같다.

첫째, 일반 신자들은, 청교도들을 통해 "복음을 자신에게 전하는 법"을 많이 배울 수 있을 것이다.[58] 청교도들은 교리와 의무, 진리와 실천을 하나로 연결하는 능력이 뛰어났지만 우리는 우리의 믿음과 행위를 잘 연결하지 못할 때가 많다. 요즘에는 청교도들의 책을 현대어로 고쳐 펴낸 것들이 많기 때문에 읽고 싶은 마음만 있다면 일반 신자들도 교회 역사상 가장 뛰어난 목회자이자 상담사

---

58 이것은 이제 대중적인 기독교 서적에서 흔히 발견되는 표현이다. 이 표현은 마틴 로이드 존스가 저술한 다음의 책에서 비롯한 것으로 보인다. *Spiritual Depression: Its Causes and Cure* (Grand Rapid: Eerdmans, 1965). 로이드 존스는 "영적 생활에 필요한 중요한 기술은 스스로를 다루는 법을 아는 것이다. 당신은 당신 자신을 돌보고, 당신 자신에게 주의를 기울이고, 당신 자신에게 말씀을 전하고, 당신 자신에게 질문해야 한다."라고 말했다.

인 그들의 가르침을 얼마든지 쉽게 접할 수 있다.[59]

둘째, 전문적인 상담사나 평신도 상담사는 청교도들을 통해 다른 사람들의 영혼을 지혜롭게 보살필 수 있는 능력을 더 많이 기를 수 있다. 팀 켈러는 "청교도들은 수십, 수백 가지의 개인적인 문제와 영적 상태를 다룬 정교한 진단용 사례집을 제공했다."라고 말했다.[60] 이런 사례집에 정통할수록 인간의 마음을 꿰뚫어 보는 통찰력과 복음의 진리를 개개인의 특정한 심령 상태에 옳게 적용하는 법에 관한 새로운 안목을 키울 수 있을 것이다.

셋째, 목회자는 청교도들을 통해 목회 상담은 물론, 말씀을 전하는 법을 배울 수 있다. 청교도들의 책은 본래 대부분 설교였다. 길이가 좀 길어서 본받기가 어렵게 느껴지더라도 넓이(인간의 경험을 총체적으로 다루는 것)와 깊이(날카로운 심리적, 영적 통찰력)와 높이(주님을 향해 높이 치솟아 오르는 예배와 헌신의 표현)를 통해서는 많은 것을 배울 수 있다. 안타깝게도 요즘에는 교리적인 설교자나 실천적인 설교자 둘 중 하나에 그칠 뿐, 그 두 가지 역할을 균형 있게 유지하지 못하는 설교자들이 많다. 조나단 에드워즈는 "그의 교리는 모두 적용이었고, 그의 적용은 모두 교리였다."라는 평가를 듣는다.[61] 에드워즈와 청교도들의 책을 읽으면 그런 균형을 유지할 수 있을 것

---

59 청교도들의 글을 읽기 시작하는 것에 대한 추가적인 제안은 이 책의 결론을 보라.

60 Keller, "Pastoral Resources for Biblical Counseling," 13.

61 Joel R. Beeke, *Reformed Preaching: Proclaiming God's Word from the Heart of the Preacher to the Heart of His People* (Wheaton, Ill.: Crossway, 2018), 30에 인용되어 있음.

이다. 말씀의 향유를 하나님의 백성의 상처받은 마음에 능숙하게 적용하면 강단에서 그들을 더 잘 도울 수 있을 것이다.

성찰과 논의를 위한 질문

1. 유혹이나 낙심이나 만족의 문제로 어려움을 겪은 적이 있는가? 이번 장에서 다룬 존 오웬, 윌리엄 브리지, 제레마이어 버러스의 통찰력을 어떻게 적용할 수 있었을까?

2. 《천로역정》에 묘사된 크리스천의 여정에 어떻게 공감하는가? 이 위대한 고전을 아직 읽지 않았다면 지금이라도 읽어 보라. 또 이미 읽었다면 다시 읽으라.

3. 청교도의 가르침은 우리 자신의 영혼이나 다른 사람들의 영혼을 돌보는 데 어떤 유익을 주는가? 청교도들의 책을 읽는 법에 관해 몇 가지 제안을 제시한 이 책의 결론 부분을 읽어 보라.

11
청교도들은 우리의 눈을
영원한 현실에 고정시킨다

"육신은 쇠할 것이기 때문에 영혼의 구원에 주의를 기울여야 한다."

-조지 스윈녹[1]

성경은 여러 곳에서 "현세"와 "내세"에 관해 말씀한다.[2] 현세와 내세라는 두 세상에 관한 청교도의 견해가 리처드 백스터의《성도의 영원한 안식》에 상세하게 나타나 있다. 천국에 관한 청교도의 묵상에 크게 이바지한 이 책은 백스터의 생전에 이미 베스트셀러였다. 이 책은 부피가 800쪽이 넘었는데도 십 년 동안 매해 재출판

---

1   George Swinnock, *The Fading of the Flesh and the Flourishing of Faith* (1662; repr., Grand Rapids: Reformation Heritage Books, 2009), 27.

2   시 17:14; 마 12:32; 막 10:30; 눅 8:14, 18:30, 21:34; 고전 6:3 – 4, 15:19; 엡 1:21; 딤전 4:8; 딤후 2:4; 히 6:5을 보라. 이 섹션은 "Puritan Theology Shaped by a Pilgrim Mentality" in Joel R. Beeke and Mark Jones, *A Puritan Theology: Doctrine for Life* (Grand Rapids: Reformation Heritage Books, 2012), 855 – 57 내용을 개작한 것이다. 허락하게 게재함.

되었다. 이 책을 집에 비치해 두고 가족들과 함께 읽는 청교도가 많았다. 이 책은 삶에 관한 청교도의 견해를 뒷받침하는 기본 원리를 훌륭하게 진술한 책으로 인정받았다. 이와 똑같은 삶의 견해가 번연의 《천로역정》에도 고스란히 드러나 있다.

현대 그리스도인들과는 달리 청교도들은 세상에서 살아가는 동안 항상 천국을 "바라봐야" 한다고 믿었다. 오늘날의 복음적인 그리스도인들을 대부분 그런 식으로 살지 않는다. 그런 이유로 우리의 영적 삶은 더욱 궁핍해졌다. 신약성경은 두 세상의 관점에서 삶을 영위해 나가라고 권고한다. 다시 말해, 세상에서 삶을 적절히 통제하면서, 활력 있고 정직하게 살아가려면 항상 천국을 소망해야 한다. 우리는 쾌락주의자들처럼 이 세상이 우리의 전부이고, 지금 누리지 못하면 영원히 누릴 수 없다고 생각하며 살아가는 경향이 있다. 우리는 "현세에서 충만함과 만족과 충족감을 얻는 것이 무엇보다 중요하다. 만일 이것을 존재의 규칙으로 삼지 않으면 자기 부정의 생각에 사로잡혀 비참해질 것이다."라고 믿는다.

우리는 자기 부정에 능하지 않다. 우리는 자기 만족적이고, 영적으로 무기력하다. 우리는 신약성경이나 청교도의 가르침과는 달리 두 세상의 관점으로 삶을 바라보지 않는다. 그들은 하나님을 충실히 섬기기 위해 세상에서 그 어떤 손실이나 십자가나 수고와 고통을 겪는다고 해도 천국의 기쁨이 그 모든 것을 넉넉히 보상해 줄 것이라고 확신했다. 이것이 청교도의 근본 신념이었다. 우리도 이 신념을 공유해야 한다.

청교도는 세상에서 최대한 열심히 살았다. 그러나 그들은 그렇게 살면서 항상 영원을 바라보았다. 조나단 에드워즈는 "오, 하나님. 제 눈 속에 영원을 새겨 주소서."라고 말했다.[3] 오늘날처럼 세속화된 시대를 살아가는 우리로서는 "오, 하나님. 제 마음과 영혼, 제 손과 발, 저의 존재 전체에 영원을 새겨 주소서."라고 부르짖어야 마땅하다.

이 세상에서 하나님을 위한 참된 순례자가 되려면 내세를 지향하는 능동적인 순례자가 되어야 한다. 어떤 신자들은 오로지 천국만을 바라보기 때문에 세상에서는 아무런 쓸모가 없다는 말을 이따금 듣게 된다. 그런 평가는 청교도에게는 전혀 타당하지 않다. 그들은 오히려 천국을 바라보면 세상에서 쓸모 있는 사람이 될 수 있다고 가르쳤다. 나도 장래의 영광을 깊이 생각할수록 내 주위에 있는 사람들의 참된 행복을 위해 더욱 애쓰는 나의 모습을 종종 발견하곤 한다. 나는 청교도의 정신을 이어받은 로버트 맥체인(1813-1843)의 교회(스코틀랜드 던디에 위치함)를 방문했을 때 인근의 공동묘지에서 커다란 돌판을 하나 발견했다. 그 돌판은 오랜 비바람에 풍화된 상태였지만 그 위에 글자 하나가 새겨져 있었다. 나는 무릎을 꿇고 앉아 손가락으로 그 글자를 훑어 내려갔다. 그것은 "영원"이라는 글자였다. 묘지를 방문하는 사람마다 자신의 영원한 운명을

---

3 Gabe Phillips, "Stamp My Eyeballs with Eternity," *Life Changers*, Feb. 24, 2010, http://www.lifechangers.org.za/popular/stamp-my-eyeballs-with-eternity/, accessed June 15, 2010.

생각해 보라는 것이 그곳에 돌판을 놔둔 사람의 의도였던 것이 분명했다.

영원은 우리 곁에 있다. 그것은 시간이라는 가는 줄에 매달려 있다. 영원을 생각하지 않으면 시간을 이해할 수 없다. 우리의 삶은 죽음을 향한 여정일 뿐 아니라 천국(영원히 해가 지지 않는 곳)이나 지옥(영원히 해가 떠오르지 않는 곳)을 향한 여정이기도 하다. 어떤 운명을 향해 가고 있는가? 당신은 예수 그리스도를 따르는가?

청교도들은 영원을 바라보며 살라고 가르친다. 그들은 현재의 덧없음과 내세의 초월적 현실을 상기시킴으로써 지옥으로 향하는 길을 걷지 않고, 열심히 천국을 추구하도록 이끌어 준다.

죽음에 대한 묵상이 주는 유익

우리는 언젠가 죽음이 느닷없이 찾아올 것을 알고 있다. 죽음은 늘 우리의 영혼과 육체를 분리해 우리를 영원 속으로 끌어넣겠다고 위협한다. 야고보는 현세의 덧없음을 기억하고, 죽음을 의식적으로 기대하며, 현실을 있는 그대로 받아들여 지혜롭게 살라고 당부했다. 그는 "너희 생명이 무엇이냐 너희는 잠깐 보이다가 없어지는 안개니라"(약 4:14)라고 말했다. 모세는 "우리에게 우리 날 계수함을 가르치사 지혜로운 마음을 얻게 하소서"(시 90:12)라고 기도했다. 이 세상에서 우리에게 주어진 시간이 제한되어 있다는 사실을 생각하면 시간을 잘 관리하며 영원한 삶을 적절히 준비할 수 있다. 죽음이라는 주제는 별로 유쾌하지 않다. 그러나 우리 모두에게 죽음이 시시각각 다가오고 있다. 지혜 있는 사람은 삶을 정산하라는 부르심이 있기 전에 준비를 잘 해둘 것이 틀림없다.

죽음을 생각하기 위해 죽음이 임박한 상황을 기다릴 필요는 없다. 네덜란드 신학자 빌헬무스 아 브라켈(1635-1711)은 "신자들은 죽음을 준비하는 마음으로 사는 것이 참된 지혜이며, 그렇게 사는 것이 가장 유쾌한 삶이라는 사실을 알아야 한다. 그렇게 살면 세상에 속한 것은 무엇이든 아름다움을 잃게 되고, 고난의 십자가가 곧 끝날 것처럼 보일 것이며, 양심은 내면에서 평화를 누리고, 영광의 소망으로 인해 기쁨이 솟구칠 것이며, 적극적으로 성화를 추구하고, 모든 것이 마음속에서 명백해질 것이다."라고 말했다.[4]

그는 또 이렇게 말했다. "죽음을 얼마만큼 준비하느냐에 따라 죽음을 맞을 때의 상황이 달라진다…따라서 즐거운 임종을 맞기를 원하는 사람은 죽음을 위해 준비하는 데 많은 시간을 할애하려고 노력해야 한다."고 조언했다.[5] 리처드 백스터는 "죽음을 준비하는 일은 건강할 때 주로 이루어져야 한다."고 말했다.[6]

조지 스윈녹의 《육체의 쇠퇴와 믿음의 융성》은 가장 어두운 시련의 때에 우리를 지탱해 줄 수 있는 진리의 보고(寶庫)다.[7] 스윈녹

---

4 Wilhelmus a Brakel, *The Christian's Reasonable Service*, ed. Joel R. Beeke, trans. Bartel Elshout (Grand Rapids: Reformation Heritage Books,1995), 4:312.

5 Brakel, The Christian's Reasonable Service, 4:313.

6 Richard Baxter, *The Practical Works of the Rev. Richard Baxter*, ed. William Orme (London: James Duncan, 1830), 4:403.

7 George Swinnock, *The Fading of the Flesh and the Flourishing of Faith* (1662; repr., Grand Rapids: Reformation Heritage Books, 2009).

은 그곳에서 시편 73편 26절("내 육체와 마음은 쇠약하나 하나님은 내 마음의 반석이시오 영원한 분깃이시라")을 강해했다. 그는 그 구절로부터 다음과 같은 교훈을 끌어냈다. "(1) 인간의 육신은 쇠한다." 즉 죽음은 불가피한 현실이다. "(2) 그리스도인은 가장 슬픈 상황 속에서도 하나님이 자신의 분깃이라는 사실을 통해 위로를 받는다." 즉 죽음을 앞둔 상황에서 주님은 확실한 위로의 근원이시다.[8] 그의 글은 이런 주제들을 성경적, 신학적, 목회적, 경험적으로 해설한다.

청교도들은 죽음과 죽는 것을 생각하면서도 침울한 감정으로 지나치게 골몰하거나 그것을 궁극적인 종국으로 간주하지 않았다. 죽음은 내세로 들어가는 관문이다. 죽음의 독니는 신자에게 아무런 힘도 발휘하지 못한다(고전 15:55). 스윈녹은 그리스도인에게 죽음은 "모든 부패와 십자가를 파묻는 장례요" "상상할 수 있는 모든 기쁨과 위로의 부활"을 의미한다며 흡족해했다.[9] "친구들이여, 준비가 잘 된 상태라면 죽음은 감옥에서 벗어나 궁궐로, 슬픔에서 벗어나 위로로, 고통에서 벗어나 기쁨으로, 낙담에서 벗어나 행복으로 나아가는 것일 따름이다."[10] 스윈녹은 "만세 반석에 닻을 드리운 그리스도인들은 가장 사나운 폭풍우 속에서도 안전하다."라고 말했다.[11]

---

8 Swinnock, *The Fading of the Flesh*, 11.
9 Swinnock, *The Fading of the Flesh*, 86.
10 Swinnock, *The Fading of the Flesh*, 56.
11 Swinnock, *The Fading of the Flesh*, 93.

그러나 회개하지 않은 사람들의 운명은 순조롭지 못할 것이다. 스윈녹은 "죽음이 일단 찾아오면 준비하기에는 너무 늦었다."라고 말했다.[12] 지금 당장 준비해야 한다. "죽음은 지금 준비하지 않으면 영원히 준비할 수 없다. 벌은 꿀을 얻을 수 없는 겨울철을 준비하기 위해 여름철에 열심히 들판을 날아다니면서 꽃에서 꿀을 빨아 모은다."[13] 미래를 위한 것을 준비하는 일을 뒤로 미루지 말라. "수벌처럼 지금 낮잠만 자다가 나중에 굶어 죽을 셈인가? 이성적으로 신중하게 생각해 보라. 죽음의 어두운 밤을 지나 어린 양의 혼인 잔치에 참여하기 위해 영혼을 준비하는 일을 하기에는 지금이 가장 적합하지 않은가? 그런 음울한 때가 막상 닥치면 과연 무엇을 할 수 있겠는가? 무가치한 비참한 인간이여, 너무 늦게까지 미루다가는 날은 다 지나고, 영혼을 영원히 잃고 말 것이다."[14]

현세는 영원한 삶을 위한 탈의실일 뿐이다. 신부인 우리는 신랑이신 주님이 우리를 내세의 삶으로 이끌어 들일 때를 대비해 이 세상에서 우리 자신을 준비해야 한다(계 19:7). 그러나 어리석게도 자기를 아름답게 단장하지 못하는 신부들이 많다. 그들은 혼인 예복을 입지 않고 영광 속으로 들어가기를 구하는 초대받지 못한 손님들과 같다(마 22:11-12). 스윈녹은 "오전 내내 죽어가는 육체를 단장하는 데만 신경을 쓰느라고 불멸의 영혼을 단장해야 할 시간을 조

---

12 Swinnock, *The Fading of the Flesh*, 37.
13 Swinnock, *The Fading of the Flesh*, 38.
14 Swinnock, *The Fading of the Flesh*, 38-39.

금도 남겨두지 않는 사람들이 얼마나 많은지 모른다."고 말했다.[15] 내세에 들어가면 모든 사람이 결코 소멸하지 않고 항상 존재하는 상태가 된다. 이 점을 기억하면 죽음까지도 아무것도 아닌 것처럼 보이게 만드는 영원한 현실을 생각하지 않을 수 없을 것이다.

영원한 현실을 묵상하기

청교도에게 영원은 영원한 구원이나 되돌릴 수 없는 심판 둘 중 하나를 의미했다. 스윈녹은 사람들에게 천국과 지옥을 생각하라고 권고하면서, "육신은 쇠할 것이기 때문에 영혼의 구원에 주의를 기울여야 한다."고 말했다.[16] 죽음을 올바로 준비한다는 것은 곧 "그리스도의 심판대"(롬 14:10) 앞에 설 것을 준비한다는 것을 의미한다. 윌리엄 베이츠는 "영원한 심판을 생각하면 그것을 위해 준비할 수 있는 강력한 동기가 부여된다. 이 일이 무한히 중요한 이유는 영원한 구원이나 정죄를 결정하는 것이기 때문이다."라고 말했다.[17]

과거의 설교자들은 이런 주제들을 강조했지만 오늘날의 복음주의는 어찌 된 영문인지 죽음, 심판, 천국, 지옥을 많이 언급하지 않으려고 애쓴다. 이런 주제들은 마음을 무겁게 하기 때문에 무시하

---

15 George Swinnock, *The Christian Man's Calling*, in *The Works of George Swinnock* (1868, repr. Edinburgh: Banner of Truth, 1992), 1:281.

16 Swinnock, *The Fading of the Flesh*, 27.

17 Bates, *The Everlasting Rest of the Saints in Heaven*, in *Works*, 3:355.

려고 애쓰는 사람들이 많다. 청교도들은 이런 현실이 진정으로 중요한 것이라는 사실을 일깨워준다. 우리는 이런 주제들을 회피하지 말고 훈련된 태도로 규칙적으로 묵상함으로써 우리의 생각에 영향을 주고, 우리의 애정을 일깨우며, 영원을 위해 살아갈 수 있도록 우리 자신을 독려해야 한다.

토머스 왓슨은 《묵상의 산에 오르라》에서 죽음과 심판의 날과 천국과 지옥을 정기적으로 묵상해야 한다고 말했다. 청교도들은 성경적인 묵상의 방법을 체계적으로 상세하게 가르쳤다. 다이아몬드를 집어 들고 개개의 면에 빛이 굴절되어 반사되는 모양을 보기 위해 불빛 앞에서 천천히 돌려가며 바라보는 보석상처럼, 청교도들은 하나님의 창조적인 솜씨를 감상하기 위해 성경의 진리를 마음의 눈앞으로 가져와서 그것을 천천히 철저하게 묵상했다.

왓슨은 "(묵상은) 믿음의 필수 요소들이 내포된 의무로서 믿음의 생명력을 유지하는 기능을 한다."고 말했다.[18] 그는 "묵상이란 귀로 들은 진리를 곱씹는 것이다. 구약의 율법에 따르면 새김질을 하지 않는 짐승들은 부정한 동물로 간주되었다. 묵상을 통해 진리를 곱씹지 않는 그리스도인들도 부정하기는 마찬가지다. 묵상은 씨앗에 물을 주는 것과 같다. 묵상은 은혜의 열매들이 잘 자라게 만든다."라고 설명했다.[19] 그는 성경적인 묵상이 영적 훈련으로서 매우 중

---

18 Thomas Watson, *A Christian on the Mount, or a Treatise Concerning Meditation*, in *Discourses on Important and Interesting Subjects, Being the Select Works of the Rev. Thomas Watson* (Edinburgh: Blackie, Fullarton, 1829), 1:197.

19 Watson, *A Christian on the Mount*, in *Select Works,* 1:198.

요할 뿐 아니라 많은 유익을 가져다준다고 믿었다.

여기에서 묵상에 관한 청교도의 가르침을 자세하게 논할 생각
은 없다. 우리의 목표는 단지 그들의 가르침을 우리가 지금 다루고
있는 주제에 적용하는 것이다. 청교도들은 영원한 현실을 묵상하
는 법을 가르침으로써 그런 현실을 바라보도록 우리를 도와준다.
그들은 묵상에 매우 탁월했지만, 오늘날의 그리스도인들은 대부분
묵상을 하는 습관이 배어 있지 않다. 당신은 정신을 팔지 않고 성
경이 가르친 대로 천국과 지옥을 마지막으로 진지하게 묵상해 본
적이 언제인가?

지옥의 공포

왓슨은 지옥에 관해 무엇을 묵상해야 하는지를 구체적으로 밝
혔다. 먼저 우리는 "손실의 고통"을 묵상해야 한다.[20] 이것은 무엇
인가를 빼앗아가는 심판을 의미한다. 다시 말해, 죄인에게서 좋은
것을 모두 박탈하는 것을 말한다. 그런 손실 가운데 가장 큰 손실
은 하나님의 은혜로운 임재를 상실하는 것이다. 마태복음 25장 10
절은 "문은 닫힌지라"라고 말씀한다. 그리스도께서 정죄당한 자들
앞에서 기회의 문을 닫으신다. 그들에게 주어진 은혜의 날은 영원
히 사라졌다. "그리스도의 얼굴이 가려지고, 빛이 영원히 사라지
고, 영혼에 한밤중이 찾아오고, 하나님이 계신 곳, 곧 기쁨이 가득

---

20 Watson, *A Christian on the Mount*, in *Select Works*, 1:228.

한 곳에서 쫓겨나면 정죄당한 사람들의 상태는 더욱 악화되고, 한 층 더 씁쓸하고 비참하게 변한다. 그것은 쓸개즙과 쓴 쑥을 섞어 놓은 것과 같다."[21]

스윈녹도 지옥의 영원히 절망스러운 상태를 묵상했다. "현세에 서는 죄인의 가장 어두운 밤도 아침을 맞기 마련이지만 내세에서 는 영원히 어둠만이 존재할 뿐이다. 그의 비참한 상태는 영원히 끝 나지 않을 것이고, 그 불행에서 벗어날 길도 전혀 존재하지 않는 다. 그는 영원한 죽음의 공포를 느낄 뿐이다."[22] 어둠은 절망을 가 져온다. 그것은 하나님의 선한 빛이 사라진 상태에서 영원한 저주 를 짊어지는 것을 의미한다.

묵상의 두 번째 주제는 "감각의 고통"이다.[23] 하나님은 비참한 죄인들에게 거센 진노의 불길을 쏟아내실 것이다(롬 2:5). 왓슨의 논법은 포괄적이지는 않지만 매우 명료하다. 강렬한 아픔으로 감 각을 때리는 고통은 다시 두 가지 범주로 나뉜다. 하나는 지옥이 라는 장소이고, 다른 하나는 그곳에 함께 있는 무리다. 지옥은 "불 못"(계 20:15)으로 이루어진 "고통의 장소"(눅 16;28)다. 정죄당한 사 람들의 몸은 영원히 불 속에 있지만 불살라지지 않는다.[24] 그들의 육체는 부활을 통해 영혼과 다시 합쳐져 불못에 들어간다. "하나

---

21 Watson, *A Christian on the Mount*, in *Select Works*, 1:228.
22 Swinnock, *The Fading of the Flesh*, 120.
23 Watson, *A Christian on the Mount*, in *Select Works*, 1:228.
24 Watson, *A Christian on the Mount*, in *Select Works*, 1:229.

님의 무한한 능력"이 그들을 불 속에서 소멸되지 않도록 지탱해준다.[25]

그곳은 "구더기도 죽지 않는 곳"이다(막 9:44, 〈킹제임스 성경〉을 참조하라-역자주). 왓슨은 구더기를 양심의 가책을 뜻하는 비유로 이해했다. 구더기가 썩어가는 시체를 갉아먹는 것처럼 양심의 "구더기"가 영혼의 평화로운 의식을 영원히 갉아먹으며 결코 다하지 않는 절망적인 죄책감의 고통을 안겨준다. "그리스도께서 말씀하신 죽지 않는 구더기는 죄책감에 시달리는 양심을 가리킨다. 멜란히톤은 그것을 소름 끼치는 격정으로 일컬었다. 양심의 소리를 거부하는 이들은 혹독한 양심의 가책을 느끼게 될 것이다. 타오르는 불길과 갉아먹는 구더기로 인한 고통은 너무나도 극심해 '이를 갈'(마 8:12) 수밖에 없을 것이다. 정죄당한 사람들은 공포와 고뇌로 인해 이를 북북 갈게 될 것이다."[26]

지옥에 함께 있는 무리는 마귀와 그의 사자들이다(마 25:41). 왓슨은 "욥은 타조의 벗이 된 것을 한탄했다(욥 30:29). 마귀의 벗이 된다면 어떻게 될까? 생각해 보라. (1) 그들은 송장 같은 흉측한 몰골을 하고 지옥을 더욱 어둡게 만들 것이고, (2) 앙심에 찬 반감을 품고 인간들을 향해 불길 같은 노를 쏟아낼 것이다. 그들은 전에는 유혹자였고, 나중에는 고문자들이 될 것이다."라고 말했다.[27] 마귀

---

25 Watson, *A Christian on the Mount*, in *Select Works*, 1:229.

26 Watson, *A Christian on the Mount*, in *Select Works*, 1:229.

27 Watson, *A Christian on the Mount*, in *Select Works*, 1:230.

와 그의 수하들이 고문자가 될 것이라는 왓슨의 말은 그들이 하나님의 진노로 인해 고통을 당하지 않을 것이라는 의미가 아니다. 그는 흔히 무시되는 성경적인 진리, 곧 그런 저주받은 존재들과 몸을 부대끼며 살아가야 하는 지옥의 고통을 언급했을 뿐이다. 성도들은 그리스도와 그분의 천사들을 즐거워하지만 정죄당한 죄인들은 사악한 인간들과 귀신들만을 바라봐야 한다.

영혼이 치유할 수 없을 정도로 강퍅해지지 않은 사람이라면 지옥을 주제로 다룬 청교도의 책을 읽고서 하나님을 두려워하지 않을 사람이 아무도 없을 것이다. 요즘에는 그런 주제를 다룬 책들을 좀처럼 찾아보기 어렵다. 이것은 유쾌하지는 않지만 성경적인 주제다. 절망감이 아닌 복음의 빛 안에서 이 주제를 묵상하는 것은 쓴 약을 삼키는 것과 같다. 이것은 독약과 같은 맛이 나지만 영혼을 치유하는 효력을 나타낸다. 왓슨은 "지옥을 많이 묵상하라. 묵상을 통해 지옥에 깊숙이 들어가면 정죄를 당해 지옥에 가는 일이 없을 것이다."라고 말했다.[28]

청교도들은 지옥에 관해 많은 것을 가르쳤기 때문에 그들이 한쪽으로만 너무 치우쳐 균형을 잃은 것 같은 의문이 들 수도 있다. 그러나 만일 그런 의문이 사실이라면 지옥에 관해 많은 것을 가르치며 경고하신 예수님도 오류를 범하셨다고 말할 수 있지 않겠는가? 청교도들은 단지 주 예수님의 전철을 따랐을 뿐이다. 예수님

---

28 Watson, *A Christian on the Mount*, in *Select Works*, 1:230.

은 성경에 등장하는 그 누구보다도 지옥에 관해 더 많은 가르침을 베푸셨다. 영원한 현실을 직시하는 것은 불건전한 습관이 아니다. 맑은 정신으로 그런 현실을 옳게 평가하지 않으면 영혼이 영적 혼수상태에 빠져들고 말 것이다. 충실한 파수꾼은 치명적인 위험이 다가오는 것을 경고한다(겔 33:1-9). 오늘날에는 청교도들처럼 사람들에 대한 두려움 때문에 움츠러들지 않고, 담대하게 진리의 나팔을 울리는 파수꾼들이 더 많이 필요하다.

오늘날 그리스도와 연합하지 못한 채 세상을 떠난 사람들의 영원한 상태를 의도적으로 체계를 갖춰 진지하고, 신중하게 "생각하고" "묵상하기" 위해 지옥의 공포를 유심히 탐구하는 그리스도인들이 과연 얼마나 될까?

그런 묵상이 가져다줄 큰 유익을 생각해 보라. 그런 묵상은 하나님에 대한 경외심을 더 크게 불러일으키고, 죄의 해악에 대한 강렬한 증오심을 부추기며, 영원의 중요성을 절감하게 도와주고, 정죄당한 죄인들을 향해 두려운 징벌을 가하시는 하나님의 거룩한 속성을 깊이 깨닫도록 이끌어주며, 멸망해 가는 세상을 안타깝게 여기는 마음을 독려해 죄인들에게 서둘러 하나님과 화목하라고 간절히 호소할 수 있게 해주고, 우리를 영원한 불행으로부터 구원해 준 은혜에 감사하도록 도와준다. 이 중대한 진리로 무기력한 심령을 더욱 힘껏 자극하여 깨어나게 할 필요가 없는 사람이 어디에 있겠는가? 왓슨과 청교도들은 지옥을 묵상하지 않으면 하나님의 은혜로 그곳에 가지 않을 신자들에게도 부정적인 영적 결과가 초래될 것이라고 확신했다.

청교도들은 지옥에 관한 성경의 가르침과 같은 유쾌하지 않은 진리를 조금도 축소하지 않고, 있는 그대로 전했지만 실제로는 천국을 훨씬 더 많이 가르치고, 묵상했다.

영광스러운 사랑의 세계

리처드 백스터는 "묵상은 다른 의무들의 생명이고, 천국에 대한 생각은 묵상의 생명이다."라고 말했다.[29] 지옥의 불행에 관한 묵상은 청교도들에게 천국의 행복을 더욱 절실히 느끼게 하는 계기가 되었다. 지옥은 말할 수 없이 끔찍하고, 천국은 더할 나위 없이 영광스럽다. 지옥은 박탈이고, 천국은 만족과 충족이다. 지옥은 순전한 고통뿐이고, 천국은 순전한 즐거움뿐이다. 지옥은 역겨운 죄만 가득하고, 천국은 거룩함의 아름다움이 가득 넘친다. 지옥은 하나님의 진노이고, 천국은 하나님의 사랑이요 호의다. 지옥은 사탄과 함께 영원히 고통을 받는 곳이고, 천국은 그리스도의 임재를 직접 경험하며 그 사랑을 영원히 누리는 곳이다.

청교도들은 천국을 "사랑의 세계"로 일컬었다. 사랑은 기독교의 덕목 가운데 으뜸이다. 믿음과 소망은 바라는 것이 실제로 나타나 만족을 가져다주면 사라지지만 사랑은 완전해져 영원히 거할 것이다(고전 13:13). 윌리엄 베이츠는 "천국은 사랑의 세계, 곧 사랑의 율

---

29 Richard Baxter, *The Saints' Everlasting Rest*, in *Practical Works* (London: James Duncan, 1830), 23:323.

법이 지배하는 곳이다. 믿음과 소망은 사라질 테지만 사랑은 천국에서 영원히 다스릴 것이다. 그곳에서는 성도들이 하나님을 완전하게 사랑하고, 변함없는 애정으로 서로를 사랑할 것이다."라고 말했다.[30]

조나단 에드워즈도 《사랑과 그 열매》라는 고전에서 천국을 "사랑의 세계"로 묘사한 것으로 유명하다. 그는 고린도전서 13장 8-10절을 본문으로 삼아 "천국은 사랑의 세계다."라는 가르침을 베풀었다. 그는 여섯 가지 요점을 차례로 설명했다.

1) 천국에 있는 사랑의 근원과 원천.[31] 천국은 궁극적으로 성도들과 그들의 사랑이 중심이 되는 곳이 아니다. 천국은 하나님의 임재가 직접 이루어지는 장소, 곧 삼위일체의 영광과 축복이 온전하고 충만하게 드러나는 장소다. "하나님은 사랑이시다"(요일 4:8). 천국은 하나님 중심적인 곳이기 때문에 성도들이 누리게 될 사랑은 영원히 그치지 않는 복의 샘물에서 흘러나온다. 그 샘물은 무한하신 하나님에게서 흘러나오기 때문에 결코 마르는 법이 없다.

그곳에는 성부 하나님이 계신다. 이해를 초월한, 무한히 친밀한 상호적 사랑으로 성부와 연합하신 성자께서도 그곳에 계신다. 신적 사랑

---

30 Bates, *The Everlasting Rest of the Saints in Heaven*, in *Works*, 3:35-36.
31 Jonathan Edwards, *Charity and Its Fruits*, in *Ethical Writings*, ed. Paul Ramsey and John E. Smith, *The Works of Jonathan Edwards* (New Haven; London: Yale University Press, 1989), 8:368.

266 은혜 안에서 번성하라

의 영이신 성령께서도 그곳에 계신다. 그분 안에서 하나님의 본질, 즉 모든 것이 사랑으로 흘러나오거나 내뿜어지고, 그분의 즉각적인 영향력을 통해 모든 거룩한 사랑이 온 교회의 심령 속에 넘쳐 흐른다(롬 5:5 참조). 천국에는 이 영원하신 삼위일체, 이 사랑의 원천이 활짝 개방되어 있다. 그것에 접근하는 것을 방해하는 장애물은 아무것도 없다. 영광스러운 하나님이 자기를 온전히 드러내시고, 사랑의 빛으로 온전한 영광을 환하게 비추신다. 그곳에는 모든 사람이 마시고, 헤엄을 칠 수 있을 만큼 충분한 사랑과 기쁨의 강물과 샘물이 콸콸 흘러와 사랑의 홍수로 온 세상을 뒤덮는다.[32]

2) 천국에 있는 사랑의 대상들.[33] 천국에 있는 모든 "대상들," 곧 존재와 물건들은 모두 지극히 사랑스럽다. 악한 것이나 가증스러운 것이나 비난받을 만한 것은 아무것도 존재하지 않는다. 사랑스럽지 않은 사람이나 위선적인 신자나 불쾌한 것은 존재하지 않는다. 기형도 없고, 질병도 없고, 고난도 없다. 천국의 대상들은 모두 지극히 사랑스럽고, 유쾌하다. 천국의 분위기와 그곳의 시민들과 하나님은 모두 완벽하게 사랑스럽다. 세상에서 천국을 소망하는 성도들의 마음을 황홀하게 했던 것이 모두 실제로 온전하게 소유되고, 경험될 것이다.

---

32 Edwards, *Charity and Its Fruits*, in *Works*, 8:369 - 70.
33 Edwards, *Charity and Its Fruits*, in *Works*, 8:370.

3) 천국에서 사랑을 누리게 될 주체.[34] 에드워즈가 말한 "주체"는 신자의 마음을 가리킨다. 모든 신자의 마음에 하나님의 사랑이 하나님의 형상을 지닌 유한한 인간이 누릴 수 있는 최대한도로 스며들 것이다. 이 사랑은 삼위일체 하나님에게서 흘러나와 하나님과 교제를 나누는 성도들을 완전히 에워싼다.

하나님의 무한한 본질적인 사랑, 곧 성부와 성자 사이에 존재하는 무한하고 영원한 상호적 거룩한 에너지, 순수하고 거룩한 행위, 변하지 않는 무한한 사랑의 행위는 성부와 성자에게서 흘러나온다. 신적 사랑은 신성 안에 자리를 잡고 있고, 신성, 곧 하나님 안에서 그분 자신을 향해 발현된다.

그러나 이 사랑은 그런 발현 상태로만 머물지 않고, 수없이 많은 물줄기를 통해 흘러나와 천국에 있는 모든 피조물에게로 향한다. 하나님은 천국에 있는 모든 천사와 성도들을 사랑하신다.[35]

4) 천국을 가득 채우는 원리, 즉 사랑.[36] 에드워즈는 "사랑의 본성은 거룩하고 신성하다."라고 이 사랑을 묘사했다.[37] 하나님이 성도들에게 영광스럽게 베푸시는 상급의 정도는 제각기 다르지만 시기심

---

34 Edwards, *Charity and Its Fruits*, in *Works*, 8:373.
35 Edwards, *Charity and Its Fruits*, in *Works*, 8:373.
36 Edwards, *Charity and Its Fruits*, in *Works*, 8:374.
37 Edwards, *Charity and Its Fruits*, in *Works*, 8:374.

따위는 존재하지 않는다. 아무도 "서열이 더 높은" 사람들이 받는 더 큰 상급을 탐하지 않는다. 왜냐하면 모두가 온전히 거룩해진 사랑 안에서 완벽하게 만족할 것이기 때문이다. "이 세상에 있는 사랑은 대부분 거룩하지 못한 속성을 지닌다. 그러나 천국에 있는 사랑은 육신적이지 않고 영적이며, 부패한 원리나 이기적인 동기에서 나오지 않으며, 비열하고 천박한 목적을 지향하지 않는다. 천국의 사랑은 순수한 정열이다."[38]

5) 사랑을 누리고, 표현하기에 지극히 적합한 천국의 상황.[39] 에드워즈는 천국의 사랑은 항상 상호적이며 온전한 만족을 가져다준다고 설명했다.

사랑은 항상 상호적이다. 상호적 사랑은 항상 적합한 비율로 이루어진다. 사랑은 항상 이것을 추구한다. 어떤 사람이든 사랑을 받으면 그에 상응하는 비율의 사랑을 베풀도록 기대되는 법이다. 천국에서는 사랑의 이런 성향이나 기대가 충족되지 않는 법이 없다. 천국에 있는 사람 가운데 자기가 사랑하는 사람들에게 무시를 당해 슬퍼하거나 자신의 사랑에 상응하는 사랑을 되돌려 받지 못해 탄식하는 사람은 아무도 없다. 자신의 능력을 최대한 발휘해 상상을 초월하는 마음의 열정으로 하나님을 사랑하는 성도들은 하나님이 영원 전부터 자기들을

---

38 Edwards, *Charity and Its Fruits*, in *Works*, 8:376.
39 Edwards, *Charity and Its Fruits*, in *Works*, 8:376.

사랑해 오셨고, 지금도 여전히 사랑하고 계시며, 앞으로 영원히 사랑하실 것이라는 사실을 알게 될 것이다.[40]

천국에는 사랑을 왜곡시키는 부패한 원리는 존재하지 않는다. 사랑을 적합하지 않게 만드는 보기 흉한 분별 없는 태도는 결코 없을 것이다. 사랑은 항상 뜨겁고, 더할 나위 없이 완전하고, 지혜롭게 표현될 것이다.

6) 천국의 거룩한 사랑의 복된 열매.[41] 첫 번째 열매는 "한 점의 죄나 실패 없이" 하나님을 완전하게 섬기며 완전하게 행동하는 것이다.[42] 두 번째 열매는 완전한 평화와 기쁨이다. 겸손한 사랑은 "영혼에 더할 나위 없는 고요함과 평정을 가져다주는 놀라운 능력을 지닌 원리다. 그것은 모든 혼란을 내쫓고, 마음을 차분하게 가라앉히며, 안식을 가져다주고, 모든 것을 잔잔하고, 감미롭게 만든다. 신적 사랑이 생생하게 역사하며 다스리는 영혼 안에는 그 무엇도 폭풍우를 일으킬 수 없다."[43]

에드워즈는 이 점을 다음과 같이 아름답게 묘사했다.

40 Edwards, *Charity and Its Fruits*, in *Works*, 8:377.
41 Edwards, *Charity and Its Fruits*, in *Works*, 8:383.
42 Edwards, *Charity and Its Fruits*, in *Works*, 8:384.
43 Edwards, *Charity and Its Fruits*, in *Works*, 8:384.

사랑, 특히 하나님의 사랑은 은혜로운 원리다. 그것은 은혜의 샘이다. 그 샘물이 강이 되고, 바다가 된다. 상쾌한 봄날에 땅에 있는 꽃들이 태양을 향해 잎을 펼치고 열기와 빛을 가득 받아 그 빛으로 아름답고 향기로운 꽃을 피우듯 모두가 사랑의 원천이신 영광의 하나님 주위에 서서 가슴을 활짝 열고 거기에서 쏟아져 흘러나오는 사랑을 가득 채울 것이다. 성도는 하나님의 동산에 있는 꽃과 같고, 거룩한 사랑은 그들이 내뿜는 달콤한 냄새요 향기다. 낙원이 그들의 향기로 가득 채워질 것이다. 낙원에 있는 성도는 음악 연주회의 음표와 같다. 그들은 다른 모든 음표와 아름답게 조화를 이룰 것이고, 모두 함께 하나님과 어린 양을 찬양할 것이다. 모두가 공동체 전체의 사랑을 머리이신 영광스러운 성부께 표출하도록 최선을 다해 서로를 돕고, 자기들에게 사랑과 영광을 가득 공급해 주는 사랑의 원천이신 그분께 사랑을 받은 대로 되돌려 드릴 것이다. 그들은 사랑과 그 복된 열매인 거룩한 기쁨 안에서 살고, 또한 다스릴 것이다. 그것은 눈으로 보지 못하고, 귀로 듣지 못하고, 사람의 마음으로 전혀 생각하지 못했던 축복일 것이다(고전 2:9 참조). 그들은 그렇게 영원히 살면서 다스릴 것이다.[44]

천국의 소망은 단지 미래에 관한 것이 아니라 이 세상의 삶에까지 큰 영향을 미친다. 신자들은 간절한 소망을 품고 세상의 것을 사랑하지 않은 채 미래의 상급인 영원한 삶을 바라본다. 그런 소망

---

44 Edwards, *Charity and Its Fruits*, in *Works*, 8:385 – 86.

은 "주를 향하여 이 소망을 가진 자마다 그의 깨끗하심과 같이 자기를 깨끗하게 하느니라"(요일 3:3)라는 말씀대로 성령의 거룩하게 하는 은혜를 통해 마음을 정화하는 능력을 발휘한다. 천국의 소망은 우리의 마음으로 천국의 맛과 사랑을 느낄 수 있게 해준다. 그결과, 유혹의 힘은 약해지고, 은혜는 강해진다. 소망은 우리를 "천국에 합당한" 존재로 만든다. 우리의 삶은 사랑의 세상을 위해 믿음으로 준비하는 과정이다. 베이츠는 "천국에 합당한 존재가 되기 위해 우리 자신을 정화하고, 정결하게 합시다. 이것이 여러분이 말씀을 듣는 목적이자 내가 여러분에게 말씀을 전하는 목적입니다."라고 말했다.[45] 천국을 위해 준비하려면 그곳을 묵상해야 한다.

천국을 정기적으로 묵상하는가? 지극히 아름다우신 왕의 모습을 보고 싶은 기대감으로 불타오르는가? 사랑의 세상에서 누리게 될 기쁨을 생각하면 이 세상의 기쁨이 사소하게 느껴지는가? 바울처럼 "떠나서 그리스도와 함께 있는 것이 훨씬 더 좋기" 때문에 "죽는 것도 유익함이라"라고 말할 수 있을 만큼(빌 1:21, 23) 당신 마음의 애정이 성부와 성자와 성령을 향한 거룩한 갈망으로 백열처럼 뜨겁게 타오르는가?

---

45 Bates, *The Everlasting Rest of the Saints in Heaven*, 3:36.

성찰과 논의를 위한 질문

1. 일부러 시간을 내 죽음의 확실성과 지옥의 공포와 천국의 영광을 생각해 본 적이 있는가?

2. 에드워즈는 천국을 사랑의 세계로 묘사했다. 그가 말한 것을 곰곰이 생각해 보라. 이것은 이전에 가졌던 천국에 관한 생각과 어떻게 다른가? 천국에 관한 에드워즈의 이해가 매혹적으로 느껴지는가?

3. 영원한 현실을 좀 더 깊이 의식하면 삶이 어떻게 달라질까?

Thriving in Grace

12
청교도들은 하나님과 그분의 진리를 향한 열심으로 우리를 채운다

"열심은 영혼의 불이다…이 세상 사람은 누구나 지옥의 불이나 천국의 불 둘 중 하나를 일으킨다….열심은 영혼의 달음박질이다. 하나님을 향한 열심이 없으면 이 세상의 것들을 향해 달려갈 것이다."-**윌리엄 펜너**[1]

청교도들은 무기력한 교회의 타락한 상태를 드러내는 특징 가운데 하나인 현상 유지에 안주하는 미지근한 기독교를 결코 좌시하지 않고, 열심을 독려하는 글을 쓰고 설교를 하는 데 큰 열심을 기울였다. 존 레이놀즈(1667-1727)는 1716년에 《거룩한 열심에 관한 강론》을 펴냈다. 그의 글 곳곳에서 거룩한 열심에 불타올라 많은 그리스도인의 냉담한 태도를 개탄하는 한 사람의 기운찬 심장 박동 소리가 강하게 울려난다.

---

1   William Fenner, *A Treatise of the Affections* (London: A. M. for J. Rothwell, 1650), 132-33.

언제까지 기독교적 경건이 쇠퇴했다는 공허한 불평만 일삼을 셈인가? 언제까지 신자들의 마음과 가슴속에서 뜨거운 신앙이 사라진 것을 게으른 표정으로 지켜만 보고 있을 셈인가? 우리를 온통 뒤덮고 있는 퇴보와 미온적 태도에 맥없이 굴복할 것인가? 진정으로 경건한 사람들조차도 믿음이 둔해지고, 심히 무기력해져 마치 주님이 자신의 영광이나 약속을 잊으셨거나 그들 스스로가 그분에 대한 믿음과 소망을 모두 잃어버리기라도 한 것처럼 자신에게 주어진 경주를 힘겹게 내딛고 있다…이제는 중보자이신 주님이 하늘에서 라오디게아 교회에 주신 말씀, 곧 "열심을 내라 회개하라"는 말씀을 교회들을 향해 크게 외쳐야 할 때가 되지 않았는가?[2]

오늘날, 라오디게아 교회처럼 미지근하게 변해버린 교회들이 셀 수 없이 많다. 우리는 하나님의 일에 대해 아무런 열심이 없다. 하나님의 명예와 영광과 거룩하심을 향한 열심을 어디에서 찾아볼 수 있을까? 죄를 짓는 손을 잘라내고, 죄를 짓는 눈을 파내버릴 열심이 과연 어디에 있을까? 그리스도의 왕국을 확장하기 위해 모든 난관을 극복하며 끝까지 인내할 수 있는 열심을 어디에서 발견할

---

2 John Reynolds, *Zeal a Virtue: or, A Discourse Concerning Sacred Zeal* (London: John Clark, 1716), 1-2. 이 장의 내용의 많은 부분은 Joel R. Beeke and Mark Jones, "Puritan Sacrificial Zeal," in *A Puritan Theology: Doctrine for Life* (Grand Rapids: Reformation Heritage Books, 2012), 947-60 의 내용을 축약하고 개작한 것이다. 또한 그 책의 해당 부분은 최근에 출간된 *Living Zealously* (Grand Rapids: Reformation Heritage Books, 2012), co-authored by Joel R. Beeke and James La Belle을 바탕으로 한다.

수 있을까? 우리는 열심이 뜨겁지도 않을 뿐 아니라 기독교적 열심을 강화하고, 드높이는 데 필요한 희생을 감수할 생각도 없다.

청교도들의 글을 읽어보면, 그들이 설교와 기도와 책을 통해 "열심을 내라 회개하라," "열심을 입어 겉옷으로 삼으라," "주 집을 위하는 열성에" 사로잡히라, "선한 일을 열심히 하라."라고 신자들을 크게 독려한 것을 알 수 있다(계 3:19, 사 59:17, 시 69:9, 요 2:17, 딛 2:14). 이번 장에서는 그런 설교와 글을 통해 열심이 무엇인지를 먼저 살펴보고, 그다음에는 열심의 특징, 거짓 열심의 표징, 우리의 삶 속에서 열심을 진작시키는 법을 차례로 살펴볼 생각이다.

경건한 열심이란 무엇인가

윌리엄 펜너(1600-1640)는 "열심은 영혼의 불이다…이 세상 사람은 누구나 지옥의 불이나 천국의 불 둘 중 하나를 일으킨다…. 열심은 영혼의 달음박질이다. 하나님을 향한 열심이 없으면 이 세상의 것들을 향해 달려갈 것이다."라고 말했다.[3]

존 레이놀즈는 열심을 "하나님의 영광과 주 예수님의 나라에 속한 모든 것에 관심을 기울여 진지하게 열망하는 것"으로 정의했다.[4] 열심은 단지 하나의 특성이나 속성이 아니다. 새뮤얼 워드 (1577-1640)가 말한 대로 열심은 색깔을 더하는 것이 아니라 모든

---

3 Fenner, *A Treatise of the Affections*, 132 – 33.
4 Reynolds, *Discourse*, 18.

것에 광택과 윤기를 제공하는 니스칠과 같다.[5] 청교도 존 에번스 (1680-1730)는 열심을 "은혜를 활용하고, 의무를 이행하도록 돕는 능력"으로 일컬었다.[6] 펜너는 "열심은 모든 감정을 분발시키는 힘, 곧 마음이 그 모든 감정을 강력하게 표출하도록 이끄는 원동력이다."라고 말했다.[7]

워드는 "쉽게 말해 열심은 열기를 의미한다…그것은 성령을 통해 사람의 마음속에서 일어난 영적 열기로 사랑, 기쁨, 소망과 같은 선한 감정을 증대시켜 하나님의 영광을 드높이기 위해 최선의 노력을 다하도록 분발시킨다."라고 말했다.[8] 열심을 냄비를 끓게 만드는 불길로 생각해 보자. 열심은 하나님의 대의를 향한 감정을 펄펄 끓게 만든다. 그것은 활력을 주고, 반응을 일깨우고, 고무하고, 능력을 주고, 이끌고, 지배함으로써 하나님의 영광과 교회의 유익을 위한 감정의 불길을 활활 타오르게 만든다. 열심을 신앙생활에 관한 모든 의무와 감정을 일깨우는 것으로 생각해 보자. 이안 머리는 "열심은 하나의 구체적인 은사라기보다는 신앙생활의 모든 부분에 영향을 미치는 특성에 해당한다. 열심이 클수록 그리스도인의 영적 활력도 모든 점에서 더욱 크게 증대된다."라고 말했다.[9]

---

5   Samuel Ward, *Sermons and Treatises* (1636; repr., Edinburgh: Banner of Truth, 1996), 72.

6   John Evans, "Christian Zeal," in *Practical Discourses Concerning the Christian Temper: Being Thirty Eight Sermons upon the Principal Heads of Practical Religion*, 7th ed. (London: Ware, Longman, and Johnson, 1773), 2:320.

7   Fenner, *A Treatise of the Affections*, 118.

8   Ward, *Sermons*, 72.

9   Iain H. Murray, "The Puritans on Maintaining Spiritual Zeal," in *Adorning the*

오늘날의 교회와 신자들의 마음속에서는 이런 열심이 발견되지 않는다. 이따금 열심을 내기는 하지만 하나님의 영광을 위해 불타오르는 마음을 지닌 사람을 찾아보기가 매우 힘들다. 현대 교회의 미온적인 태도를 생각하면 거룩한 열심을 신앙 생활의 필수 요소로 생각하지 않는 그리스도인들이 대다수를 차지하는 것으로 보인다. 당신은 자신의 평판을 지키는 것만큼 하나님의 영광을 드높이려는 열심으로 충만한가? 당신은 친구들과 대화를 나누는 것만큼 거룩한 삼위일체 하나님과 교제를 나누려고 노력하는가? 우리는 하나님의 일을 제외한 다른 일들에만 열심을 쏟아부을 때가 많다.

경건한 열심의 특징

경건한 열심은 모든 감정을 하나님께로 향하게 만드는 신성한 은혜다. 뿌리에서 나온 많은 가지에 열매가 맺히는 것처럼 다양한 특징들이 경건한 열심의 참된 본질을 드러낸다. 그런 특징들을 몇 가지 소개하면 다음과 같다.

1) **하나님 중심적인 열심.** 하나님은 열심의 원인자요 대상이시다. 열심이 넘치는 그리스도인은 하나님을 뜨겁게 사랑하며 그분의 임재를 간절히 사모한다. 그는 하나님의 명예가 훼손될 때는 심히 슬퍼하고, 그분의 영광과 대의가 방해받을 때는 분노를 느낀다. 디도

Doctrine (London: Westminster Conference, 1995), 75. 이번 장은 머레이의 아티클에서부터 몇몇 통찰력을 얻어 기록한 것임.

서 2장 14절은 "그(그리스도)가 우리를 대신하여 자신을 주심은 모든 불법에서 우리를 속량하시고 우리를 깨끗하게 하사 선한 일을 열심히 하는 자기 백성이 되게 하려 하심이라"라고 말한다. 펜너는 "하나님을 위해 열심을 내지 않는 사람은 그분의 백성에 속하지 않는다."라는 말로 이 말씀을 설명했다.[10] 열심이 하나님을 향한 사랑과 분리될 수 없는 이유는 하나님이 그만큼 영광스러우시기 때문이다. 리처드 백스터는 이렇게 말했다. "거룩한 대상들의 본질은 너무나도 위대하고, 탁월하고, 초월적이고, 말로 다 할 수 없을 만큼 중대하기 때문에 그 가치를 진지하게 헤아려 열심적으로 추구하지 않을 수 없다…하나님을 열심 없이 사랑하는 것은 그분을 사랑하지 않는 것이다. 왜냐하면 그것은 그분을 하나님으로 사랑하는 사랑이 아니기 때문이다."라고 말했다.[11]

2) 성경적인 열심. 경건한 열심은 바울이 로마서 10장 2절에서 언급한 거짓 열심과는 달리 지식, 곧 성경의 규칙을 따른다. 토머스 브룩스는 "열심은 불과 같다. 불은 아궁이 안에서는 가장 훌륭한 하인이지만 아궁이 밖에서는 가장 사나운 주인과도 같다. 이처럼 열심도 지식과 지혜의 통제를 받아 제자리를 잘 지키면 그리스도와 성

---

10 Fenner, *A Treatise of the Affections*, 124.

11 Richard Baxter, *A Christian Directory*, in *The Practical Works of Richard Baxter* (repr., Ligonier, Pa.: Soli Deo Gloria, 1990), 1:383.

도들을 섬기는 훌륭한 하인 역할을 할 수 있다."라고 말했다.[12] 참된 열심은 믿음과 행위의 유일한 규칙인 하나님의 말씀에 근거한다. 바리새인들은 열심이 특심하였지만 사적인 견해나 당파적 입장이나 구전을 따랐다. 기독교적 열심은 말씀의 지식을 따른다.

3) 자기 개혁적인 열심. 토머스 브룩스는 열심은 "인간의 자아와 관련된 것들에 가장 큰 열기를 내뿜는다."라고 말했다.[13] 리처드 그린햄은 열심의 여덟 가지 속성에 관해 말하면서 가장 먼저 "자기 자신에게 열심을 기울이는 법을 알지 못하는 사람은 다른 사람들에게 열심을 기울일 수 없다."라고 말했다.[14] 그는 "참된 열심은 자기 자신에게 가장 먼저 관심을 기울여 다른 사람의 눈 속에 있는 티를 빼내기 전에 자기 눈 속에 있는 들보를 제거한다. 모두가 다른 사람의 결함만을 은밀히 캐내고 파고들 뿐, 자기 자신의 결함은 결함으로 생각하지 않는 것이 이 세상의 비극이다…우리는 다른 사람에게 도전하고, 요구하는 것들을 우리 자신의 양심에는 적용하지 않는다."라고 말했다.[15]

---

12 Thomas Brooks, *The Unsearchable Riches of Christ*, in *The Works of Thomas Brooks* (1861–1867; repr., Edinburgh: Banner of Truth, 2001), 3:54–55.

13 Brooks, *Unsearchable Riches of Christ*, in *Works*, 3:55.

14 Richard Greenham, "Of Zeale," a sermon on Rev. 3:19, in *The Works of that Reverend and Faithful Servant of Jesus Christ M. Richard Greenham* (1599; facsimile repr., New York: Da Capo Press, 1973), 118.

15 Greenham, "Of Zeale," in *Works*, 118.

자아를 진지하게 점검하는 데서부터 출발하는 것이 중요하다. 그래야만 위선이라는 가증한 오류를 예방할 수 있기 때문이다. 그린햄은 이렇게 말했다. "다른 사람들이 가진 것을 맹공격하고, 그들의 양심을 가차 없이 들이받아 핏물을 쏟아낼 뿐, 자기 집의 하수구는 한 번도 청소하지 않고, 자신의 마음에서는 한 방울의 핏물도 빼내려고 하지 않는다면 그것은 살아 계신 하나님에게서 멀어져 위선으로 치닫는 두려운 징후가 아닐 수 없다."[16]

4) 능동적인 열심. 우리가 사랑하는 하나님을 알게 되면 복음이 우리에게 요구하는 의무를 위해 열심적으로 헌신하지 않을 수 없다. 다시 말해, 능동적인 태도로 부지런히 계속해서 거룩한 일을 추구하고, 실행하기 위해 노력하기 마련이다. "선을 행하기 원하는 나에게 악이 함께 있는 것이로다"(롬 7:21)라는 바울의 말처럼, 죄로 인해 마음이 죽은 상태가 되면 거룩한 일을 추구할 수가 없다. 그러나 브룩스는 "열심적인 영혼은 스스로를 향해 '내가 주님께 무엇으로 보답할까?'라고 묻기를 그치지 않는다."고 말했다.[17] 열심이 있는 그리스도인은 하나님이 요구하시는 의무는 무엇이든 최선을 다해 기꺼이 행할 준비가 되어 있다.[18] 그런 신자는 심지어는 힘

---

16 Greenham, "Of Zeale," in *Works*, 118.

17 Brooks, *Unsearchable Riches of Christ*, in *Works*, 3:58–59. Cf. 1 Kings 8:18.

18 William Ames, *Conscience with the Power and Cases Thereof* (1639; facsimile repr., Norwood, N.J.: Walter J. Johnson, 1975), 56 (3.6). 이 책에서 페이지 번호는 불규칙적이다. 따라서 책과 장 번호로 인용한다.

에 부치더라도 주님이 연약한 가운데 힘을 주시고, 궁핍한 가운데 풍성한 은혜를 주실 것이라고 믿는다(빌 4:13, 고후 12:9-10). 에번스는 "기독교적인 열심은 자기 자신의 일, 곧 개인적인 선에만 관심을 기울이지 않고 훨씬 더 넓은 관심 범위를 갖는다. 물론, 우리 자신의 일은 돌보지 않고 밖의 일에만 관심을 기울이는 것은 하나님과 사람의 분노를 불러일으키는 가식에 지나지 않는다. 그러나 우리 자신의 행위에 마땅히 기울여야 할 열심을 기울이는 것을 전제한다면 열심은 그보다 더 넓은 관심 범위가 존재한다"고 말했다.[19]

5) 일관성 있는 열심. 냉혈동물의 몸은 주위의 환경에 따라 체온이 달라지는 특성을 갖고 있고, 온혈동물의 몸은 일정한 체온을 유지하는 특성을 갖고 있다. 열심 있는 그리스도인은 온혈동물과 같다. 그런 신자는 냉랭한 마음에서 비롯하는 무기력함이나 광적인 열광에서 비롯하는 흥분 상태를 모두 거부한다. 열심 있는 신자는 맹목적인 분노에 사로잡혀 풀무불의 열기를 정상보다 일곱 배나 더 뜨겁게 달구게 했던 느부갓네살과는 달리 발작적으로 뜨거워지지도 않고, 뜨겁게 시작했다가 차갑게 마치지도 않는다(갈 3:3). 그는 처음부터 끝까지 항상 열심을 일정하게 유지한다(히 3:14).[20] 그는 육신이 연약하고 지쳤을 때도 열심적인 정신은 여전히 살아 있기 때

---

19 Evans, "Christian Zeal," in *Practical Discourses*, 2:330.
20 Ames, *Conscience*, 57 (3.6); Greenham, "Of Zeale," in *Works*, 116.

문에 무기력하게 주저앉거나 절망하지 않는다(막 14:38). 레이놀즈는 "(열심적인 정신은) 폭풍우나 돌이나 거쳐 넘어지게 만드는 그 어떤 장애 요인을 만나더라도 확고한 목적의식과 변함없는 태도로 끝까지 전진한다."라고 말했다.[21]

거짓 열심의 표징

거짓 열심은 참된 열심과 겉으로는 매우 비슷해 보일 수 있지만 중요한 점에서 차이가 난다. 청교도들은 건전한 분별력으로 참과 거짓을 구별할 수 있는 안목을 길러주기 위해 경건한 열심과 그렇지 않은 열심의 차이를 설명했다. 경건한 열심은 배양해야 하지만 거짓 열심은 없애야 한다. 전자는 경건의 열매고, 후자는 정욕의 열매다.

조나단 에드워즈는 경건한 열심을 사랑의 불길에서 방출되어 나오는 열기로 묘사했다. 참된 열심은 하나님과 이웃을 향한 뜨거운 사랑으로 신앙생활의 모든 영역에 그 열기를 미치며, 하나님을 향한 모든 의무를 은혜롭게 감당할 수 있도록 도와준다. "그리스도를 위한 진정한 용기의 본질을 오해하는 사람은 기독교적 열심에 관해서도 똑같은 실수를 저지른다. 열심은 불꽃이지만 은혜로운 불꽃이다. 그것은 은혜로운 불꽃에서 비롯하는 열기요 열심이다. 그 이유는 이 열기를 뿜어내는 불꽃이 다름 아닌 신적 사랑, 또

---

21 Reynolds, *Discourse*, 67.

는 기독교적 사랑이기 때문이다. 인간이나 천사의 마음속에 존재하거나 존재할 수 있는 가장 은혜롭고, 자비로운 것이 있다면 바로 이 사랑의 열심일 것이다."라고 말했다.[22]

그런 은혜로운 사랑과 대조되는 거짓 열심도 여러 가지 다양한 특성과 표징을 지닌다.

1) 거짓 열심은 은혜로운 사랑의 불꽃이 아닌 요란스러운 정욕의 화산에서 비롯한다. 그런 열심은 교만하고, 이기적이고, 시기심 많고, 불화를 일으키고, 사납고, 분노를 일삼고, 증오심이 강하다. 따라서 하나님의 은혜로운 사랑으로 감정을 온화하게 하고, 마음을 크게 넓혀 주기보다 그리스도의 참된 교회를 향한 우리의 애정을 소멸시키고, 파괴하고, 감소시킨다. 갈라디아서 5장 19-13절에 나열된 성령의 열매와 육체의 일을 살펴보면 경건한 열심은 성령의 열매와 조화를 이루고, 경건하지 못한 열심은 육체의 일, 특히 스스로를 경건한 척 위장하는 일을 좋아한다는 것을 알 수 있다.

박해에 익숙했던 청교도들은 거짓 열심이 역사적으로 가장 큰 영향력을 발휘했던 방식 가운데 하나가 경건한 신자를 억압하는 것이라는 사실을 익히 알고 있었다. 거짓 열심은 하나님을 섬긴다는 미명 하에 그분의 형상으로 창조된 사람들을 가차 없이 짓밟는다. 리처드 십스는 참된 열심의 특징을 이루는 하나님의 사랑과 거

---

22 Jonathan Edwards, *Religious Affections*, in *The Works of Jonathan Edwards*, ed. John E. Smith (New Haven, Conn.: Yale University Press, 1959), 2:352.

짓 열심에 뒤따르는 수치스러운 악의 열매를 대조했다. "육신적인 열심은 열심을 억압한다. 박해하는 교회는 거짓 교회다. 그리스도의 양들은 늑대를 억압하지 않는다. 양들은 늑대들을 가까이하는 것을 싫어할 뿐, 그들을 잔인하게 짓밟지 않는다."라고 말했다.[23] 회심 이전의 바울, 곧 피에 굶주린 다소의 사울로 대표되는 기존의 유대교는 그리스도인들을 박해하는 데 열심이었다. 그와 마찬가지로 로마 가톨릭교회도 종교개혁자들과 그들의 후예들을 박해하는 데 열심을 내었다.

존 플라벨은 이런 "맹목적인 열심"을 이렇게 묘사했다. "종교의 외관에만 관심을 기울이는 맹목적이고, 미신적인 열심은 진정으로 경건하고, 양심적인 사람들을 더욱 격렬하게 박해하도록 부추기는 경향이 있다."[24] 오늘날에도 그런 거짓 열심은 거짓된 신앙심의 열기를 뜨겁게 뿜어내며 온 세상의 그리스도인들을 적대시한다. 그런 거짓 열심은 거짓 복음에 근거할 뿐 아니라 그리스도의 가장 큰 계명을 어기는 것이기 때문에 참된 그리스도인들은 그것을 즉각 분명하게 알아볼 수 있다. 그러나 때로 그런 거짓 열심은 즉시 명백하게 드러나지 않고, 좀 더 미묘한 형태를 취할 수도 있다.

---

23 Richard Sibbes, *Exposition of Philippians Chapter 3*, in *The Works of Richard Sibbes* (1862 – 1865; repr., Edinburgh: Banner of Truth, 1984), 5:79. 십스는 또한 이렇게 말했다. "하나님의 영광을 추구하는 참된 열심은 항상 인간에 대한 참된 사랑과 밀접하게 관련된다. 따라서 폭력적이고, 모욕적이고, 무례한 사람들은 가엾은 사람들을 멸시하는 한 하나님의 영광을 입에 올릴 자격이 없다." Sibbes, *Works*, 7:187.

24 John Flavel, *Pneumatologia: A Treatise of the Soul of Man*, in *The Works of John Flavel* (1820; repr., Edinburgh: Banner of Truth, 1997), 3:214.

2) 거짓 열심은 교리와 행위를 분리하는 경향이 있다. 거짓 열심은 건전한 교리를 지지한다는 명분을 내세워 경건을 위장할 수 있다. 어떤 사람은 상대적으로 사소한 신학적 문제(아디아포라-그다지 중요하지 않은 사안)에 열심을 기울인다. 그런 사람은 다른 진지한 그리스도인들이 자신의 사소한 신학적 의견에 동의하지 않는다는 이유로 거칠게 비판하거나 정죄하거나 교제를 단절한다. 거짓된 종교적 열심을 드러내는 사람들은 종종 종파적이거나 비판적인 태도를 일삼기를 좋아한다.

오늘날 어떤 그리스도인들은 개혁주의 신학이나 "은혜의 교리"를 옳게 이해하고 있다고 자부하지만, 오히려 그런 지식이 그들의 마음을 겸손하게 하지 못하고 교만을 부추기는 빌미가 될 뿐이다. 청교도들은 건전한 신학을 받아들이고, 그것을 위해 열심을 낸다는 것만으로는 참된 경건을 소유했다는 증거가 되기에 충분하지 않다고 경고하곤 했다. 개혁주의 신학을 열심적으로 지지하면서도 회심하지 못했을 가능성이 얼마든지 존재한다. 존 플라벨은 이렇게 말했다.

개혁을 외치는 척하는 많은 사람들 사이에서 종교의 핵심을 지탱하고, 날마다 죄를 죽이고, 하나님과 교제를 나누는 삶을 고무해야 할 열심을 사소한 의견에 쏟아붓는 바람에 실천적인 경건이 삶 속에서 활기를 잃는 현상이 빚어지고 있는 현실은 참으로 개탄스럽지 않을 수 없다. 과연 얼마나 많은 사람이 교리적인 오류를 혐오하면서 실천적인 오류로 인해 멸망으로 치닫고 있을까? 얼마나 많은 사람이 그릇된 교리를 증오하면서 그릇된 마음으로 쇠락해 가고 있을까? 그런 사람들을 그들의 오류에서 건져내 지옥으로부터 그들의 영혼을 구원하기는 참으로 어렵다. 그러나 가용한 방법은 무엇이든 사용해 보고, 성공 여부는 하나님께 맡겨야 한다.[25]

교리적 타협과 관용을 일삼는 세계교회주의가 현대 교회의 큰 문제이기는 하지만 이런 쇠퇴 현상에 관해 과도하게 반응하도록 부추기는 잘못된 열심을 경계해야 할 필요가 있다. 교리가 동료 그리스도인들을 학대하고, 괴롭히고, 억압하고, 비방할 면죄부가 되는 것은 아니다. 자신의 신학을 진지하게 받아들이는 사람들은 그런 육신적인 열심에 사로잡힐 가능성이 크다. 진리를 귀하게 여기는 열심은 그리스도의 보편 교회와 하나님의 형상으로 창조된 동료 인간에 대한 뜨거운 사랑으로 다듬어져야 한다. 진리를 주장할 때는 바울이 디모데에게 당부한 말을 기억해야 한다. "주의 종은 마땅히 다투지 아니하고 모든 사람에 대하여 온유하며 가르치기를 잘하며 참으며 거역하는 자를 온유함으로 훈계할지니 혹 하나님이 그들에게 회개함을 주사 진리를 알게 하실까 하며"(딤후 2:24-25).

---

25 Flavel, *Pneumatologia*, in *Works*, 3:214.

3) 거짓 열심은 전적인 헌신이 아닌 선택적인 복종을 원한다. 바리새인들은 특정한 계명들에만 열심을 기울였고, 다른 계명들은 무시했다. 그들은 하루살이는 걸러내고 낙타는 삼켰다(마 23:24). 하나님께 부분적으로 순종하기를 원하는 거짓 열심은 종교적인 위선의 특징이다. 그런 열심의 소유자는 이기적인 유익을 가져다주는 것에는 열심을 내고, 개인적인 이익을 즉각 채워주지 않는 것은 하나님의 뜻에 부합하는 아무리 중요한 것일지라도 아무런 관심을 기울이지 않는다. 토머스 왓슨은 《올바른 사람의 성품》에서 예후의 육신적인 열심과 갈렙의 경건한 열심을 대조하며 그런 그릇된 태도에 대해 경고했다.

위선자는 종교적인 것을 선택하고 고른다. 그런 사람은 어떤 의무는 열심히 하고, 어떤 의무는 태만하게 한다. 예수님은 "너희가 박하와 회향과 근채의 십일조는 드리되 율법의 더 중한 바 정의와 긍휼과 믿음은 버렸도다"(마 23:23)라고 말씀하셨다. 예후는 아합의 우상숭배를 강력하게 반대했지만 금송아지는 관용했다(왕하 10:29). 예후의 순종은 한쪽 다리로만 걷는 절뚝발이와 같았다. 어떤 사람들은 신앙생활을 편하게 한다. 그들은 쉬운 의무만 감당하고, 자기 부정이나 죄를 죽이는 것과 같은 힘든 일은 좋아하지 않는다. 이를테면 쟁기가 딱딱한 땅에 부딪혀 멈춰서는 격이다. 그러나 갈렙과 같은 올바른 그리스도인은 하나님을 온전히 따른다(민 14:24). 우리가 정직하게 최선을

다하면 하나님은 우리의 가장 큰 잘못도 관대히 용서하실 것이다.[26]

예후는 아합의 우상숭배를 혐오했고, 큰 열심으로 그것을 신속하게 제거했다. 그의 열심이 그를 집어삼켰다. 그는 자신의 열심을 억제할 수 없었다. 그는 "나와 함께 가서 여호와를 위한 나의 열심을 보라"(왕하 10:16)라고 외쳤다. 그것은 그를 크게 유리하게 하는 일이었다. 그는 그것을 통해 자신이 왕국을 건설했다. 그러나 예후는 언약을 거슬러 신앙을 저버리도록 오랫동안 이스라엘을 유혹해 왔던 여로보암의 금송아지를 신당에서 제거해야 할 상황에 직면하자 순종하기를 주저했다. 만일 그가 금송아지를 제거한다면 이스라엘 안에서 많은 사람의 불만을 자극하게 될 것이 뻔했다. 따라서 그는 금송아지 우상을 처리하지 않고 그냥 놔두는 것이 자신에게 유리하다고 판단했다. 그는 권력을 잡는 데 유리하다 싶을 때는 열심히 순종했지만, 권력을 유지하는 데 불리하다 싶을 때는 똑같은 우상숭배의 죄인데도 열심을 보이지 않고 무관심하게 처신했다.

그렇다면 우리 자신에게도 하나님이 명령하신 일 가운데 일부에만 열심을 보이고, 다른 일들을 소홀히 한 적이 없었는지 한번 솔직하게 물어보자. 거짓 열심에 사로잡히지 않으려면 순전하고

---

26 Thomas Watson, "The Upright Man's Character," in *Discourses on Important and Interesting Subjects, Being the Select Works of the Rev. Thomas Watson* (Edinburgh: Blackie, Fullarton, 1829), 1:333.

일관된 태도로 선택적인 순종이 아닌 온전한 순종을 통해 하나님을 충심으로 진지하게 따랐던 갈렙처럼 되어야 한다(민 14:24).

4) 거짓 열심은 내적인 은혜는 무시하고 경건의 외양에만 관심을 기울인다. 바울은 자랑할 수 있는 외적인 특권과 업적이 많았지만 그런 것에서 우러난 열심은 한갓 "육체를 신뢰하는" 자신감에 지나지 않았다(빌 3:4). 성령의 능력을 통해 마음속에서 이루어지는 은혜의 능력은 부인하고, 경건의 모양을 갖추는 데만 열심을 기울이는 일이 얼마든지 있을 수 있다. 플라벨은 서기관과 바리새인들에 관해 이렇게 말했다. "그들은 양심의 가책을 무마하기 위해 경건의 외양을 열심히 추구했다. 종교적인 허식을 갖추려는 그들의 열심은 정죄의 두려움으로부터 그들을 안심하게 하는 기능을 했다. 그러나 그러는 사이 그들은 그런 위선 때문에 더 깊숙이 지옥을 향해 나아갔다."라고 말했다.[27] 그는 또한 "참된 경건의 핵심과 본질에 해당하는 것에 대해서는 마음이 돌같이 차가우면서도 그릇된 예배를 바로잡겠다며 격한 열심을 뿜어내는 사람들이 너무나도 많다."고 덧붙였다.[28]

거짓 열심은 영적으로 치명적인 결과를 초래할 수 있다. "형식적인 위선의 죄보다 사람의 영혼을 더 신속하게 옭아매고, 더 확

---

27 Flavel, *Pneumatologia*, in *Works*, 3:215.
28 Flavel, *Pneumatologia*, in *Works*, 3:216.

실하게 지옥에 몰아넣는 죄는 없다. 이 죄는 영혼을 가장 신속하게 속박하고, 지옥 가장 깊숙한 곳에 쳐넣는다."[29]

거짓 열심에 사로잡히지 않으려면 어떻게 해야 할까? 거짓 열심의 불을 꺼뜨리려면 참된 열심의 불을 적극적으로 지펴야 한다. 거짓 열심의 불이 더 이상 타오르지 못하게 하면 결국은 차츰 불길이 약해지다가 꺼져버릴 것이다.

참된 열심을 배양하는 법

주변에서 주님을 위해 열심을 내는 사람들이 잘 보이지 않으면 열심을 내라는 명령을 무시한 채 작은 것에 안주해 버릴 공산이 크다. 그런 태도는 우리 모두를 위험에 빠뜨릴 수 있다. 왜냐하면 미온적인 태도(갈 2:11-13)는 거룩한 열심만큼이나 전염성이 강하기 때문이다(고후 9:2). 주님께 참된 열심을 허락해 달라고 간절히 기도하고, 하나님이 그런 열심을 잘 유지하도록 돕기 위해 정해 주신 수단들을 충실하게 사용하는 성도들은 얼마든지 참된 열심을 소유할 수 있다. 청교도들은 참된 열심을 배양할 수 있는 은혜의 수단을 몇 가지 알려 주었다.

참된 열심을 배양할 수 있는 첫 번째 수단은 기도다. 열심은 하나님의 은사이기 때문에 공을 세우거나 흥정을 해서 얻어지는 것이 아니라 주어지는 것이다(약 1:17). 그것은 하나님의 은사이기 때

---

29 Flavel, *Pneumatologia*, in *Works*, 3:215.

문에 겸손히 그리스도의 이름으로 구해야 하고(요 16:23), 성령의 선물로 받아들여야 한다(눅 11:13). 존 프레스턴(1587-1628)은 "하나님의 사랑은 성령의 특별한 사역의 결과다…따라서 그것을 얻으려면 간절히 기도해야 한다…차가운 물이 스스로 뜨겁게 될 수 없는 것처럼 우리도 스스로는 하나님을 사랑할 능력이 없다…성령께서 우리 안에 사랑의 불을 지펴 주셔야 한다. 그 불은 하늘에서 붙여 주는 것이다. 그렇지 않으면 우리는 그것을 절대로 소유할 수 없다."라고 말했다.[30]

참된 열심을 배양할 수 있는 두 번째 수단은 하나님의 말씀이다. 워드는 "(열심의 불)이 일단 우리의 제단에 임하면 어떤 물로도 그것을 끌 수 없다. 그러나 연료를 사용해 그 불이 계속 타오르게 해야 할 필요가 있다. 제사장의 입은 그 불이 계속 타오르게 하는 데 특별히 유효하다. 설교는 그런 목적을 위해 정해진 풀무와 같다."라고 말했다.[31] 설교는 열심의 숯불에 공기를 불어 넣어 그것을 활활 타오르게 만드는 강력한 수단이다. 그 이유는 하나님이 설교를 통해 친히 말씀하시기 때문이다. 말씀을 충실하게 전하면 하나님이 우리의 마음에 말씀하신다. 즉 하나님이 우리의 마음에 불을 붙이고, 성령의 바람을 불어 열심이 새롭게 불타오르게 하신다. 성경을 충실하게 읽으면 우리의 마음속에 있는 거룩한 불에 연료가 공급

---

30 John Preston, *The Breastplate of Faith and Love* (1634; facsimile repr., Edinburgh: Banner of Truth, 1979), 2:50.

31 Ward, *Sermons*, 82.

되어 열심이 활활 타오르게 된다. 성경 말씀은 하나님이 은혜로 우리의 마음속에 허락하신 사랑과 열심의 불길을 지피는 연료다.

하나님을 향한 참된 열심을 배양하는 세 번째 수단은 교회에 충실하게 출석해 성도의 교제를 나누는 것이다. 히브리서 10장 24-25절은 "서로 돌아보아 사랑과 선행을 격려하며 모이기를 폐하는 어떤 사람들의 습관과 같이 하지 말고 오직 권하여 그 날이 가까움을 볼수록 더욱 그리하자"라는 말씀으로 성도들의 모임을 소홀히 하지 말라고 명령했다. 펜너는 이렇게 말했다. "화로에 함께 모여 있는 숯은 불이 잘 붙어 활활 타오르지만, 다른 숯들과 분리되어 한쪽에 떨어져 있는 숯들은 불이 붙지 않아 까맣다. 열심을 갖기를 원하면 성도의 교제를 중시해야 한다."[32]

하나님을 향한 참된 열심을 배양하는 네 번째 수단은 죄를 거부하고 회개하는 것이다. 주 예수님은 "열심을 내라 회개하라"(계 3:19)고 열심과 회개를 함께 언급하셨다. 성령께서 양심을 자극하고 계신데도 죄를 소중히 여겨, 포기하기를 거부하면 하나님을 향한 열심이 솟아나기 어렵다. 완고한 마음은 하나님께 대해 냉랭해질 수밖에 없다. 하나님과 말씀과 동료 신자들을 향한 마음이 냉랭해졌을 때는 양심의 경고를 무시한 채 불순종을 일삼는 일이 없었는지 유심히 살펴야 한다.

바울은 열심의 불을 새롭게 지피려면 회개해야 한다고 말했다.

---

32 Fenner, *A Treatise of the Affections*, 162.

"하나님의 뜻대로 하는 근심은…구원에 이르게 하는 회개를 이루는 것이요…이 근심이 너희로 얼마나 간절하게 하며 얼마나 변증하게 하며 얼마나 분하게 하며 얼마나 두렵게 하며 얼마나 사모하게 하며 얼마나 열심 있게 하며"(고후 7:10-11). 토머스 왓슨은 열심은 "회개의 부산물, 즉 그 결과 가운데 하나다."라고 말하고 나서 "회개하는 자는 구원의 일에 열심을 내며, 천국을 침노해 빼앗는다(마 11:12)."라고 덧붙였다.[33]

겉으로 보기에 사소해 보이는 수단들이 사람의 생각이나 개념이 아닌 하나님이 정하신 것이라는 점을 잊어서는 안 된다. 하나님의 생각과 길이 우리의 생각과 길보다 훨씬 뛰어난 것처럼(사 55:8-9), 참된 열심을 독려하는 그분의 수단들도 결국에는 그 단순함과 효력이 우리의 수단보다 훨씬 더 뛰어날 것이 틀림없다.

경건한 열심을 간절히 구하라

이제 세 가지 적용을 마지막으로 이번 장을 마무리하고 싶다. 첫째, 참된 열심이 필요한 이유를 옳게 이해할 수 있는 은혜를 구하라. 하나님과 그분의 영광을 위해 열심을 내지 못하게 만드는 모든 장애 요인을 단호히 물리치자. 그런 열심이 꼭 필요한 첫 번째 이유는 그것이 하나님의 명령이기 때문이다. 하나님은 "열심을 품고 주를 섬기라"(롬 12:11)고 명령하셨다. 두 번째 이유는 그것이 사랑

---

33 Thomas Watson, *The Doctrine of Repentance* (1668; repr., Edinburgh: Banner of Truth, 2002), 93-94.

이나 소망과 같은 다른 기독교적 은사들과 밀접하게 관련되기 때문이다. 세 번째 이유는 다른 사람들의 영혼을 사랑하려면 열심이 필요하기 때문이다. 마지막 이유는 진정으로 영광을 얻기를 원한다면 "좁은 문으로 들어가기를 힘쓰고"(눅 13:24), 상을 받기 위해 달음질쳐야 하기 때문이다(고전 9:24, 25).

둘째, 올바른 동기로 참된 열심을 추구할 수 있는 은혜를 구하라. (1) 세상이 자기 일에 큰 열심을 기울이는 것을 보면, 우리는 그리스도를 위해 더욱 큰 열심을 내어야 마땅하다. 세상이 죄인들을 지옥으로 인도하는 일에 그토록 열심이라면 우리 그리스도인은 그들을 영생으로 인도하는 복음을 위해 더 큰 열심을 내어야 마땅하지 않겠는가? (2) 우리가 열심을 내야 하는 이유는 시간이 귀중하기 때문이다. 우리는 이미 얼마나 많은 시간을 낭비했는가? 지금은 하나님을 위해 갑절의 노력과 열심을 기울여야 할 때가 아닐 수 없다. (3) "그가 우리를 대신하여 자기를 주심은 모든 불법에서 우리를 속량하시고 우리를 깨끗하게 하사 선한 일을 열심히 하는 자기 백성이 되게 하려 하심이라"라는 디도서 2장 14절 말씀은 그리스도의 구원 사역을 열심의 동기로 삼아야 한다고 가르친다. (4) 우리는 또한 그리스도께서 보여주신 본보기를 열심의 동기로 삼아야 한다. 예수님은 성부 하나님을 향한 열심에 온전히 사로잡혀(요 2:17) 공적으로든 사적으로든 기회가 있을 때마다 자신이 성부 하나님을 위해 이뤄야 할 구원에 관해 말씀하셨다. 우리도 마땅히 그렇게 해야 하지 않겠는가? 베드로는 그리스도께서 우리에게 본을

끼쳐 그 자취를 따라오게 하셨다고 말했다(벧전 2:21). 그리스도께서 영혼들을 사랑하고, 죄를 증오하고, 상처받은 사람들을 불쌍히 여기고, 강퍅한 자들을 안타까워하는 마음으로 불타오르셨다면 우리도 마땅히 그래야 하지 않겠는가?

마지막으로, 그리스도와 그분의 영광스러운 나라를 위한 열심이 부족한 것을 뉘우칠 수 있는 은혜를 구하라. 오랫동안 미온적으로 신앙생활을 해 온 것을 슬퍼할 수 있게 해달라고 기도하고, 하나님을 향한 열심이 너무나도 부족했고, 너무나도 쉽게 나태함에 빠져드는 경향이 있었음을 겸손히 인정할 수 있게 해달라고 기도하라. 또한 우리에게 긍휼을 베풀어 주시고, 우리의 기도를 들어주시며, 거룩한 감정으로 활활 타오르기를 원하는 마음의 갈망에 응답해 주시기를 간구하라. 우리의 귀를 열어 우리를 위한 그리스도의 중보 기도를 들을 수 있게 하시고, 열심을 겉옷처럼 걸쳐 입고, 열심을 품고 주님을 섬길 수 있게 해달라고 기도하라. 참된 열심을 바라는 거룩한 갈망이 우리 안에서 온전한 결실을 이루어 이후로는 항상 하나님을 위해 열심을 내고, 그분을 위한 열심이 더욱 뜨거워지도록 도와줄 은혜의 수단들을 부지런히 활용하겠다고 결심할 수 있게 해달라고 기도하라.

성찰과 논의를 위한 질문

1. 당신은 하나님 중심적이고, 성경적이고, 자기 개혁적이고, 능동적이고, 일관성 있는 열심을 품고 살고 있는가? 당신의 삶 속에서 발견되는 열심의 증거가 있다면 무엇인가?

2. 참된 열심과 거짓 열심은 어떻게 구별되는가? 거짓 열심이 위험한 이유는 무엇인가? 거짓 열심을 피하려면 어떻게 해야 할까?

3. 열심을 배양하는 네 가지 수단을 생각해 보라. 앞으로 한 달 동안 이 네 가지 수단을 활용하려면 어떻게 해야 할까? 그리스도와 그분의 나라를 위해 더욱 열심을 낼 수 있도록 하나님의 은혜를 구하라.

결론
청교도의 글을 읽는 방법

난쟁이는 거인들 사이에서 자신의 위치를 옳게 깨달아야 한다.[1] 이 말은 인간이 이룬 모든 업적에 똑같이 적용된다. 교회사를 살펴보면 아우렐리우스 아우구스티누스, 마르틴 루터, 존 칼빈, 존 오웬, 조나단 에드워즈와 같은 신앙의 거인들을 발견하게 된다. 청교도들도 주석학적인 능력과 지성적인 업적과 심원한 경건을 겸비한 거장들로서 그런 거인들 사이에 우뚝 서 있다.

그런 높은 산 위에 우리의 개혁주의 "도시"가 건설되었다. 우리는 비록 거인들의 어깨를 딛고 서 있는 난쟁이에 불과하지만, 우리가 현재의 위치에 도달한 이유는 우리의 역사 때문이다. 조지 휫필드(1714-1770)든 찰스 하지(1797-1878)든 찰스 스펄전이든 헤르만 바빙크(1854-1921)든 그레샴 메이첸(1881-1937)이든 마틴 로이드 존스

---

1 Hanina Ben-Menahem and Neil S. Hecht, eds., *Authority, Process and Method: Studies in Jewish Law* (Amsterdam: Hardwood Academic Publishers, 1998), 119에 인용되어 있음. 이 자료의 변형된 버전을 보려거든 *Southern Baptist Journal of Theology* 14, 4 (Winter 2010): 20-37을 보라. 이 결론부의 몇몇 부분은 Joel R. Beeke의 다른 글들에서 발췌하여 개작한 것이다.

든 그들의 전임자들이 없었다면 과연 그만한 영향력을 발휘할 수 있었을까? 그럼에도 불구하고 청교도들에 대한 연구는 1950년대에 그들의 문헌이 새롭게 각광을 받게 되기 전까지만 해도 거의 철저하게 무시되었다. 오늘날에도 일부 복음주의 진영에서는 청교도 신학을 여전히 과소평가하고 있다. 그것은 그들의 크나큰 손실이 아닐 수 없다. 청교도들은 궁궐을 건축했지만 우리는 오두막을 짓고서 좋아한다. 그들은 온 들판에 식물을 심었지만 우리는 꽃나무 몇 그루를 심고 만족해한다. 그들은 신학적 성찰을 통해 모든 진리를 샅샅이 살폈지만 우리는 고작 몇 가지 진리에 안주한다. 그들은 깊고, 포괄적인 진리를 추구했지만 우리는 기억하기 쉬운 간단한 진리를 몇 가지 아는 데 그친다.

영적 진리에 대한 이런 무관심을 일깨우는 치료책이 "집어 들어 읽으라"는 뜻의 라틴어 "톨레 레게"에서 발견된다. 우리의 조상들은 우리에게 신학적, 문화적 유산을 풍성하게 남겨주었다. 저녁 시간에 고대인들의 글을 읽는 습관을 지녔던 니콜로 마키아벨리 (1469-1527)의 말은 청교도들과 관련해 매우 적절한 의미를 지닌다. 그는 "나는 오래전에 세상을 떠난 옛 통치자들의 궁궐에 들어간다. 그곳에서 나는 따뜻한 환영을 받고, 내가 영양가 있다고 생각되는 것만 골라 섭취한다."고 말했다.[2]

청교도의 글을 부지런히 읽는 독자에게는 반드시 그에 합당한

---

2   *Modern Political Thought: Readings from Machiavelli to Nietzsche*, ed. David Wootton (Indianapolis: Hackett Publishing Company, 1996), 7에 인용되어 있음.

보상이 주어질 것이다. 횟필드는 "그들은 죽었지만 그들의 글을 통해 여전히 말한다. 이 순간까지도 그들의 말은 특별한 감동을 안겨 준다."라고 말했다.[3] 횟필드는 청교도의 글이 성경적인 진리를 전하고 있기 때문에 세상이 끝날 때까지 계속 읽힐 것이라고 예언했다. 스펄전도 "그들은 자신들의 글을 통해 영원히 산다. 현대의 해석자들이 그들을 대신할 수는 없다. 앞으로도 세상이 끝날 때까지 누구도 그들을 대신할 수 없을 것이다."라고 말했다.[4] 오늘날 청교도의 글을 읽으려는 움직임이 새롭게 일고 있다. 1950년대 말부터 "배너오브트루스 출판사"가 청교도들의 책을 신중하게 체계적으로 출판해 온 것이 주된 계기로 작용했다.[5] 지난 65년 동안 800개 이상의 출판사가 800권이나 되는 청교도 책을 재출판했다. 그 책들을 저술한 청교도 저자들은 거의 200명에 달한다. "레포메이션 헤리티지 북스"에서만 현재 절판되지 않고 출간 중인 수백권의 청교도 책을 할인된 가격으로 판매하고 있다.[6]

우리는 청교도의 책에 새로운 관심이 고조된 것을 감사하게 생각한다. 나는 이 결론 부분에서 청교도에 관해 배우고, 그들의 책

---

3   George Whitefield, *The Works of the Reverend George Whitefield, M.A....: containing all his sermons and tracts which have been already published: with a select collection of letters* (London: printed for Edward and Charles Dilly, 1771-72), 4:307.

4   Steven C. Kettler, *Biblical Counsel: Resources for Renewal* (Newark, Del.: Letterman Associates, 1993), 311에 인용되어 있음.

5   Ligon Duncan, in *Calvin for Today,* ed. Joel R. Beeke (Grand Rapids: Reformation Heritage Books, 2010), 231.

6   www.heritagebooks.org

을 읽는 것을 어떻게 시작해야 할지, 또 앞으로 어떻게 그들의 책을 통해 계속해서 영혼의 양식을 얻고, 믿음의 성장을 도모해 나갈 것인지에 관해 몇 가지 조언을 제시하고 싶다.

청교도에 관해 배우고, 그들의 책을 읽는 것을 시작하는 방법

오늘날 재출판되어 온라인에 제공된 청교도의 책들은 그 분량만 해도 엄두가 나지 않을 만큼 많다. 더욱이 청교도들을 주제로 다룬 책들의 분량도 그들이 쓴 책만큼이나 방대하다. 퓨리탄 리폼드 신학교의 청교도 연구 센터에 소장된 1차 자료와 2차 자료만 해도 3,000권에 달하고, 그들에 관한 논문도 거의 5,000편이나 된다.[7]

청교도들은 이미 사라진 옛 시대의 사람들이다. 그들이 쓴 책들 가운데 초시간적인 가치를 지닌 것이 많지만 그들의 상황 속에서 그들을 이해하는 것이 무엇보다 중요하다. 그들은 자신들의 시대정신과 맞서 싸웠고, 그 당시에 적절한 교리적 논쟁을 펼쳤다. 그런 논쟁은 때로 오늘날의 문제와는 전혀 무관한 것처럼 보인다. 2차 자료는 그들의 역사적 상황을 이해하도록 돕는다.

청교도의 세계관을 전반적으로 가장 잘 소개한 책은 리랜드 라이켄의 《청교도: 이 세상의 성자들》이다.[8] 이 책보다 부피는 작지

---

7   www.puritanseminary.org
8   Leland Ryken, *Worldly Saints: The Puritans as They Really Were* (Grand Rapids: Zondervan, 1990).

만 유용한 개론서로는 피터 루이스의《청교도주의의 특성》, 에롤 헐스의《청교도는 누구이고, 무엇을 가르쳤는가》, 조엘 비키와 마이클 리브스의《하나님을 온전히 따르기: 청교도 소개》가 있다.[9]

1950년대 이후로 재출판된 청교도들의 전기와 700권의 청교도 서적을 개괄한 내용을 살펴보려면 조엘 비키와 랜달 페더슨의《청교도들과 만나다》를 참조하라.[10] 이 책을 가장 잘 활용하는 방법은 하루에 청교도 저술가 한 사람의 일대기와 서적을 개괄한 내용을 읽으면서 그들의 일대기를 매일의 경건의 시간을 위한 소재로 사용하는 것이다. 1950년대 이후로 재출판된 책이 없어 세간에 잘 알려지지 않은 청교도들의 일대기를 살펴보려면 벤저민 브룩(1776-1848)의《청교도들의 삶》을 참조하라.[11] 아울러 웨스트민스터 총회에 참석했던 대다수 청교도의 간단한 일대기를 살펴보려면 윌리엄 바커의《청교도 인물전》을 참조하라.[12]

다양한 청교도 목회자들과 그들의 신학 사상을 살펴보려면 J. I. 패커의《청교도 사상》과 조엘 비키의《청교도적 개혁주의의 영성》

---

9   Peter Lewis, *The Genius of Puritanism* (Grand Rapids: Reformation Heritage Books, 2008); Erroll Hulse, *Who Are the Puritans?* (Darlington, England:Evangelical Press, 2000); Joel Beeke and Michael Reeves, *Following God Fully: An Introduction to the Puritans* (Grand Rapids: Reformation Heritage Books, 2019).

10   Joel R. Beeke and Randall J. Pederson, *Meet the Puritans, with a Guide to Modern Reprints* (Grand Rapids: Reformation Heritage Books, 2006).이 책에는 잉글랜드 청교도들과 사고방식이 비슷한 스코틀랜드와 네덜란드 목회자들과 관련된 내용도 포함되어 있다.

11   Benjamin Brook, *The Lives of the Puritans*, 3 vols. (Pittsburgh: Soli Deo Gloria, 1994).

12   William S. Barker, *Puritan Profiles* (Fearn: Mentor, 1999).

을 참조하라.[13] 청교도들의 신학을 좀 더 포괄적으로 다룬 내용을 살펴보려면 조엘 비키와 마크 존스의 《청교도 신학의 모든 것》을 참조하라.[14] 이 책은 청교도들이 경험적, 실천적 차원에서 개혁주의 교리를 해설한 50가지의 핵심 주제를 다루고 있을 뿐 아니라 그들이 교리를 자신의 삶에 어떻게 적용했는지를 보여준다.

청교도 연구에 입문할 수 있는 또 하나의 좋은 방법은 "레포메이션 헤리티지 북스"가 제작한 청교도 다큐멘터리 "하나님의 영광을 위해 삶의 모든 것을 바친 청교도(Puritan: All of Life to the Glory of God)"를 참조하는 것이다. 이 자료에는 네 가지의 유익한 도구가 포함되어 있다. 구체적으로 말하면, (1) 127분짜리 다큐멘터리와 존 맥아더, 존 파이퍼, 싱클레어 퍼거슨, 스티브 로슨을 비롯해 전 세계의 여러 목회자와 신학자들이 기고한 글, (2) 훌륭한 청교도 학자들이 제공한 청교도와 청교도적 주제들을 다룬 35분짜리 강좌가 수록된 DVD 다섯 장(교육, 결혼, 가정, 정치, 설교, 안식일, 고난, 하나님의 주권, 노동, 재물에 관한 청교도의 견해를 다룬 내용), (3) 조엘 비키와 닉 톰슨이 제공한 서른다섯 편의 학습 강좌와 관련된 280쪽짜리 학습서, (4) 위에서 언급한 대로 청교도와 그들의 가르침을 소개한 175쪽짜리 《하나님을 온전히 따르기(Following God Fully)》 등이다. 이 모든 자료가 청교도와 그들의 가르침을 소개하는 내용으로 이루어져

---

13 Joel R. Beeke, *Puritan Reformed Spirituality* (Darlington, England: Evangelical Press, 2006).

14 Joel R. Beeke and Mark Jones, *A Puritan Theology: Doctrine for Life* (Grand Rapids: Reformation Heritage Books, 2012).

있다. 이 자료의 목적은 청교도 읽기의 "진입 차선"을 순조롭게 지나 "고속도로"를 달리게끔 인도하는 데 있다.

청교도의 책은 읽기가 어려울 수 있다. 그들의 영어와 문법 구조와 세부 내용은 현대인들이 이해하기가 쉽지 않다. 청교도들의 언어에 익숙하지 않은 독자들은 "리포메이션 헤리티지 북스"가 비교적 최근에 "오늘날을 위한 청교도의 보고(Puritan Treasures for Today)"라는 제호 아래 펴낸 짧은 책들에서부터 시작하는 것이 좋다. 이 제호가 붙은 책들은 모두 분량이 적고(200쪽 이하), 본래의 내용을 훼손하지 않은 상태로 모든 문장을 새롭게 편집했기 때문에 바로 어제 쓴 것처럼 읽기가 쉽다. 지금까지 이 제목 아래 포함된 책은 앤서니 버지스(Anthony Burgess)의 《기독교적인 일치를 추구하라(Advancing Christian Unity)》와 《확신을 구하는 믿음(Faith Seeking Assurance)》, 윌리엄 브리지의 《그리스도의 제사장 사역이 주는 위로와 거룩함(Comfort and Holliness from Christ's Priestly Work)》, 제레마이어 버러스의 《만족, 번영, 하나님의 영광(Contentment, Prosperity, and God's Glory)》, 존 플라벨의 《죄악된 두려움을 극복하기(Triumphing Over Sinful Fear)》, 윌리엄 그린힐의 《세상을 더는 사랑하지 말라(Stop Loving the World)》, 존 오웬의 《구원 신앙의 복음적 증거(Gospel Evidences of Saving Faith and Rules for Walking in Fellowship)》와 《하나님과 동행하는 삶의 규칙(Rules for Walking in Fellowship)》, 리처드 로저스의 《경건한 삶을 위한 거룩한 도움(Holy Helps for a Godly Life)》, 조지 스윈녹의 《복되고 무한하신 하나님(The Blessed and Boundless God)》과 《육신은 쇠하고,

믿음은 흥한다(*The Fading of the Flesh and The Flourishing of Faith*)》, 나다나엘 빈센트의 《돌이키고 살지니라(*Turn and Live*)》 등이다.[15]

"오늘을 위한 청교도의 보고" 가운데 몇 권을 골라서 읽어보고, 청교도의 깊고 풍성한 가르침에 깜짝 놀랐다면 이제는 청교도들의 책에 본격적으로 도전할 준비를 하고, 그것들을 열심히 읽어나가야 한다. 존 오웬과 토머스 굿윈과 같이 신학적으로 좀 더 깊이가 있는 청교도들의 책을 읽기 전에 몇몇 대중적인 청교도 저술가들이 쓴 짧은 책을 읽는 데서부터 시작하는 것이 좋다. 루이스 앨런과 팀 체스터가 편집한 《은혜의 영광(*The Glory of Grace: An Introduction to the Puritans in Their Own Words*)》을 추천하고 싶다. 이 책은 여러 가지 중요한 실천적 주제를 다룬, 잘 선정된 열한 개의 청교도 글로 구성되어 있다.[16] 이밖에도 토머스 왓슨, 존 플라벨, 조지 스윈녹과 같은 청교도 목회자들의 책을 읽는 데서부터 시작하라고 권하고 싶다. 왓슨의 문체는 명확하고, 간결하고, 간단하다. 그의 《거룩한 만족의 기술(*Art of Divine Contentment*)》, 《천국을 침노하라(*Heaven Taken by Storm*)》, 《회개의 교리(*The Doctrine of Repentance*)》는 출발점이 되기에 적합하다.[17]

---

15 All of these Reformation Heritage Books titles are available from www.heritagebooks.org

16 Lewis Allen and Tim Chester, *The Glory of Grace: An Introduction to the Puritans in Their Own Words* (Edinburgh: Banner of Truth, 2019).

17 Thomas Watson, *The Art of Divine Contentment* (Morgan, Penn.: Soli Deo Gloria, 2001); idem, *Heaven Taken By Storm* (Orlando: Northampton Press, 2008); idem, *The Doctrine of Repentance* (Edinburgh: Banner of Truth, 1988).

항구 도시 다트머스에서 목회자로 활동했던 플라벨은 선원들의 설교자로 유명했다. 그는 읽기가 가장 수월한 청교도 가운데 하나다. 그의 《섭리의 신비(*Mystery of Providence*)》는 위로가 넘치는 목회적 조언으로 가득 차 있다.[18] 스윈녹은 성경을 이해하는 능력이 뛰어날 뿐 아니라 다양한 교리를 지혜롭고 명확하게 설명하고 있다. 플라벨과 스윈녹의 책은 "배너오브트루스 출판사"가 펴낸 그들의 전집에 모두 수록되어 있다.[19]

리처드 십스와 토머스 브룩스의 책도 좋은 출발점이 될 수 있다. 특히 십스의 《상한 갈대(*The Bruised Reed*)》와 브룩스의 《사탄의 계책을 물리치기 위한 귀한 치유책(*Precious Remedies Against Satan's Devices*)》이 유익하다.[20] 또한 비유의 대가인 존 번연로부터도 많은 유익을 얻을 수 있다. 물론, 그의 책들 가운데서는 베드퍼드의 땜장이 출신이라고 생각하기 힘든 깊은 통찰력이 돋보일 때도 많다.[21] 그다음에는 "배너오브트루스 출판사"가 펴낸 청교도 페이퍼백 시리즈(이 것 덕분에 내가 열네 살에 청교도의 책을 읽기 시작했다)를 읽을 수 있다. R. J. K. 로가 오웬이 저술한 청교도 책들 가운데 일부를 축약해 읽기 쉽게 만들었다. 지금까지 경험에 근거한 청교도들의 책을 어떻게

---

18 John Flavel, *The Mystery of Providence* (Edinburgh: Banner of Truth, 1963).

19 *The Works of John Flavel*, 6 vols. (repr., London: Banner of Truth Trust, 1968); *The Works of George Swinnock*, 5 vols. (repr., Edinburgh: Banner of Truth, 2002).

20 Richard Sibbes, *The Bruised Reed* (Edinburgh: Banner of Truth, 1998), Thomas Brooks, *Precious Remedies Against Satan's Devices* (Edinburgh: Banner of Truth, 1968).

21 *The Works of John Bunyan*, 3 vols. (repr., Edinburgh: Banner of Truth, 2004).

읽기 시작해야 좋은지를 잠시 살펴보았다.

청교도의 책을 계속해서 읽어나가는 법

다음 단계는 각자가 지닌 특별한 관심에 따라 달라진다. 청교도 문헌의 다양한 양식에 익숙해진 후에는 가능성의 폭이 넓어지기 마련이다. 그리스도의 영광을 진지하게 다룬 오웬의 글, 영혼의 성찰을 독려하는 그의 죄에 대한 논의, 그의 능숙한 히브리서 주석을 탐독하며 큰 기쁨을 누릴 수도 있고, 조나단 에드워즈와 함께 영적, 지성적 정취를 한껏 즐기거나 스티븐 차녹과 함께 신적 속성의 깊이를 헤아리면서 벅찬 감정을 느낄 수도 있다. 존 볼(1585-1640)과 새뮤얼 페토(1624-1711)와 함께 언약의 구원적 영광을 깊이 탐구하거나 월터 마샬, 페트루스 판 마스트리히트(1630-1706), 로버트 트레일과 함께 칭의와 성화의 구원 교리에 깊이 심취할 수도 있으며, 에드워드 피셔(1655년 사망)와 같은 유능한 안내자를 의지 삼아 율법과 복음의 차이를 옳게 구별할 수도 있고, 휴 비닝(1627-1653)의 단순하면서도 심오한 사상에 깊이 매료될 수도 있다. 이밖에도 토머스 셰퍼드(1605-1649)와 매튜 미드(1629-1699)와 같은 저술가들의 영혼을 꿰뚫는 책들을 통해 도전을 받거나 제레마이어 버러스, 리처드 백스터, 조지 해먼드(1620-1705)와 같은 저술가들의 명쾌한 논리를 통해 교훈을 얻을 수도 있다.

어떤 주제를 선택하든 청교도들은 성경적인 정확성과 생생한 설명과 실천적인 유익과 경험적인 위로와 하나님의 영광을 바라보는 안목으로 그것을 심도 있게 다룰 것이 틀림없다. 물론, 청교도들의 책 가운데는 심약한 사람들에게는 적합하지 않은 것이 많다. 그러나 그들의 책을 샅샅이 살펴보면서 기도하는 마음으로 그들의 말을 곰곰이 되씹으며 부지런히 탐독하는 사람은 계시된 하나님의 신비 속으로 점점 더 깊이 빠져들어갈 것이다. 이런 충실한 사람들의 글을 꾸준히 읽다 보면 영혼이 크게 향상되는 것을 느끼게 될 것이다.

마치는 조언

청교도들은 요즘에 찾아보기 어려운 것을 풍성하게 가지고 있었다. 패커는 "오늘날의 서구 그리스도인들은 대체로 열심이 없고, 수동적일 뿐 아니라 기도조차 하지 않는다."고 말했다.[22] 청교도들은 열정적이고, 적극적이고, 기도를 많이 했다. 우리는 히브리서 저자가 말한 대로 "믿음과 오래 참음으로 말미암아 약속들을 기업으로 받는 자들"(히 6:12)이 되어야 한다. 청교도들의 말은 그 당시에는 물론, 지금도 여전히 귀담아들어야 할 가치가 있다. 그들은 영적 거인들이었고, 우리는 그들의 어깨 위에 서 있다.

청교도들은 그들의 책을 통해 세상에서 여전히 칭찬을 받고 있다. 청교도의 책을 읽으면 신학적으로, 경험적으로, 실천적으로 성경에 근거한 안전한 길을 걸어갈 수 있다. 패커는 "청교도들은 오

---

22 Ryken, *Worldly Saints*, xiii.

늘날의 개신교가 가장 약한 곳에서 가장 강했고, 그들의 글은 과거와 현재를 막론하고 사도 시대 이후로 그 어떤 기독교 교사들의 글보다 우리에게 실질적인 도움을 더 많이 제공한다."고 말했다.[23] 나는 50년이 넘도록 기독교 서적을 읽어왔지만 교회 역사상 청교도들보다 우리의 마음과 영혼을 더 유익하게 할 수 있는 저술가는 어디에도 없다고 자신 있게 말할 수 있다. 하나님은 그들의 책을 통해 나의 영적 성장을 도우셨고, 나의 이해력을 증대시키셨다. 그들은 지금도 여전히 "그는 흥하여야 하겠고 나는 쇠하여야 하리라"(요 3:30)라는 세례 요한의 말에 담겨 있는 의미를 내게 일깨워 주고 있다. 나는 이것이 성화의 핵심이라고 믿는다.

스프로울은《청교도를 만나다(Meet the Puritans)》라는 책을 추천하면서 "최근에 개혁주의 신학의 진리에 관심이 고조되고, 거기에 헌신하려는 열심이 커지게 된 이유는 무엇보다도 청교도 문헌이 재발견되었기 때문이다. 과거의 청교도들이 우리 시대의 선지자들이 되었다."라고 말했다. 아무쪼록 하나님이 모든 사람에게 청교도의 책을 읽으려는 마음을 허락해 주시기를 기도한다. 그들은 성경의 진리를 가르치고, 양심을 면밀하게 점검하고, 죄를 드러내고, 회개를 촉구하고, 그리스도를 닮도록 이끈다. 따라서 그들의 책을 읽으면 성령의 축복으로 인해 우리의 삶이 풍성해질 것이다. 청교도들

---

23 Cited in Hulse, *Reformation & Revival*, 44.

의 책을 읽으면 성령의 은혜로 말미암아 구원을 온전히 확신하게 되고, 위대한 구원을 베풀어 주신 삼위일체 하나님께 감사하며 살아가게 될 것이다.

마지막으로 당부하건대, 친구들에게도 청교도의 책을 권하라. 좋은 책보다 더 좋은 선물은 없다. 나는 이따금 그리스도인들이 하루에 15분 만이라도 청교도의 책을 읽으면 어떤 일이 벌어질 것인가를 상상하곤 한다. 그렇게만 읽어도 일 년이 지나면 약 20권의 책을 읽을 수 있고, 그런 습관을 평생토록 유지하면 그 숫자는 무려 1,500권에 달할 것이다. 성령께서 그런 영적 책 읽기 습관을 통해 어떤 역사를 일으키실지 누가 알겠는가? 그것을 통해 온 세상에 부흥의 역사가 일어나고, 바다 이쪽에서 저쪽까지 온 땅에 하나님을 아는 지식이 가득해지지 않겠는가? "톨레 레게," 집어 들어 읽어라!

Thriving in Grace